Angewandte Marktforschung

Eine praxisorientierte Einführung

von

Dr. Guido Grunwald

Berufsakademie Emsland

Dr. Bernd Hempelmann

Welfenakademie Braunschweig

Oldenbourg Verlag München

Bibliografische Information der Deutschen Nationalbibliothek

Die Deutsche Nationalbibliothek verzeichnet diese Publikation in der Deutschen Nationalbibliografie; detaillierte bibliografische Daten sind im Internet über http://dnb.d-nb.de abrufbar.

© 2012 Oldenbourg Wissenschaftsverlag GmbH
Rosenheimer Straße 145, D-81671 München
Telefon: (089) 45051-0
www.oldenbourg-verlag.de

Das Werk einschließlich aller Abbildungen ist urheberrechtlich geschützt. Jede Verwertung außerhalb der Grenzen des Urheberrechtsgesetzes ist ohne Zustimmung des Verlages unzulässig und strafbar. Das gilt insbesondere für Vervielfältigungen, Übersetzungen, Mikroverfilmungen und die Einspeicherung und Bearbeitung in elektronischen Systemen.

Lektorat: Dr. Stefan Giesen
Herstellung: Constanze Müller
Titelbild: thinkstockphotos.de
Einbandgestaltung: hauser lacour
Gesamtherstellung: Grafik & Druck GmbH, München

Dieses Papier ist alterungsbeständig nach DIN/ISO 9706.

ISBN   978-3-486-71338-1

Vorwort

Hintergrund dieses einführenden Lehrbuchs in die angewandte Planung und Durchführung von Marktforschungsstudien ist die zu beobachtende wachsende Zahl an Praxisprojekten im Rahmen des Projektstudiums an Hochschulen, Berufsakademien und Universitäten. Das erklärte Ziel solcher Projektarbeiten besteht regelmäßig darin, auf der Grundlage selbst durchgeführter empirischer Untersuchungen, Handlungsempfehlungen für Unternehmen abzuleiten und damit betriebswirtschaftliche Entscheidungen zu fundieren. Dieses Anliegen unterstützend wendet sich das vorliegende Lehrbuch vor allem an Studierende an Hochschulen, Berufsakademien und Universitäten sowie an Praktiker, die einen kompakten und praxisnahen Einstieg in die Planung und Durchführung von Marktforschungsstudien benötigen. Da keine erweiterten Kenntnisse der Statistik und Mathematik vorausgesetzt werden, kann das Buch sowohl als begleitende Lektüre zu Veranstaltungen der Marktforschung sowie zum Selbststudium genutzt werden. Der Anwendungscharakter dieses Buches kommt in den zahlreichen Anwendungsbeispielen und den erfahrungsbasierten, theoriegeleiteten Anwendungsempfehlungen zu einer ‚best practice' zum Ausdruck. Im Sinne eines Kompendiums wird ein inhaltlich wie sprachlich dichter Überblick über die einschlägigen Verfahren der Datenerhebung und Datenanalyse zur Erweiterung des Wissens über Märkte angestrebt, ohne jedoch dem Anspruch auf Vollständigkeit zu erliegen. Besonderes Augenmerk wird dabei auf den kombinierten Einsatz von Analyseverfahren gelegt, der bei praktischen Fragestellungen oftmals angezeigt ist. Um dem Leser direkte Hilfestellung bei der Planung und Durchführung eigener Marktforschungsprojekte zu geben, orientiert sich der Aufbau dieses Buches an dem typischen Ablauf einer Marktforschungsstudie.

In dieses Werk fließen unsere an unterschiedlichen Institutionen gesammelten Lehr- und Forschungserfahrungen ein: Hervorzuheben sind das *Fachgebiet Absatz/Marketing* des *Fachbereichs Wirtschaftswissenschaften* sowie das *Institut für Mittelstandsfragen (IfMOS)* an der *Universität Osnabrück*, das *Institut für Duale Studiengänge (IDS)* der *Fakultät Management, Kultur und Technik (MKT)* der *Hochschule Osnabrück* am Standort Lingen/Ems, die *Berufsakademie Emsland* in Lingen/Ems, die *Fakultät Ingenieurwissenschaften und Informatik (IuI)* der *Hochschule Osnabrück*, die *Berufsakademie Ost-Friesland* in Leer/Ostfr. sowie die *Welfenakademie* in Braunschweig. Besonders bedanken möchten wir uns an dieser Stelle bei unserem gemeinsamen akademischen Lehrer, Herrn Univ.-Prof. Dr. Dirk Standop, ehemaliger Inhaber des *Lehrstuhls für Betriebswirtschaftslehre, insbesondere Absatz/Marketing* des *Fachbereichs Wirtschaftswissenschaften* und Direktor des *Instituts für Mittelstandsfragen (IfMOS)* an der *Universität Osnabrück*, der uns durch seine herausragenden didaktischen Qualitäten maßgeblich prägte und dadurch zu diesem Lehrbuch inspirierte. Herrn Dr. Stefan Giesen vom Oldenbourg Verlag danken wir für die stets professionelle Unterstützung.

Lingen/Ems – Braunschweig im September 2011   Dr. Guido Grunwald
PD Dr. Bernd Hempelmann

Inhaltsverzeichnis

Vorwort		V
1	**Gegenstand der Marktforschung**	**1**
2	**Ablauf einer Marktforschungsstudie**	**9**
3	**Untersuchungsziel**	**19**
3.1	Variablen des Käuferverhaltens	19
3.2	Private vs. organisationale Käufer	26
3.3	Hypothesenableitung und -formulierung	29
4	**Datenerhebung**	**35**
4.1	Erhebungsumfang	35
4.1.1	Grundgesamtheit und Stichprobe	35
4.1.2	Auswahlverfahren	37
4.1.3	Stichprobenumfang und Ausschöpfung	41
4.2	Erhebungsmethode	46
4.2.1	Befragung	46
4.2.2	Beobachtung	50
4.2.3	Experiment	51
4.3	Erhebungsdesign	54
4.3.1	Operationalisierung	54
4.3.2	Fragebogengestaltung	62
4.3.3	Erhebungsablauf und -durchführung	67
5	**Datenanalyse**	**69**
5.1	Vorbereitende Auswertungen	69
5.2	Univariate Analyseverfahren	73
5.3	Bivariate Analyseverfahren	76
5.4	Multivariate Analyseverfahren	82
5.4.1	Verfahren der Dependenzanalyse	82
5.4.2	Verfahren der Interdependenzanalyse	105
5.4.3	Zusammenfassendes Beispiel	125

5.5	Kombination von Analyseverfahren	127
5.5.1	Kombination quantitativer Analyseverfahren	127
5.5.2	Kombination qualitativer und quantitativer Analyseverfahren	137
6	**Qualitätsbeurteilung**	**145**
6.1	Gütekriterien	145
6.2	Fehlerquellen	148
6.3	Behandlung fehlender Werte	150

Literatur   **157**

Index   **161**

1 Gegenstand der Marktforschung

Marktforschung bezeichnet die systematische Erhebung (Gewinnung, Beschaffung) und Analyse (Auswertung) samt Aufbereitung und Interpretation von Daten über Märkte. Ausgangspunkt jeder Marktforschung bildet ein bestimmtes Untersuchungsziel, das sich aus einem mehr oder weniger konkret wahrgenommenen betrieblichen Informationsdefizit heraus ergibt und durch den Einsatz von Methoden der Marktforschung behoben werden soll.

Ein typisches, aus einem betrieblichen Informationsdefizit abgeleitetes Untersuchungsziel der Marktforschung und die weitere Vorgehensweise der Marktforschung könnten dabei wie folgt aussehen. Beispielsweise zieht ein Unternehmen in Betracht, ein bereits auf bestimmten Märkten etabliertes Produkt nunmehr auch auf einem neuen, bislang nicht bearbeiteten Markt einzuführen. Hierfür will es klären, ob sich die Einführung auf diesem neuen Markt lohnt. Dem Unternehmen fehlen jedoch hinsichtlich des neuen Marktes Informationen über die Anzahl potentieller Käufer und deren Bedürfnisse, ihre Zahlungsbereitschaft für das Produkt sowie ihre Konsumgewohnheiten wie insbesondere die Kaufhäufigkeit, übliche Kaufmenge und Kauforte bei vergleichbaren Produkten. Das Unternehmen, das diese Informationen für die Einführungsentscheidung benötigt, wendet sich nun – da es über keine eigene Marktforschungsabteilung verfügt – an ein externes Marktforschungsinstitut, um die entsprechenden Daten über den neuen Markt zu gewinnen und auszuwerten. Nachdem die Daten im Markt, an einer repräsentativen Stichprobe der potentiellen Käuferschaft, erhoben wurden, wertet das Institut die Daten mit den gängigen Analyseverfahren der Statistik aus. Bei der Interpretation der Daten vergleicht schließlich das Unternehmen die über den neuen Markt hinzugewonnenen Erkenntnisse mit den über die bereits bearbeiteten Märkte vorliegenden Daten und zieht Schlussfolgerungen im Hinblick auf den Einsatz seiner Marketinginstrumente Preis-, Produkt-, Kommunikations- und Distributionspolitik.

Nach der Ausrichtung der von der Marktforschung betrachteten Märkte lässt sich zwischen Beschaffungsmarktforschung und Absatzmarktforschung unterscheiden. Die **Absatzmarktforschung** beschäftigt sich – wie das Einführungsbeispiel verdeutlicht – mit der Erhebung und Analyse von Daten über (potentielle) Nachfrager und Wettbewerber. Außerdem werden allgemeine Marktcharakteristika der Absatzmärkte, wie das Marktvolumen als gegenwärtige Marktgröße und das Marktpotential als maximal mögliche Marktgröße, abgeschätzt. Die **Beschaffungsmarktforschung** ist auf die Erhebung und Analyse von Daten über die Inputfaktoren eines Unternehmens, wie Roh-, Hilfs- und Betriebsstoffe, Vorprodukte und Produktionsmittel sowie Personal, ausgerichtet. Teilbereiche sind hier etwa die Ermittlung, Bewertung und Auswahl geeigneter Lieferquellen oder Mitarbeiter sowie die vergleichende Analyse von Eigenfertigung und Fremdbezug (Make-or-Buy).

Abbildung 1.1 gibt einen Überblick über die zentralen **Marktdaten**, die den typischen Untersuchungsgegenstand der Marktforschung bilden, welche erhoben werden, um vorgegebene Untersuchungsziele zu erreichen.

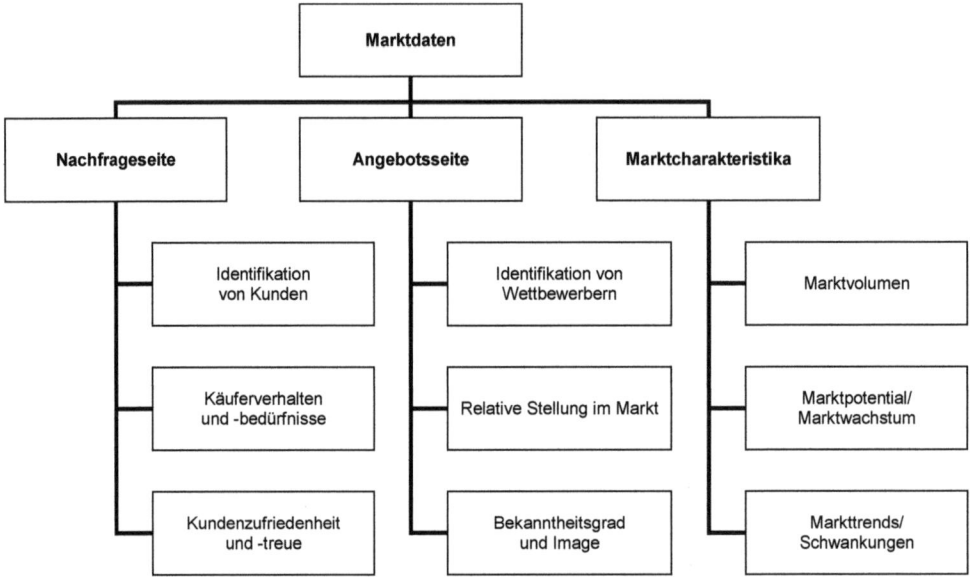

Abb. 1.1: Marktdaten als Gegenstand der Marktforschung

Bezüglich der **Nachfrageseite** dürften Unternehmen vor allem an Daten über die gegenwärtigen bzw. potentiellen Kunden für ein bereits auf dem Markt befindliches oder noch zu vermarktendes Produkt interessiert sein. An der Anzahl, Art und Wichtigkeit dieser Kunden werden sich regelmäßig die Marketinganstrengungen eines Anbieters orientieren. Für die Bündelung von Marketingaktivitäten wird von Interesse sein, inwiefern sich ähnliche Kunden zu in sich homogenen Gruppen, so genannten Kunden- bzw. Marktsegmenten, zusammenfassen lassen. Bei einer solchen Marktsegmentierung fragt sich, nach welchen Kriterien Segmente gebildet werden können. In Frage kommen neben demografischen Kriterien (Geschlecht, Alter) und sozioökonomischen Kriterien (Einkommen, Beruf, Haushaltsgröße) auch psychografische Kriterien (Werte, Bedürfnisse, Einstellungen, Lebensstile). Letztere dürften – da sie nicht bzw. kaum beobachtbare Konstrukte darstellen – vergleichsweise schwierig von der Marktforschung erfassbar sind.

Hat man (potentielle) Käufer ausfindig gemacht und gegebenenfalls gedanklich zu Segmenten zusammengefasst, so fragt sich weiter, wie sich diese durch Marketingmaßnahmen gezielt beeinflussen lassen. Hierfür sind wiederum Informationen über das Käuferverhalten samt Einflussfaktoren (Determinanten) sowohl in der Vorkaufphase als auch in der Nachkaufphase notwendig. In der Vorkaufphase sind aus Anbietersicht vor allem Informationen über die aktuellen und potentiellen Bedürfnisse der Käufer von Interesse sowie Informationen, wie (z. B. über welche Quellen) sich Käufer über Angebote im Markt informieren, wie sie Qualität wahrnehmen und beurteilen und nach welchen Kriterien sie Produkte und Anbieter schließlich auswählen. In der Nachkaufphase interessieren vor allem das Verwendungsverhalten, die Kundenzufriedenheit als wichtiger Einflussfaktor auf die Kundentreue (bestehend aus dem Wiederkauf-, Weiterempfehlungs- und Zusatzkaufverhalten) sowie das Entsorgungsverhalten.

1 Gegenstand der Marktforschung

Hinsichtlich der **Angebotsseite** hat die Marktforschung Informationen über die Anzahl, Art und relative Bedeutung (potentieller) Wettbewerber bereitzustellen. Um die Stellung des eigenen Unternehmens im Umfeld von Wettbewerbern im Markt, die so genannte Marktposition, einzuschätzen und den Erfolg von Marketingmaßnahmen im Zeitablauf beurteilen und kontrollieren zu können hat die Marktforschung Vergleichsgrößen in Form von Marktanteilen zu ermitteln. Der absolute wertmäßige (mengenmäßige) Marktanteil gibt den Anteil des gegenwärtigen Umsatzes (Absatzes) eines Anbieters auf einem Markt in einer bestimmten Periode an dem gegenwärtigen Umsatz (Absatz) aller Anbieter auf dem betreffenden Markt an. Der relative Marktanteil setzt hingegen den eigenen Marktanteil in Beziehung zum Marktanteil des größten Wettbewerbers.

Die Marktposition lässt sich nicht nur anhand ökonomisch-quantitativer Größen, wie durch Marktanteile oder den Bekanntheitsgrad als Anteil derjenigen Käufer, die den Namen (die Marke) des Unternehmens bzw. Produktes kennen an allen potentiellen Käufern im Markt, beschreiben. Spiegelbildlich zur Marktsegmentierung wird ein Unternehmen auch die Käuferwahrnehmung des eigenen Angebotes im Wettbewerbsumfeld beachten müssen, die so genannte Positionierung. Relevante Fragen sind in diesem Zusammenhang, welches Bild (Image) sich (potentielle) Käufer von dem Anbieter und seinen Produkten machen, nach welchen Eigenschaften sie die Angebote im Markt vergleichen und ob es in der Wahrnehmung der Käufer Angebotslücken im Markt, so genannte Marktnischen, gibt, die ein Anbieter mit seinen Produkten besetzen könnte.

Allgemeine Marktcharakteristika beziehen sich auf Möglichkeiten der Beschreibung von Märkten insgesamt durch quantitative Kenngrößen wie das Marktvolumen als gegenwärtiger Absatz bzw. Umsatz aller Anbieter einer Leistung auf einem Markt, das Marktpotential als der maximal mögliche Absatz bzw. Umsatz aller Anbieter unter Ausnutzung aller Möglichkeiten auf einem Markt sowie das Marktwachstum als Veränderung des Marktvolumens im Zeitablauf. Auch qualitative Größen mögen betrachtet werden wie Markttrends, Nachfragemuster und Schwankungen, die Art und Intensität des Wettbewerbs und der Beziehungen der Nachfrager zueinander.

Tabelle 1.1 fasst die zentralen quantitativen Kenngrößen zur Beschreibung von Märkten und der Marktstellung eines Anbieters zusammen.

Tab. 1.1: Kenngrößen zur Beschreibung von Märkten und der Marktstellung von Anbietern

Marktvolumen	Der gegenwärtige Absatz (Umsatz) aller Anbieter einer Leistung auf einem Markt
Marktpotenzial	Der maximal mögliche Absatz (Umsatz) aller Anbieter unter Ausnutzung aller Möglichkeiten auf einem Markt
Absatz- (Umsatz-) volumen	Der gegenwärtige Absatz (Umsatz) eines Anbieters auf einem Markt in einer bestimmten Periode
Absatz- (Umsatz-) potenzial	Der maximal mögliche Absatz (Umsatz) eines Anbieters unter Ausnutzung aller Möglichkeiten auf einem Markt in einer Periode
Marktsättigung	Das Verhältnis von Marktvolumen zum Marktpotenzial; Marktvolumen < Marktpotential → ungesättigter Markt Marktvolumen = Marktpotential → gesättigter Markt
– Sättigungsgrad	$= \dfrac{\text{Marktvolumen (absatz – bzw. umsatzmäßig)}}{\text{Marktpotential (absatz - bzw. umsatzmäßig)}} \cdot 100\%$
Marktanteil (absolut) – mengenmäßig – wertmäßig	Gibt den Anteil eines Unternehmens am Marktvolumen an $= \dfrac{\text{Absatz – (Umsatz–) volumen von Anbieter A}}{\text{Marktvolumen (absatz – bzw. umsatzmäßig)}} \cdot 100\%$
Relativer Marktanteil – mengenmäßig – wertmäßig	Gibt den Marktanteil des eigenen Unternehmens A am Marktanteil des größten Konkurrenten an bzw. das Absatz- (Umsatz-) volumen eines Unternehmens im Verhältnis zum Absatz-(Umsatz-)volumen des größten Konkurrenten (des Marktführers) $= \dfrac{\text{Marktanteil von Anbieter A}}{\text{Marktanteil des größten Konkurrenten}} \cdot 100\%$ $= \dfrac{\text{Absatz – (Umsatz–) volumen von Anbieter A}}{\text{Absatz – (Umsatz–) volumen des größten Konkurrenten}} \cdot 100\%$

Neben der angesprochenen Ausrichtung auf die zu analysierenden Märkte, lassen sich Formen der Marktforschung nach einer Vielzahl weiterer Kriterien systematisieren. Explizit eingegangen sei an dieser Stelle auf die Unterscheidung zwischen **quantitativer** und **qualitativer Marktforschung**. Sie bezieht sich zum einen auf den Umfang erhobener und analysierter Fälle, wesentlicher aber noch auf die verwendeten Forschungsmethoden. Während für die quantitative Marktforschung der Einsatz mathematisch-statistischer Analysemittel kennzeichnend ist, verwendet die qualitative Marktforschung (primär) interpretative und hermeneutische Methoden, deren Anliegen nicht in der Quantifizierung, sondern im Verstehen bestimmter sozialer Phänomene besteht. Der Einsatz der **Inhaltsanalyse** (Content-Analyse) etwa zur Kategorisierung von Werbeaussagen in geschalteten Anzeigen liefert hierfür ein Beispiel. *Tabelle 1.2* grenzt beide Formen der Marktforschung weiter gegeneinander ab.

Tab. 1.2: Unterscheidung von quantitativer und qualitativer Marktforschung

	Quantitative Marktforschung	Qualitative Marktforschung
Umfang	Erhebung großer repräsentativer Stichproben bzw. Grundgesamtheiten	Erhebung kleiner, nicht repräsentativer Stichproben, oft Einzelfälle
Forschungsanliegen	Entdecken und Erklären, Ableitung allgemeingültiger Aussagen, Quantifizierung von Relationen (Messen)	Verstehen sozialer Phänomene, Abbildung qualitativer Relationen
Reichweite von Aussagen	Aussagen großer Reichweite (universalisierend, Einzelfall vernachlässigend)	Aussagen kleiner Reichweite (Aussagen über den Einzelfall oder eine Gruppe von Einzelfällen)
Forschungslogik	Theorieprüfend	Theorieentwickelnd
Forschungsmethoden	hoher Grad an Standardisierung, z.B. schriftliche Befragung, Experiment; Datenanalyse mit mathematisch-statistischen Methoden	geringer Grad an Standardisierung, Offenheit des methodischen Vorgehens; z.B. tiefenpsychologisches Interview, teilnehmende Beobachtung, Gruppendiskussion, Einzelfallstudie

In der Marktforschungspraxis ist allerdings eine trennscharfe Zuordnung der eingesetzten Forschungsmethoden zu einem der beiden Bereiche nicht immer möglich. Zudem ist eine Konvergenz in dem Sinne zu beobachten, dass die quantitative Marktforschung jedenfalls ergänzend auch qualitative Erhebungsinstrumente einsetzt bzw. die Ergebnisse der qualitativen Marktforschung unter Einsatz quantitativer Analyseinstrumente ausgewertet werden.

Die Vielfalt von zu erhebenden Sachverhalten, vor allem die kaum beobachtbaren Einflussfaktoren des Nachfragerverhaltens (wie Einstellungen, Zufriedenheit), zeigen, wie komplex die inhaltlichen Aufgaben der Marktforschung sind. Sie bestehen hier vor allem und zunächst in der Definition und Abgrenzung der interessierenden Sachverhalte zwecks Messung. **Messen** bedeutet dabei die Zuordnung von Zahlen zu Sachverhalten zur ihrer näheren Kennzeichnung bezüglich bestimmter Eigenschaften unter Verwendung einer Skala als numerische Abbildung eines empirischen Merkmals. Eine **Variable** ist eine Funktion, die jedem in Frage kommenden Untersuchungselement (Untersuchungs- bzw. Erhebungseinheit, Proband, Merkmalsträger) genau einen Wert (Variablenwert, Merkmalsausprägung) zuordnet. Variablenwerte nennt man auch **Daten**. Der Vorgang der Definition und Abgrenzung einer zu messenden Variable (z. B. Einstellungen von Käufern) durch Zerlegung in einzelne, leichter mess- und interpretierbare Aspekte (wie z. B. die affektive und kognitive Komponente der Einstellung) wird als **Operationalisierung** bezeichnet.

Bei der Operationalisierung der relevanten Einflussfaktoren des Käuferverhaltens bedient sich die Marktforschung regelmäßig der Käuferverhaltensforschung, die ihr insofern als Grundlagenforschung wichtige Erkenntnisse für die Gestaltung von Erhebungen über die Nachfrageseite zur Verfügung stellt. Darüber hinaus stellt die Marktforschung dem Marketing auch Informationsgrundlagen über die Angebotsseite zur Verfügung. Die Käuferverhaltensforschung liefert der Marktforschung also potentielle Inhalte für aussagekräftige Studien und gibt zudem Hinweise darauf, wie sich die interessierenden marketingrelevanten Größen (z. B. Zahlungsbereitschaft, Kundenzufriedenheit) sinnvoll (z. B. trennscharf, präzise) messen lassen. Die Marktforschung greift diese Empfehlungen auf und berücksichtigt sie bei der Konzipierung und Durchführung von Erhebungen sowie schließlich bei der Auswertung und Interpretation der empirischen Ergebnisse.

Abbildung 1.2 zeigt im Überblick das Zusammenwirken von Käuferverhaltensforschung und Marktforschung, die gemeinsam die Informationsgrundlagen des Marketings bilden.

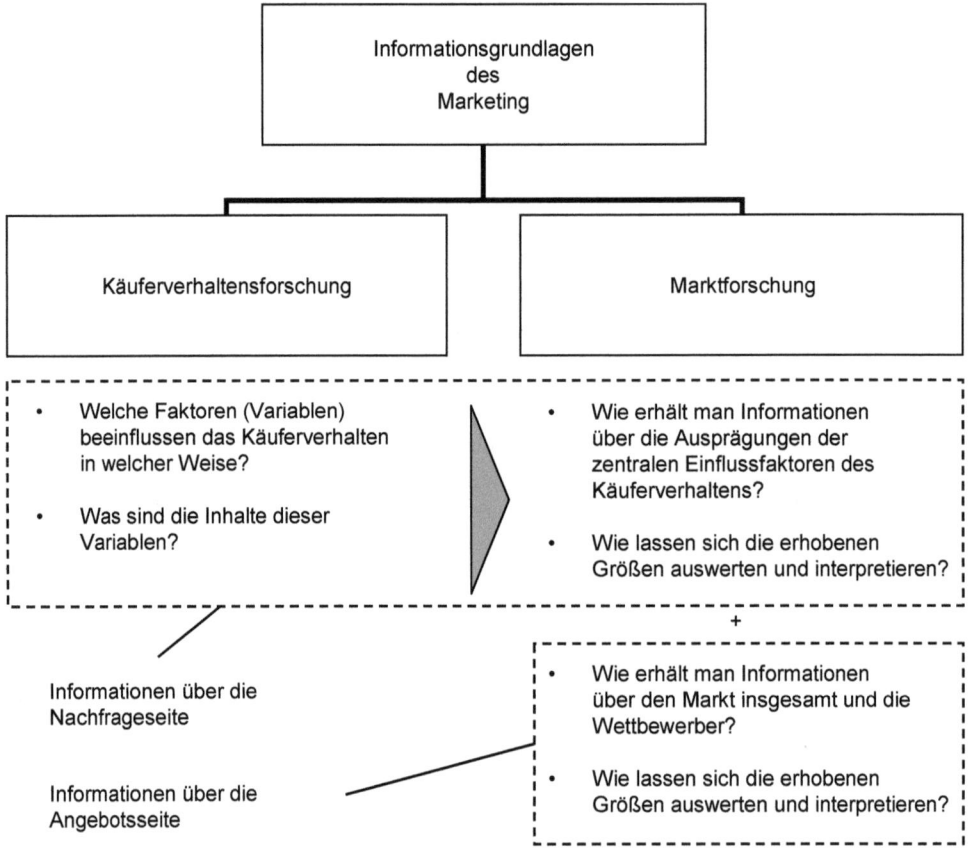

Abb. 1.2: Zusammenwirken von Käuferverhaltensforschung und Marktforschung

Bevor auf die einzelnen Bestandteile einer Marktforschungsstudie im Detail eingegangen wird, wird in *Kapitel 2* zunächst ein Überblick über den groben Ablauf einer solchen Studie unter Benennung der zentralen Entscheidungsbereiche gegeben. In *Kapitel 3* werden zunächst die für die Bearbeitung praktischer Marktforschungsprojekte relevanten Grundlagen der Käuferverhaltensforschung gelegt. Die hier betrachteten Variablen des Käuferverhaltens bilden regelmäßig den Untersuchungsgegenstand vieler Marktforschungsstudien. Durch Beispiele wird auf mögliche Anwendungen der Variablen in der Marktforschungspraxis hingewiesen. In diesem Kapitel wird auch auf die potentiellen Unterschiede im Käuferverhalten zwischen privaten und organisationalen (z. B. gewerblichen) Käufern eingegangen. In *Kapitel 4* werden Erhebungsumfang, Erhebungsmethode und Erhebungsdesign als Elemente und Entscheidungstatbestände der Datenerhebungsphase besprochen. Dem schließt sich in *Kapitel 5* ein Methodenüberblick über die einzeln oder kombiniert einsetzbaren Verfahren der statistischen Datenanalyse an, die vergleichsweise häufig bei praktischen Fragestellungen zum Einsatz kommen. Schließlich wird in *Kapitel 6* auf Möglichkeiten der Beurteilung der

1 Gegenstand der Marktforschung

Güte von Marktforschungsstudien eingegangen, die ein Verständnis der grundlegenden Gütekriterien, der Fehlerquellen bei einer Marktforschungsstudie und auch der Einwirkungsmöglichkeiten zur Steigerung der Güte im Planungsstadium einer Studie, also zur Fehlervermeidung, erfordern. Mit diesen Kenntnissen lassen sich freilich nicht nur selbst durchgeführte Studien, sondern auch von extern beschaffte Studien beurteilen.

Marktforschung bezeichnet die systematische Erhebung, Auswertung und Interpretation von Daten über Absatz- oder Beschaffungsmärkte. Dabei können die **Nachfrageseite** (Daten über gegenwärtige oder potentielle Kunden), die **Angebotsseite** (Daten über Wettbewerber) oder **allgemeine Marktcharakteristika** im Mittelpunkt des Interesses stehen.

2 Ablauf einer Marktforschungsstudie

Nachdem im ersten Schritt das **Untersuchungsziel** durch Formulierung einer oder mehrerer Forschungsfragen, gegebenenfalls in Form von Hypothesen, festgelegt wurde, gilt es im nächsten Schritt, die interessierenden Größen im Markt zu erheben. Diese **Datenerhebung** betrifft zum einen die Frage, ob neue Daten im Wege der Primärforschung (Field-Research, Feldforschung) gewonnen werden müssen oder ob sich die interessierenden Informationen auch aus bereits intern vorhandenen Datenbeständen oder aus extern leicht beschaffbarem Datenmaterial ableiten lassen. Im letzten Fall wird auch von Sekundärforschung (Desk-Research) gesprochen. Hierbei werden bereits früher für andere Zwecke erhobene Daten für neue Zwecke im Wege des Wertetransfers (Value Transfer) genutzt. Wie in *Tabelle 2.1* dargestellt, stehen der Sekundärforschung hierfür verschiedene interne (z. B. Kundendatenbank, Rechnungswesen) oder externe Datenquellen (z. B. Veröffentlichungen von statistischen Ämtern, Geschäftsberichte) zur Verfügung. In der Praxis ist es üblich, zunächst bestehende Informationslücken über die Sekundärforschung zu schließen, da hiermit zumeist eine schnelle und kostengünstige Informationsbeschaffung verbunden ist. Primärforschungen erfordern dagegen oft auch umfassende Kenntnisse der Stichprobenauswahl und Analyse von Daten.

Tab. 2.1: Quellen der Sekundärforschung

Interne Quellen	**Externe Quellen**
Rechnungswesen	Statistische Ämter
Kundenstatistiken (z. B. Auftrags-/Umsatzstatistiken, Reklamationsstatistiken)	Behörden/ Ministerien
Angebotsstatistiken	IHK
Vertriebsaußendienstberichte	Fachzeitschriften
Frühere Erhebungen	Geschäftsberichte
Lagerbestände, Kapazitäten	Internet
...	Wissenschaftliche Institute (z. B. an Universitäten und Hochschulen)
	Auskunfteien/Beratungsunternehmen
	...

Allerdings wird bei Sekundärforschungen oftmals unterschätzt, dass auch sie ein tiefer gehendes Verständnis für die ursprünglich erfolgte Datenerhebung und -analyse erfordern. Denn nur so kann die Güte von Werten, die gegebenenfalls aus solchen Quellen übernommen werden, richtig eingeschätzt werden. Können über die Sekundärforschung nicht alle Informationsdefizite behoben werden, da die Studien nicht immer genau auf ein zu lösendes Forschungsproblem zugeschnitten oder die Daten veraltet sind, werden (partiell) neue Daten im Wege der Primärforschung gewonnen. Der Vorteil der Primärforschung liegt daneben auch darin, dass sie Unternehmen Wettbewerbsvorteile zu verschaffen vermag, da Konkurrenten auf die durch sie gewonnenen Daten zunächst keinen Zugriff haben. Wettbewerber müssten sich erst selbst entsprechende Informationen (z. B. über ein Marktforschungsinstitut) beschaffen, was zum einen kostspielig und zum anderen mit erheblicher zeitlicher Verzögerung verbunden sein mag. In der Zwischenzeit könnte das Primärforschung betreibende Unternehmen bereits marktrelevante Entscheidungen auf einer soliden Datenbasis treffen und seinen Informationsvorsprung in Wettbewerbsvorteile verwandeln.

Sofern eine Primärforschung unumgänglich ist, wird man sich sodann über den Umfang und die Methode der Datenerhebung verständigen müssen. Beim **Datenumfang** muss entschieden werden, von wem, d. h. von welchen Untersuchungselementen (z. B. Probanden, Kunden) Daten erhoben werden sollen. Alternativen bilden hier die Vollerhebung, bei der die Grundgesamtheit die Erhebungsbasis bildet (z. B. alle in einer Kundendatenbank registrierten Käufer). Die Grundgesamtheit ist die Menge aller Untersuchungselemente, für die eine Aussage gemacht werden soll. Die Vollerhebung ist oftmals sehr kostspielig, da eine Vielzahl an Untersuchungselementen z. B. befragt werden müsste. Sie kann zudem sehr zeitaufwendig sein oder ist oftmals technisch bzw. organisatorisch nicht durchführbar, etwa weil die Grundgesamtheit unüberschaubar groß oder namentlich gar nicht bekannt ist.

In der Praxis dominiert daher die Teilerhebung, bei der nur ein Teil der Grundgesamtheit die Erhebungsbasis bildet (z. B. nur eine Auswahl der in einer Kundendatenbank registrierten Käufer). Die Teilerhebung macht die Ziehung einer Stichprobe (aus der Grundgesamtheit) erforderlich. Die Stichprobe ist eine endliche Teilmenge der Grundgesamtheit, von der man auf die Grundgesamtheit zurück schließen möchte. Voraussetzung für einen solchen Rückschluss ist, dass die Stichprobe für die Grundgesamtheit repräsentativ ist, d. h. sie muss die gleichen Merkmale aufweisen wie die Grundgesamtheit. Ohne Repräsentativität ist ein Rückschluss von der Teilgesamtheit auf die Grundgesamtheit nicht zulässig, da ansonsten die Gefahr von Fehlinterpretationen besteht. Repräsentativität der Stichprobe hängt wiederum ab vom Stichprobenumfang und vom Auswahlverfahren, welches regelt, wie die Elemente der Grundgesamtheit in die Stichprobe gelangen.

Hierbei können nicht-zufällige Auswahlverfahren (Auswahl aufs Geratewohl, Quotenauswahl, Konzentrationsverfahren) und Verfahren der Zufallsauswahl (einfache Zufallsauswahl, Klumpenauswahl, geschichtete Auswahl) unterschieden werden. Bei der Auswahl aufs Geratewohl erfolgt eine Auswahl von Elementen der Grundgesamtheit, die besonders leicht zu erreichen sind (z. B. Passanten einer Einkaufsstraße, Bekannte). Die Quotenauswahl zielt darauf ab, dass die Verteilung bestimmter Merkmale in der Teilauswahl mit der Verteilung dieser Merkmale in der Grundgesamtheit übereinstimmt. Als Quotenmerkmale werden meist soziodemografische Merkmale (Geschlecht, Alter, Beruf) herangezogen. Innerhalb der Quotenvorgaben erfolgt dann eine Auswahl aufs Geratewohl.

Bei der einfachen Zufallsauswahl besitzt jedes Element der Grundgesamtheit dieselbe Chance, in die Stichprobe zu gelangen. Bei der Klumpenauswahl erfolgt eine Auswahl der Untersuchungseinheiten nicht direkt unter den Elementen der Grundgesamtheit, sondern in Gruppen (Klumpen). Dabei werden alle Elemente einer ausgewählten Gruppe erfasst. Beispiele für Klumpen sind Haushalte, Betriebe und Regionen. Bei der geschichteten Auswahl erfolgt eine Aufteilung der Grundgesamtheit in überschneidungsfreie (disjunkte) Schichten, wobei aus jeder Schicht eine einfache Zufallsauswahl erfolgt.

In einem Stichprobenplan (Auswahlplan, Sampling-Plan) werden nun die Grundgesamtheit, das Auswahlverfahren und die Stichprobengröße und -struktur dokumentiert. Der hiermit festgelegte Erhebungsumfang beeinflusst die zu wählende Methode, mit welcher sich am besten (einfachsten, schnellsten, zuverlässigsten) Daten von dem betrachteten Kreis der Merkmalsträger erheben lassen. Sollen beispielsweise Daten von jüngeren Konsumentengruppen erhoben werden, so mögen vor allem das Internet oder generell elektronische Medien geeignete Methoden der Datenerhebung darstellen.

Nachdem der Erhebungsumfang festgelegt wurde, ist über die **Erhebungsmethode** zu entscheiden. Bei der Methode der Datenerhebung kann zwischen Befragung, Beobachtung und Experiment unterschieden werden, die jeweils einmalig stattfinden mögen oder aber wiederholt in Form eines Panels. Bei einem Panel handelt es sich um eine Datenbank, in der in bestimmter Weise ausgewählte und nach bestimmten Kriterien filterbare Mitglieder registriert sind, die an Panelerhebungen teilnehmen (z. B. das Panel „ConsumerScan" der Gesellschaft für Konsumforschung (GfK), welches das Einkaufsverhalten von Haushalten und Einzelpersonen erfasst). Eine Panelerhebung ist eine Erhebung, die wiederholt, in regelmäßigen Abständen, mit den gleichen Teilnehmern, zum gleichen Untersuchungsgegenstand durchgeführt wird. Ihr Einsatzgebiet liegt damit vor allem in der Untersuchung von (zeitlichen) Veränderungen (Trends) von Verhaltensweisen oder Einschätzungen im Rahmen von Längsschnittstudien. Bei Panelerhebungen wie auch bei Experimenten handelt es sich um spezielle Formen der Befragung oder der Beobachtung.

Befragungen sind diejenigen Arten von Erhebungen, bei denen Personen sich zum Erhebungsgegenstand äußern sollen, wobei zwischen schriftlichen und mündlichen (persönlichen und telefonischen) Befragungen unterschieden wird. Beobachtungen sind visuelle bzw. instrumentelle Erhebungen von Daten, wobei zwischen Fremd- und Selbstbeobachtung, persönlicher und apparativer Beobachtung (z. B. unter Verwendung von Blickaufzeichnungsgeräten, Kameras) und zwischen Feld- und Laboruntersuchungen unterschieden werden kann. Während Felduntersuchungen unter realen Bedingungen im Markt (z. B. in Supermärkten) ablaufen, werden in Laboruntersuchungen Störeinflüsse (wie etwa Konkurrenzprodukte oder -werbung) durch Schaffung künstlicher Rahmenbedingungen begrenzt oder kontrolliert.

Experimente sind wiederholbare, unter kontrollierten, vorher festgelegten Umweltbedingungen durchgeführte Versuchsanordnungen, mit denen Wirkungshypothesen empirisch getestet werden können: Wie wirkt eine oder mehrere unabhängige Variable (z. B. eine neue Produktpackung oder eine Preisvariation) auf eine abhängige Variable (z. B. das Kaufverhalten von Konsumenten)? Experimente werden durchgeführt, weil neben den eigentlich interessierenden Wirkungen der unabhängigen Variablen (z. B. Marketingvariablen) noch eine Vielzahl an Störeinflüssen, wie z. B. Konkurrenzaktivitäten oder gesamtwirtschaftliche (z. B. konjunkturelle) Faktoren, auf das Ergebnis eines Experiments einwirken mögen, die über ein experimentelles Design herausgefiltert werden können.

Nachdem Umfang und Methode der Datenerhebung festgelegt wurden, gilt es, das **Erhebungsdesign** zu bestimmen. Hierbei geht es im Wesentlichen um die Frage, wie das zugrunde gelegte Untersuchungsziel bei dem vorgegebenen Erhebungsumfang und der ausgewählten Erhebungsmethode mit den vorhandenen Ressourcen bestmöglich (z. B. unverzerrt, mit geringem Aufwand, praktikabel) erreicht werden kann. Zu klärende Teilaspekte betreffen hier die Operationalisierung der Untersuchungsvariablen, die Fragebogengestaltung (sofern eine standardisierte Befragung durchgeführt werden soll) sowie den Ablauf und die praktische Durchführung der Erhebung. Es ist zu erkennen, dass diese relativ detailreichen Entscheidungsbereiche von der Wahl des Erhebungsumfangs und der Erhebungsmethode durchaus abhängen, weshalb das Erhebungsdesign erst nach dem Umfang und der Methode der

Erhebung festgelegt werden sollte. Ist z. B. keine Befragung geplant, braucht auch kein Fragebogen erstellt zu werden oder ist lediglich die Erhebung einer sehr kleinen Stichprobe geplant, so gestalten sich Ablauf und praktische Durchführung der Befragung grundsätzlich anders als bei einer Erhebung größerer Gesamtheiten etwa in Form von Panels.

Im Rahmen des Erhebungsdesigns muss zunächst der Erhebungsgegenstand, etwa die interessierenden Variablen des Konsumentenverhaltens, durch Operationalisierung präzisiert und messbar gemacht werden. Hierzu gehört im Einzelnen die Zerlegung (Dekomposition) des komplexen zu erfassenden Sachverhalts in Teilaspekte (Dimensionen) und messbare Indikatoren sowie die Auswahl einer geeigneten Messskala mit entsprechenden Skalenausprägungen bzw. -punkten. Konkret fragt sich hierbei beispielsweise, ob sinnvollerweise eine gerade oder ungerade Anzahl an Skalenpunkten gewählt werden soll und wie die Skalenpunkte zu benennen sind (z. B. „trifft zu" ... „trifft nicht zu", „sehr unzufrieden" ... „sehr zufrieden") bzw. wie viele Skalenpunkte nötig sind, um ein differenziertes Bild über die Merkmale der Untersuchungselemente zu erhalten. Bei diesen Erwägungen sollte beachtet werden, dass die Wahl der Messskala (Nominal-, Ordinal- oder Kardinalskala) erhebliche Auswirkungen auf die Wahl des später im Rahmen der Datenanalyse anwendbaren Analyseverfahrens haben kann. So setzen beispielsweise manche Analyseverfahren (wie die Regressionsanalyse) ein metrisches Datenniveau voraus.

Sofern man sich im vorgelagerten Schritt für die Methode der Befragung entschieden hat, sind die zu messenden Sachverhalte durch einfache und von allen Befragten einheitlich verständliche Fragen im Rahmen der Fragebogengestaltung zu formulieren. Zur Fragebogengestaltung gehören darüber hinaus auch die Festlegung der Fragearten und -anzahl, die Reihenfolge und Anordnung der Fragen bzw. Fragenblöcke und das Layout des Fragebogens samt seiner Länge. Da all diese Faktoren durchaus Einfluss auf das Messergebnis und damit die Qualität von Marktforschungsstudien haben können, liegt auch hier ein zentraler Entscheidungsbereich der Marktforschung.

Schließlich ist in dieser Phase über den Ablauf und die praktische Durchführung der Erhebung zu entscheiden. Zu fragen ist, ob vor der Durchführung der Erhebung im Feld ein Pretest (Vorstudie) an einer kleinen Stichprobe (Convenience Sample) durchgeführt werden soll, um mögliche Fehler bei der Hauptuntersuchung zu vermeiden. So könnte ein Pretest beispielsweise Hinweise auf die Verständlichkeit der im Fragebogen formulierten Fragen liefern sowie auf die durchschnittliche Interviewlänge. Außerdem ist zu klären, wie lang etwa die Erhebungsphase angesichts der angestrebten Stichprobe bemessen sein sollte. Sollen – nach kontrolliertem Rücklauf – Nachfassaktionen gemacht werden, um die Rücklaufquote zu erhöhen? Unter Rücklaufquote kann hier allgemein der Quotient aus der Anzahl vollständig ausgefüllter Fragebögen an allen im Rahmen der Erhebung ausgegebenen Fragebögen verstanden werden. *Abbildung 2.1* fasst die zentralen Entscheidungsbereiche bei der Datenerhebung zusammen.

2 Ablauf einer Marktforschungsstudie

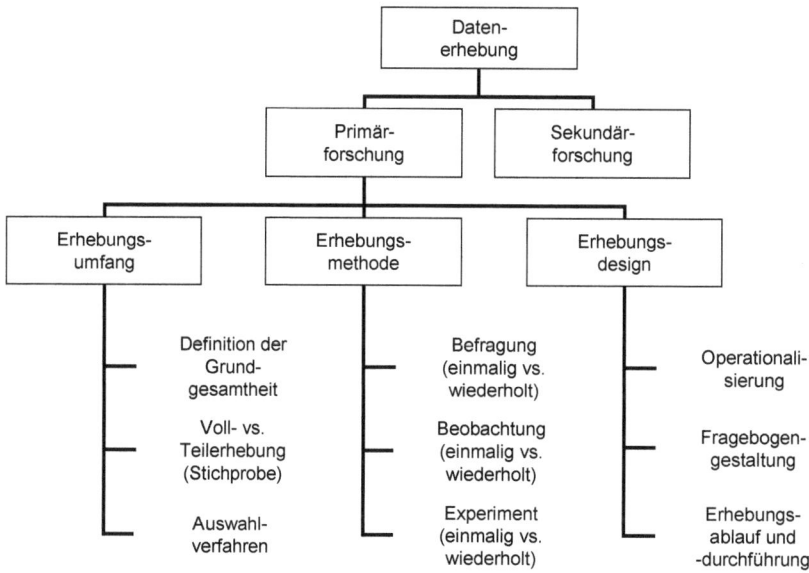

Abb. 2.1: Entscheidungsbereiche bei der Datenerhebung

Nachdem die Erhebungsphase abgeschlossen ist und eine hoffentlich ausreichende Datenmenge vorliegt, gilt es nun im Rahmen der **Datenanalyse**, unter Einsatz geeigneter Analyseverfahren, Erkenntnisse aus den Daten zu gewinnen, die der Erreichung des Untersuchungszieles förderlich sind.

Sofern an eine Auswertung der Daten mit Hilfe von Statistik-Programmpaketen wie SPSS („Statistical Package for the Social Sciences") gedacht ist, ist zur Vorbereitung von Auswertungen zunächst eine Kodierung der Daten vorzunehmen. Zu diesem Zweck wird ein Kodierplan (Codeplan) erstellt, in welchem einer jeden Variable des Fragebogens ein von dem Programm verarbeitbarer Name (Variablenlabel) und jeder Variablenausprägung ein eindeutiger Wert (Wertelabel) gemäß der im Fragebogen benutzten Skala zugewiesen wird. Diese Kodierung bildet also die Vorstufe zur Eingabe der Daten in ein Statistik- bzw. Tabellenkalkulationsprogramm. Da der Einsatz statistischer Analyseverfahren regelmäßig an das Vorliegen bestimmter Anwendungsvoraussetzungen geknüpft ist, sind diese anhand der vorliegenden Daten zu überprüfen. Hierbei handelt es sich vor allem um Aspekte der Datenqualität. Beispielsweise ist zu untersuchen, ob die Daten angenähert einer normalverteilten Grundgesamtheit entspringen oder ob aufgrund des vorhandenen Datenumfangs approximativ Normalverteilung unterstellt werden darf. Zudem ist zu prüfen, ob es Auffälligkeiten in den Daten gibt, die ein extremes Antwortverhalten erkennen lassen. Ein solch extremes, in bestimmter Weise motiviertes Antwortverhalten könnte etwa auf mangelnde Ernsthaftigkeit bei der Beantwortung oder auf ein erkanntes und vom Befragten nicht unterstütztes Erhebungsziel hindeuten. Solche untypischen, weit vom Mittelwert abweichenden Fälle sollten als Ausreißer (outliers) behandelt und getrennt vom Rest der Daten analysiert werden. Andererseits könnte etwa eine Mittelwertbildung unter Einbezug von Ausreißern das Gesamtergebnis stark verzerren, womit die Aussagekraft der Marktforschungsstudie negativ beeinträchtigt würde.

Nach der Prüfung der Datenqualität und unter Beachtung der Anwendungsvoraussetzungen (z. B. im Hinblick auf das Datenniveau) erfolgt die Auswahl des oder der Analyseverfahren(s) zwecks näherer Untersuchung der Forschungsfrage bzw. Testung von Hypothesen. Nach der Anzahl der simultan im Rahmen der Analyse betrachteten Variablen lässt sich zwischen univariaten, bivariaten und multivariaten Analyseverfahren unterscheiden. Univariate Verfahren betrachten lediglich eine Variable. Hierzu gehören Häufigkeitsverteilungen sowie Lokalisationsmaße (Mittelwerte, Varianzen) und auch Einstichproben-t-Tests z. B. zur Prüfung der Frage, ob eine zufällig aus der Produktion entnommene Produktpackung einem vorgegebenen (erwarteten) Gewicht entspricht. Bivariate Verfahren untersuchen die Beziehungen zwischen zwei Variablen. Hierzu zählen etwa die Kreuztabellierung einschließlich χ^2 (Chi-Quadrat)-Tests, die Korrelationsanalyse und auch Zweistichproben-t-Tests zur Prüfung auf signifikante Mittelwertunterschiede einer Variablen bei zwei Stichproben. Multivariate Verfahren sind in der Lage, die Beziehungen zwischen mehr als zwei Variablen zu analysieren. Beispielhaft sei auf die multiple Regressionsanalyse oder die Varianzanalyse als Erweiterung des t-Tests auf mehr als zwei Gruppen bzw. mehr als eine unabhängige (beeinflussende) Variable verwiesen.

Multivariate Verfahren können weiter nach ihrem Zweck eingeteilt werden in strukturenprüfende und strukturenentdeckende Verfahren. Strukturenprüfende Verfahren (Verfahren der Dependenzanalyse) umfassen solche multivariate Verfahren, deren Ziel in der Überprüfung von Zusammenhängen zwischen Variablen liegt. Typisches Kennzeichen dieser Verfahren ist die Einteilung der Variablen in abhängige (beeinflusste) und unabhängige (beeinflussende) Variablen. Eine solche Einteilung setzt wiederum vorab Kenntnisse über die Kausalzusammenhänge (Ursache-Wirkungs-Zusammenhänge) zwischen diesen Variablen voraus. Beispielsweise hat man aus der Sachlage heraus vorab Informationen darüber, dass das Kaufverhalten der Kunden maßgeblich von der Werbung und dem Preis beeinflusst wird, so dass die Untersuchung des Zusammenhangs zwischen Werbung und Preis als unabhängige Variablen und dem Kaufverhalten als abhängige Variable nahe liegt. Zu dieser Verfahrensgruppe zählen u. a. Regressionsanalyse, Varianzanalyse, Diskriminanzanalyse und konjunkte Analyse. Die Regressionsanalyse untersucht Zusammenhänge zwischen einer oder mehreren unabhängigen und einer oder mehreren abhängigen Variablen, die sämtlich metrisch skaliert sind. Es gilt als wichtigstes Analyseverfahren etwa bei der Quantifizierung von Reaktionsfunktionen (z. B. Preis-Absatz-Funktionen, Werbewirkungsfunktionen). Die Varianzanalyse untersucht den Einfluss nominalskalierter unabhängiger Variablen auf eine oder mehrere metrisch skalierte abhängige Variable. Sie ist das Standardverfahren zur Auswertung von Daten, die im Rahmen von Experimenten gewonnen werden. Mit der Diskriminanzanalyse kann eine Zuordnung der Untersuchungsobjekte zu verschiedenen Gruppen vorgenommen werden. Es wird untersucht, welche Bedeutung die metrisch skalierten unabhängigen Variablen für die Gruppenzugehörigkeit haben. Beispielsweise könnten Kunden eines Supermarktes, die durch mehrere metrisch skalierte Variablen beschrieben werden, in Markenkäufer und Nicht-Markenkäufer klassifiziert werden. Mit Hilfe der konjunkten Analyse (Conjoint-Analyse, Conjoint Measurement, Verbundmessung) lassen sich ordinal gemessene Präferenzen für bestimmte Objekte (z. B. Produkte) verarbeiten. Ziel ist es, den Beitrag einzelner Merkmale zum Gesamtnutzen des Objektes zu ermitteln. Es lässt sich also der Wert von Produkteigenschaften aus Sicht der Konsumenten abschätzen.

Strukturenentdeckende Verfahren (Verfahren der Interdependenzanalyse) zielen darauf ab, Zusammenhänge zwischen Variablen oder Objekten aufzudecken. Typisches Kennzeichen ist die Gleichbehandlung der Variablen, d. h. es erfolgt keine Zweiteilung in abhängige und unabhängige Variablen. Zu diesen Verfahren zählen u. a. Faktorenanalyse, Multidimensionale Skalierung (MDS) und Clusteranalyse. Die Faktorenanalyse nimmt eine Rückführung von zahlreichen für einen bestimmten Sachverhalt erhobenen Variablen auf wenige zentrale Faktoren (Bündelung von Variablen) vor. Wichtigster Anwendungsbereich im Marketing ist die Positionierungsanalyse durch Verdichtung subjektiver Beurteilungen von Produkten oder Anbietern auf wenige Dimensionen. Ziel der Multidimensionalen Skalierung (MDS) ist es, auf der Grundlage nicht metrisch skalierter Ähnlichkeitsdaten, Objekte (wie Marken oder Anbieter) in einem mehrdimensionalen Raum derart zu positionieren, dass die Positionen der Objekte und ihre gegenseitigen räumlichen Abstände weitestgehend mit den wahrgenommenen Unterschieden der Objekte übereinstimmen. Hauptanwendungsgebiet ist also auch hier die Positionierungsanalyse im Marketing. Im Unterschied zur Faktorenanalyse werden keine Eigenschaften vorgegeben und Beurteilungen abgefragt, sondern es werden wahrgenommene globale Ähnlichkeiten zwischen den Objekten erhoben und verarbeitet. Ziel der Cluster-Analyse ist die Bündelung von Objekten. Objekte, die einander ähnlich sind, sollen in einer Gruppe (Cluster) zusammengefasst werden. Die Gruppen sollen dabei untereinander möglichst unähnlich sein. Wichtigster Anwendungsbereich im Marketing ist die Identifikation von Marktsegmenten im Rahmen der Segmentierungsanalyse. *Abbildung 2.2* zeigt die verschiedenen Datenanalyseverfahren der Marktforschung im Überblick.

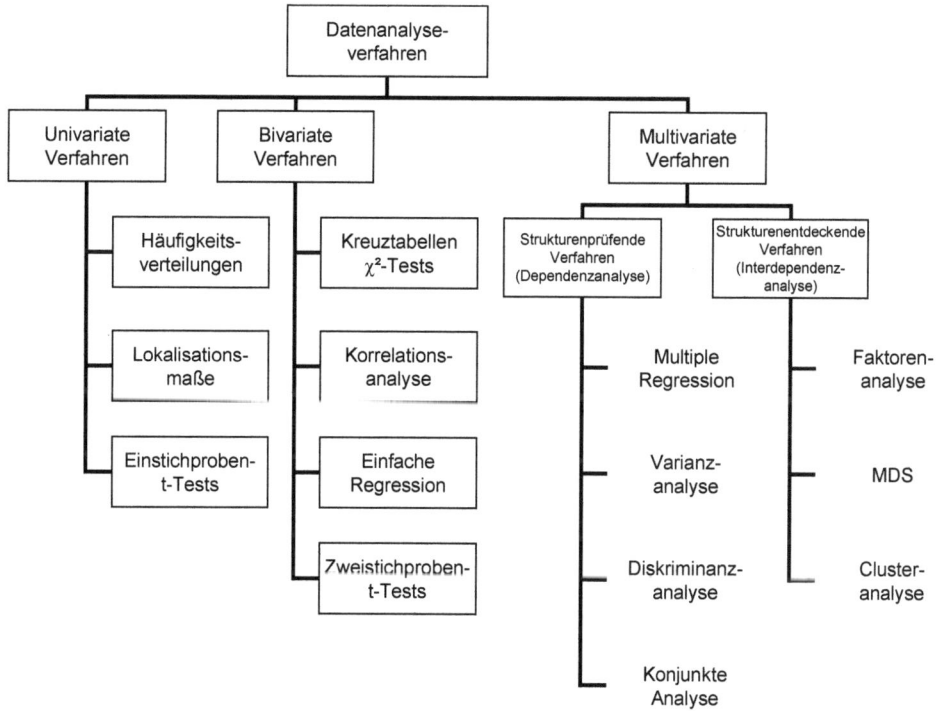

Abb. 2.2: Datenanalyseverfahren im Überblick

Im Rahmen der Datenanalyse ist es bei praktischen Fragestellungen oftmals sinnvoll oder sogar erforderlich, mehrere Verfahren miteinander zu kombinieren. Als Verfahrenskombination bietet sich beispielsweise bei einer Erhebung einer Vielzahl von Käufereigenschaften zunächst die Verdichtung dieser vielen Variablen auf einige wenige überschneidungsfreie Faktoren (Variablenbündel) mit Hilfe der Faktorenanalyse an. Um den Einfluss dieser unterschiedlichen zentralen Käufereigenschaften (Faktoren) als unabhängige Variablen auf z. B. die Kaufneigung als abhängige Variable zu ermitteln, werden sodann nachgelagert Regressionsanalysen gerechnet. Ein anderes Beispiel für die Kombination von Analyseverfahren ist die Anwendung der Diskriminanzanalyse zur Überprüfung der Ergebnisse einer Clusteranalyse, indem durch sie analysiert wird, inwieweit bestimmte Variablen die durch die Clusteranalyse aufgedeckten Gruppen (Cluster) erklären können.

Nachdem nun die durch die Anwendung der Analyseverfahren gewonnenen Ergebnisse durch Tabellen und Grafiken veranschaulicht und im Lichte der vorab vermuteten Zusammenhänge und theoretischen Grundlagen interpretiert und diskutiert wurden, ist die Ergebnisgüte einzuschätzen. Bereits bei den die Datenanalyse vorbereitenden Auswertungen sind Maßnahmen zur Beurteilung der Datenqualität angezeigt, um die Anwendbarkeit von Analyseverfahren zu prüfen (s. o.). Insofern ist auch hier bereits auf das Erfordernis der Gütebeurteilung hinzuweisen. Am Schluss einer Studie geht es aber vor allem darum, die **Gesamtqualität** der durch die Marktforschung gewonnenen Ergebnisse einzuschätzen, um voreilige Schlüsse bei der Ableitung von Maßnahmen zu vermeiden. Eine solche Gesamtreflexion kann konkret ansetzen an den Gütekriterien der Validität, Reliabilität und Objektivität.

Die Validität (Gültigkeit) gibt an, inwiefern tatsächlich jene Information gemessen und wiedergegeben wird, die zu messen beabsichtigt war. Inwieweit nimmt also ein Messergebnis auch tatsächlich Bezug auf den zu untersuchenden Sachverhalt? Die interne Validität gibt an, inwiefern sich ein Messwert (z. B. ein Absatzwert) tatsächlich auf eine bestimmte Ursache (z. B. die Variation eines Packungsdesigns) zurückführen lässt. Die externe Validität betrifft die Verallgemeinerbarkeit (Übertragbarkeit) der Untersuchungsergebnisse auf einen realen Kontext. Mit Reliabilität (Zuverlässigkeit) ist die Unabhängigkeit des Messergebnisses von dem Messvorgang, also die Reproduzierbarkeit der Ergebnisse unter identisch gehaltenen Messbedingungen gemeint. Die Forderung nach Objektivität betrifft die Frage, inwieweit die Ergebnisse der Marktforschung durch intersubjektiv nachprüfbare Methoden der Datenerhebung und Datenanalyse nachvollziehbar abgeleitet werden. Sie lässt sich präziser als Unabhängigkeit der Untersuchungsergebnisse von dem jeweiligen Anwender fassen.

Im Anschluss an diese Abschätzung der Gesamtgüte einer Marktforschung ist zu fragen, inwiefern durch die durchgeführte Studie das Untersuchungsziel als erreicht betrachtet werden kann. Eine durchgeführte Marktforschungsstudie ist schließlich kein Selbstzweck, sondern soll Handlungsempfehlungen für konkrete praktische Probleme liefern und insofern als ein Instrument der Entscheidungsunterstützung fungieren. Als Ergebnis könnte sich herausstellen, dass Teile des Informationsbedarfs durch die Studie noch nicht abgedeckt sind. Durch die Studie könnte sich auch ein neuer Informationsbedarf herauskristallisieren. *Abbildung 2.3* fasst die beschriebenen typischen Ablaufschritte einer Marktforschungsstudie zusammen, nach welchen dieses Buch gegliedert ist.

2 Ablauf einer Marktforschungsstudie

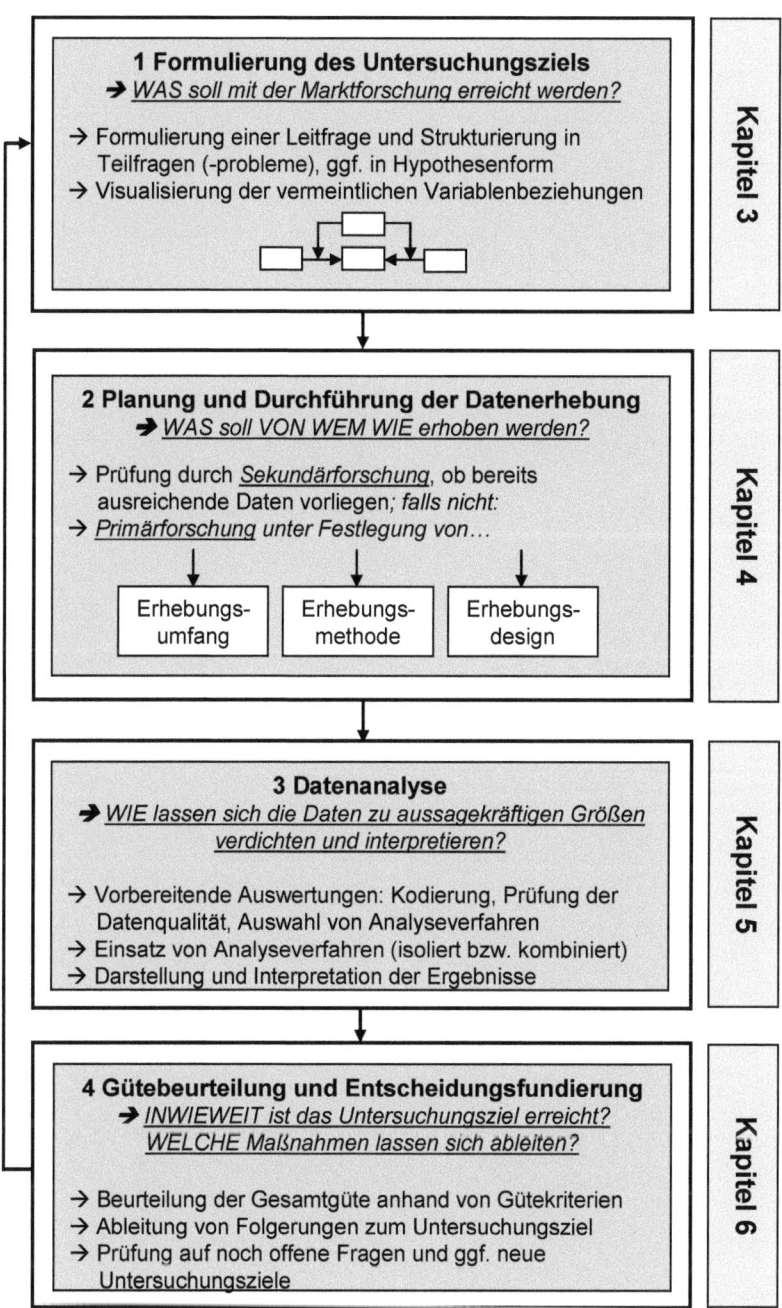

Abb. 2.3: Typische Ablaufschritte einer Marktforschungsstudie

3 Untersuchungsziel

3.1 Variablen des Käuferverhaltens

Am Ausgangspunkt jeder Marktforschungsuntersuchung steht ein **Untersuchungsziel**, das sich aus einem betrieblichen Informationsbedürfnis ableitet. In vielen Fällen dürften sich die Untersuchungsziele auf die Aufdeckung von Zusammenhängen über das Käuferverhalten beziehen. Konkret wird es um die Beschreibung, Erklärung und Prognose des Käuferverhaltens gehen, z. B. um den Marketingverantwortlichen Hilfestellungen für den zielgerichteten Einsatz ihrer Instrumente zu geben. Kenntnisse des Käuferverhaltens sind also erforderlich, um die von betrieblicher Seite an die Marktforschung herangetragenen Untersuchungsziele (z. B. das Aufdecken von Beeinflussungsmöglichkeiten der Käufer in der Vorkaufphase oder die Segmentierung des Marktes) enger an mess- und beeinflussbaren Zielvariablen zu orientieren. Letzteres bildet wiederum die Voraussetzung für die Übersetzung oder Abbildung des Untersuchungsziels in mit Hilfe von Methoden der Marktforschung überprüfbare **Hypothesen**.

Regelmäßig wird es bei Marktforschungsuntersuchungen darum gehen, die Wirkung von Marketinginstrumenten auf das Kaufverhalten und dem Verhalten vorgelagerte Einflussfaktoren (Determinanten) als Zielvariablen der Marketinginstrumente zu erfassen. Auch die Erfolgskontrolle des Einsatzes von Marketinginstrumenten im Zeitablauf erfordert eine (regelmäßige) Erhebung der zentralen Variablen des Käuferverhaltens. Die zu betrachtenden Variablen haben insofern nicht nur als Zielvariablen von Marketinginstrumenten, sondern auch als Steuerungsvariablen für das Marketingcontrolling eine hohe Bedeutung. Eine nähere Beschäftigung mit den Inhalten dieser Variablen, etwa entlang eines typischen Kaufentscheidungsprozesses der Konsumenten, bildet die Vorstufe zu deren Operationalisierung und Messung. Es fragt sich, welche Faktoren (Variablen) das Käuferverhalten in welcher Weise beeinflussen, worin sich das Käuferverhalten selbst manifestiert und wie sich diese Größen voneinander abgrenzen. Eine Marktforschungsstudie kann also ansetzen zum einen an der Messung der Einflussfaktoren (Determinanten) des Käuferverhaltens und zum anderen an der Messung des Käuferverhaltens selbst.

Als Einflussfaktoren des Käuferverhaltens kommen sowohl physische, psychische als auch soziale Variablen in Betracht (vgl. im Weiteren Kroeber-Riel/Weinberg 1996). Während physische und soziale Größen in der Regel beobachtbar sind, betreffen die psychischen Variablen Informationsverarbeitungsprozesse (Wahrnehmung, Denken, Lernen) im Inneren des Konsumenten, die sich nicht oder nur schwer durch Beobachtung erschließen lassen. *Tabelle 3.1* zeigt im Überblick die zentralen Einflussfaktoren des Käuferverhaltens als potentielle Gegenstände einer Messung, die im Folgenden zu erläutern sind.

Physische Einflussfaktoren sind materielle (körperliche) Reize (Stimuli), die zumeist Marketinginstrumente (Produkt, Preis, Kommunikation, Distribution) darstellen, die vom Anbieter eingesetzt werden, um das Käuferverhalten gezielt zu beeinflussen. Häufig wird auch von

Stimulusvariablen gesprochen. Sie stehen zumeist als Auslöser am Anfang eines Kaufentscheidungsprozesses. Im Rahmen von Marktforschungsstudien stellen sie regelmäßig die unabhängigen Variablen dar, deren Wirkung auf andere Einflussfaktoren des Käuferverhaltens oder auf nachgelagerte Verhaltensreaktionen als abhängige Variable gemessen werden soll.

Tab. 3.1: Einflussfaktoren des Käuferverhaltens im Überblick

Variablen	physische	psychische		Soziale
		emotionale	kognitive	
Beispiele	• Produkte/ Packungen • Preise/Preisänderungen • Werbemaßnahmen • Verkaufsförderungsaktionen	• Bedürfnisse (Motive) • Involvement • Einstellung • Image • Zufriedenheit	• Wahrnehmung • Denken • Lernen	• Bezugspersonen • Meinungsführer • Innovatoren • Gruppen

Psychische Einflussfaktoren sind hingegen Variablen, die im Inneren des Käufers, und damit nicht beobachtbar, dafür sorgen, dass Stimuli gedanklich weiter zu Urteilen und Entscheidungen verarbeitet werden. Es wird hier auch von Organismusvariablen gesprochen. Beispielsweise nimmt ein Käufer Werbe- oder Produktreize mit seinen Sinnesorganen wahr und verarbeitet sie psychisch weiter zu einer Meinung (z. B. das Produkt ist gut oder schlecht für mich, wichtig oder unwichtig, teuer oder preiswert). Hieran wiederum mögen sich bestimmte Verhaltensweisen des Käufers anschließen, wie etwa die Nachfrage nach weiteren Informationen oder eine bestimmte Produktwahl. Psychische Variablen lassen sich weiter einteilen in emotionale (affektive, aktivierende) und kognitive Variablen.

Emotionale Variablen sind in der Lage, einen gefühlsmäßigen Spannungszustand im Konsumenten hervorzurufen und stehen häufig als Auslöser am Anfang eines Kaufentscheidungsprozesses. Hierzu zählen Bedürfnisse (Motive) sowie das Involvement der Konsumenten.

Ein **Bedürfnis (Motiv)** ist ein wahrgenommener Mangelzustand, der den Organismus veranlasst, nach Mitteln zu dessen Beseitigung zu suchen. Bedürfnisse sind also Emotionen, verbunden mit einer Zielorientierung. Aufgabe der Marktforschung könnte es sein, bereits bei Kunden (latent) vorhandene Bedürfnisse, z. B. durch Befragung, aufzudecken, um so dem Marketing Anhaltspunkte für die Produktentwicklung oder Produktverbesserung zu liefern.

Unter dem Begriff **Involvement** lässt sich der Grad der Ich-Beteiligung oder das innere Engagement verstehen, mit dem sich ein Käufer einem Kaufobjekt (z. B. einem Produkt) oder einer Kommunikation zuwendet. Der Grad des Involvements (hoch vs. niedrig) beeinflusst unter anderem die Informationssuche (aktiv vs. passiv), die gedankliche Verarbeitungstiefe der Informationen (hoch vs. gering), wie viele Merkmale bei einer Kaufentscheidung berücksichtigt werden (viele vs. wenige) und den Zeitpunkt der Meinungs- bzw. Einstellungsbildung (vor vs. nach dem Kauf).

Die Kenntnis des Involvements ist im Marketing etwa bedeutsam für die Gestaltung der Werbebotschaft (informative vs. emotionale Ansprache). So lassen sich beispielsweise niedrig involvierte Konsumenten in der Tendenz kaum über eine informative Werbung mit vielen sachbezogenen Details erreichen, wohl aber über einfache, prägnante und häufig wiederholte Werbeslogans, eine ungewöhnliche Produktdarbietung oder über emotionale Gestaltungselemente wie Humor in der Werbung (vgl. Hempelmann/Lürwer 2002). Aufgabe der Marktforschung könnte es konkret sein, das Involvement der potentiellen Zielgruppe anhand messbarer Kriterien (z. B. der Art der präferierten Kommunikation und Produkte, der gewählten Informationsquellen wie Medien) zu erheben, um eine Marktsegmentierung vorzubereiten. Auch die bereits vorhandene Kundschaft eines Anbieters könnte nach dem Involvement als Segmentierungsvariable gegebenenfalls in unterschiedliche Kundensegmente mit jeweils unterschiedlichen Informationsbedürfnissen und unterschiedlichem Mediennutzungsverhalten eingeteilt werden. Hieraus könnten konkrete Folgerungen in Form von Empfehlungen für die Mediaplanung des Produktmanagements abgeleitet werden: Welche Werbeformen sollen in welchen Medien zu welchen Zeiten eingesetzt werden? Auch Anweisungen an den Vertriebsaußendienst lassen sich so fundieren: Welches Informationsmaterial und welche Art der Beratung, Verkaufsgesprächsführung, Besuchshäufigkeit etc. soll für welche Kunden bei welchen Produkten an welchen Orten vorgesehen werden?

Kognitive Variablen bilden die rationale bzw. Verstandesseite des Konsumenten ab. Sie betreffen die geistige Aufnahme, Verarbeitung und Speicherung von Informationen und sind häufig dominant in der Nachfrage- und Kaufphase eines Kaufentscheidungsprozesses. Hierzu zählen Wahrnehmung, Denken und Lernen.

Die **Wahrnehmung** kann definiert werden als Informationsaufnahme und Interpretation zwecks (subjektiv gefärbter) Abbildung der Realität. Die Wahrnehmung, z. B. eines Produktes, setzt wiederum ein gewisses Maß an Aktivierung der Konsumenten voraus. Über die Marktforschung könnten z. B. die von Konsumenten im Wettbewerbsumfeld wahrgenommenen Produktmarken eines Anbieters anhand wahrgenommener Ähnlichkeiten bei kaufrelevanten Eigenschaften erhoben und in einem gering dimensionalen Raum, dem so genannten Produktmarktraum, mit den Eigenschaften als Achsen im Rahmen einer Positionierungsanalyse dargestellt werden. Auch das beim Kauf wahrgenommene Risiko von Konsumenten stellt einen möglichen Erhebungsgegenstand der Marktforschung dar.

Das **Denken** umfasst alle psychischen Prozesse, die bei der Beurteilung von Objekten, d. h. bei der Verarbeitung von Wahrnehmungen zu Präferenzen, ablaufen. So lassen sich etwa Kaufentscheidungsprozesse nach der Intensität der beteiligten Denkprozesse (hier absteigend sortiert) in extensive (ausführliche), begrenzte (vereinfachte), gewohnheitsmäßige (habitualisierte) und affektgesteuerte (impulsive) Prozesse einteilen. Extensive und vereinfachte Kaufentscheidungen finden unter starker kognitiver Kontrolle statt, also bei hohem Involvement, während impulsives und Gewohnheitsverhalten unter geringer kognitiver Kontrolle, also eher bei geringem Involvement, ablaufen. Hierin zeigt sich die Rolle des Involvements als Determinante des Kaufverhaltens.

- Bei **extensiven Kaufentscheidungen** werden sämtliche Phasen des Entscheidungsprozesses, also etwa Problemkenntnis, Informationssuche, Informationsverarbeitung, Alternativenbewertung, Auswahl einer Alternative und Kaufentscheidung, vollständig durchlaufen. Einen Anwendungsfall mag der erstmalige Kauf höherwertiger und höherpreisiger Güter bilden, die für den Käufer ein hohes finanzielles und gegebenenfalls auch funktionales Risiko darstellen.

- Bei **begrenzten Kaufentscheidungsprozessen** werden einige der oben genannten Phasen verkürzt durchlaufen oder fallen ganz weg. Z. B. entfällt die Alternativensuche oder der Käufer beschränkt sich auf zentrale Beurteilungsdimensionen, z. B. weil das Produkt dem Käufer in seiner Funktionsweise hinreichend bekannt ist, er aber mit der neuen Marke noch keine Erfahrungen gesammelt hat.
- **Gewohnheitsmäßige Kaufentscheidungen** mögen einerseits bestehen in dem Befolgen eingefahrener Kaufschemata, ohne über die Auswahl nachzudenken und ohne sich emotional zu erwärmen. Zum anderen mögen aber auch starke emotionale Bindungen zu einer Marke vorhanden sein, die sich bewährt hat (Produkt- bzw. Markentreue).
- **Impulsive Entscheidungen** beinhalten ein unmittelbar reizgesteuertes (reaktives) Auswahlverhalten, wobei vor allem emotionale Vorgänge dominieren, z. B. ausgelöst durch Werbereize (wie Kaufangebote an der Kasse, Sonderpackungen zu günstigen Preisen) und/oder durch emotionale Vorgänge im Inneren des Konsumenten (wie Konflikte).

Die Aufgabe der Marktforschung mag in diesem Zusammenhang darin bestehen, zu ermitteln, mit welcher Art von Kaufentscheidungsprozess(en) es ein Anbieter bei seinen Produkten vornehmlich zu tun hat, um Kaufanreize gezielter einzusetzen (z. B. Werbemaßnahmen am Point-of-Sale) und auf eine Verkürzung bzw. Beschleunigung von Kaufentscheidungsprozessen durch Einsatz der Marketinginstrumente hinzuwirken. Eine konkrete Anwendung mag darin bestehen, den durch die Marktforschung ermittelten Anteil der gewohnheitsmäßigen Käufer für Absatzprognosen zu nutzen.

Lernen kann definiert werden als Verhaltensänderung infolge unmittelbarer (persönlicher) oder mittelbarer (symbolischer) Erfahrung. So mögen Konsumenten durch eigene Erfahrung nach dem Kauf oder auch durch Erfahrungsberichte anderer Konsumenten lernen, dass ein bestimmtes Markenprodukt einen hohen Nutzen stiftet, so dass es bei anstehendem Ersatzbedarf, bei Wiederkäufen, erneut in die engere Wahl gezogen wird. Allerdings mögen Käufer auch negative Erfahrungen oder negative Ereignisse in der Geschäftsbeziehung, wie hohe erfahrene Unzufriedenheit, lernen. Bei erneut anstehenden Käufen in der entsprechenden Produktkategorie meiden sie dann bestimmte Marken. Auch in der Öffentlichkeit diskutierte Qualitätsprobleme, etwa im Rahmen von Produktrückrufen oder schlechte Ergebnisse bei vergleichenden Warentests, können von Konsumenten gelernt und verhaltenswirksam werden.

Zudem mögen Marken auch mit zunehmender Zeit seit dem Markenaufbau – bei ausbleibenden oder unzureichenden Unterstützungsmaßnahmen des Anbieters – bei Konsumenten in Vergessenheit geraten, also an Bekanntheit einbüßen (Wear-Out-Effekt). Auch das Image, bestehend aus den wahrgenommenen Eigenschaften, die Konsumenten mit einer Marke assoziieren, kann im Zeitablauf Änderungen unterworfen sein. Aufgabe der Marktforschung könnte es hier sein, Markenbekanntheit und Markenimage im Zeitablauf zu erheben, um etwaige Lern- und Vergessensprozesse aufzudecken.

Bekanntheit kann von der Marktforschung durch Befragung erfasst werden und zwar zum einen gestützt (z. B. durch einen Hinweis auf ein Werbeplakat oder eine Packung) und zum anderen ungestützt (z. B. lediglich unter Angabe der Produktkategorie). Im ersten Fall wird auch von **Wiedererkennung** (Recognition), im zweiten Fall von **Erinnerung** (Recall) gesprochen. Durch eine Längsschnittuntersuchung könnte anhand der Veränderung des Bekanntheitsgrades auch die Zeitdauer bis zum Vergessen des Markennamens erfasst werden oder auch der Einfluss von Konkurrenzwerbung auf die Bekanntheit der eigenen Marke.

Hiermit lassen sich konkrete Ansatzpunkte zum zeitlichen Einsatz der Marketinginstrumente ableiten.

Gleiches könnte auch im Hinblick auf das **Image** von der Marktforschung untersucht werden. Die Imagemessung könnte konkret ansetzen an einer offenen Frage nach den Eigenschaften, die Konsumenten mit einer oder mehreren zu untersuchenden Marken zu allererst, als zweites, an dritter Stelle usw. verbinden. Alternativ hierzu oder auch als zweiter Analyseschritt könnten Eigenschaften vorgegeben werden, anhand derer Konsumenten verschiedene Marken vergleichen sollen, um wahrgenommene Ähnlichkeiten und Unähnlichkeiten der Marken aufzudecken. Das Image könnte sodann in einem Produktmarktraum veranschaulicht werden. Anhand der regelmäßigen Messung von Markenbekanntheit und Markenimage lässt sich der Erfolg von Marketingmaßnahmen im Zeitablauf beurteilen.

Neben diesen entweder als emotional oder als kognitiv eingeordneten Variablen des Käuferverhaltens gibt es auch solche psychische Variablen, die sich sowohl aus emotionalen wie auch aus kognitiven Elementen zusammensetzen. Hierzu zählen die bereits oben angedeuteten Einstellungen (Meinungen) sowie das Image als wichtige Zielgrößen der Marketinginstrumente vor allem in der Vorkaufphase sowie die Zufriedenheit als wichtige Ziel- und Steuerungsgröße des Kundenbeziehungsmanagements in der Nachkaufphase.

Einstellungen (Meinungen, Überzeugungen, Haltungen) werden im Marketing häufig definiert als gelernte, vergleichsweise dauerhafte Bereitschaft eines Individuums, auf Stimuli (z. B. Produkte, Anbieter) in einer bestimmten Weise (positiv oder negativ) zu reagieren. Kurzgefasst lässt sich die Einstellung als strukturierte Haltung gegenüber einem Gegenstand fassen. Sie umfasst die Motivation und zusätzlich die kognitive Gegenstandsbeurteilung. Ihre längerfristige Gültigkeit und ihre hohe Verhaltensrelevanz machen sie zu einer sehr geeigneten Zielgröße für Marketinginstrumente. Die kognitive Komponente der Einstellung beinhaltet das Wissen über die Eigenschaften eines Produktes bzw. einer Marke. Die emotionale oder affektive Komponente bezieht sich auf die subjektive Wichtigkeit bzw. Bedeutung der Eigenschaften für den Konsumenten. In manchen Operationalisierungsansätzen wird zusätzlich noch die konative Komponente ergänzt, die sich auf die Verhaltensdisposition gegenüber einem Produkt bezieht. Eine solche Zerlegung in einzelne, wohl voneinander abgrenzbare Einstellungskomponenten gibt der Marktforschung wertvolle Hilfestellungen für die Operationalisierung dieses Konstruktes, z. B. durch Formulierung von Fragen.

Unter dem **Image** kann, wie oben bereits ausgeführt, ein Gesamteindruck verstanden werden, den sich Konsumenten als Bild von einem Beurteilungsobjekt, etwa einer Marke, machen. Ein Image reflektiert die mit einem Beurteilungsobjekt assoziierten wahrgenommenen positiven und/oder negativen Eigenschaften. Positive bzw. negative Assoziationen mögen vor allem affektiv, auf der Gefühlsebene, entstehen. Die Eigenschaften eines Produktes werden aber kognitiv wahrgenommen, wobei auch Informationen des Anbieters (z. B. die Produktkommunikation) wie auch solche von anderen Konsumenten (z. B. Erfahrungsberichte) verarbeitet werden und in den Gesamteindruck einfließen. Insofern vereint das Image emotionale wie kognitive Elemente.

Im Unterschied zur Einstellung handelt es sich beim Image zum einen um eine Variable, die vergleichsweise weniger zeitstabil ist. Z. B. unterliegt das Markenimage den oben beschriebenen Lern- und Vergessensprozessen und mag infolge von Konkurrenzeinflüssen (neue Produkte, Konkurrenzwerbung) sowie auch des Einsatzes von Marketingmaßnahmen des betrachteten Anbieters (Werbemaßnahmen, Preisänderungen) stärker schwanken. Zum anderen definiert sich das Image, anders als die Einstellung, eher relativ, d. h. in Bezug zu anderen Beurteilungsobjekten, wie etwa Marken, auf dem betreffenden Markt. Das kommt z. B. auch in Marktforschungsstudien zum Ausdruck, die das Image über wahrgenommene Ähnlichkeiten der Marken zueinander zu erfassen suchen.

Eine weitere wichtige, aus kognitiven und emotionalen Elementen bestehende, Variable ist die **Kundenzufriedenheit**, die stets eigene Erfahrungen mit einem Produkt oder Anbieter voraussetzt. Eine Messung der Kundenzufriedenheit vor dem Kauf oder bei potentiellen Kunden wäre also insofern unsinnig, da noch keinerlei Produkt- bzw. Anbietererfahrungen vorliegen. Die hohe Bedeutung der Variable Zufriedenheit liegt in der Beeinflussung der Kundenbindung als nachgelagerte Größe. Kundenzufriedenheit entsteht aus einem psychischen Abgleichprozess von Erwartungen des Kunden an die Leistung (Soll-Komponente) und der Beurteilung der erfahrenen Qualität der Leistung (Ist-Komponente). Ein Übertreffen der Erwartungen wird als Zufriedenheit interpretiert, ein Zurückbleiben der wahrgenommenen Ist-Leistung hinter den Erwartungen umgekehrt als Unzufriedenheit. In beide Komponenten mögen sowohl affektive Variablen wie Bedürfnisse als erwünschte Leistungen oder emotional erlebte Konsumerfahrungen als auch kognitive Größen wie die an Leistungsmerkmalen des Produktes orientierte Produktwahrnehmung und -beurteilung einfließen. Auch diese inhaltliche Zerlegung des Konstrukts deutet bereits konkrete Möglichkeiten der Messung von Zufriedenheit im Rahmen von Marktforschungsstudien an.

Soziale Einflussfaktoren betreffen die von Bezugspersonen, Meinungsführern, Innovatoren und Gruppen ausgehenden Wirkungen auf den Konsumenten. Es handelt sich um gesellschaftlich-kulturelle Einflüsse außerhalb des Konsumenten. Sie mögen sowohl als Impulsgeber am Anfang als auch zur Entscheidungsunterstützung am Ende eines Kaufentscheidungsprozesses bedeutsam sein.

- **Bezugspersonen** sind Personen, die nicht aus der Primärgruppe des Käufers stammen, mit denen sich ein Individuum gleichwohl identifiziert und deren Kaufverhalten zum Vorbild für das Individuum wird (z. B. Prominente, Film- und Fernsehstars, Musterfamilie, Künstler, Mitglieder höherer sozialer Schichten).
- **Meinungsführer** sind Primärgruppenmitglieder, die bezüglich eines bestimmten Produkt- oder Themenbereichs starken Einfluss auf andere Gruppenmitglieder ausüben (z. B. Freunde/Bekannte, die ein hohes Vertrauen genießen und bereits zuvor mit einem in Frage kommenden Produkt Erfahrungen gesammelt haben).
- **Innovatoren** sind Personen, die die Übernahme von neuen Produkten oder Ideen in sozialen Systemen initiieren („Vorreiter" beim Kauf neuer Produkte, „Technik-Begeisterte"). Zu ihnen mag ein persönlicher Kontakt bestehen oder auch nicht. Wesentlich für die beeinflussende Wirkung ist, ob das Verhalten des Innovators für den Käufer wahrnehmbar (beobachtbar) ist.
- Unter einer **Gruppe** versteht man eine Menge von Personen, die in wiederholten, nicht nur zufälligen, wechselseitigen Beziehungen zueinander stehen. Bei Primärgruppen besteht ein personaler Kontakt der Gruppenmitglieder (z. B. Familie, Gruppen sozial Gleichgestellter (peer groups), Nachbarschaft, Kollegen), wobei es in der Regel keine formalisierte Gruppenstruktur gibt (informelle Gruppen). Bei Sekundärgruppen besteht zumeist ein unpersönlicher Kontakt mittels formaler Kommunikationsmittel wie technischer Medien (z. B. Betriebe, Vereine, Parteien, Körperschaften). Regelmäßig existiert hier eine formalisierte Gruppenstruktur (formelle Gruppen). Aufgabe der Marktforschung könnte es sein, das Belohnungs- und Sanktionsverhalten in Gruppen (z. B. unter

Jugendlichen) aufzudecken und es für Marketingzwecke (etwa die Werbegestaltung) nutzbar zu machen. Zudem könnten Meinungsführer und Innovatoren bei bestimmten Produkten anhand ihrer prägenden Eigenschaften im Rahmen einer Marktsegmentierung aufgedeckt und als Zielgruppen durch Marketingmaßnahmen angesprochen werden, um hohe Streuverluste im Falle einer flächendeckenden, undifferenzierten Käuferansprache zu vermeiden.

Als beobachtbare Verhaltensreaktionen des Käufers, die von den oben betrachteten Faktoren beeinflussbar erscheinen, kommen sowohl Reaktionen **vor dem Kauf** (Informationsverhalten, Kaufpräferenzen, Wahlverhalten), **nach dem Kauf** (Wiederkaufverhalten, Zusatzkaufverhalten, Verwendungsverhalten, Beschwerdeverhalten, Entsorgungsverhalten) sowie Verhaltensreaktionen in der persönlichen Kommunikation (Weiterempfehlungsverhalten) **vor und nach dem Kauf** als Gegenstände einer Messung in Betracht. Häufig setzen Messungen des Kaufverhaltens aber nicht (nur) an dem beobachtbaren Verhalten selbst an, was sich etwa aus Scannerdaten oder aus in Kundendatenbanken gespeicherten Kaufhistorien und -mustern ableiten lässt. Oftmals werden auch Verhaltensabsichten bzw. -intentionen (wie Kaufabsicht bzw. Kaufneigung, Kaufwahrscheinlichkeit, Weiterempfehlungsabsicht usw.) direkt abgefragt.

Hervorzuheben ist die **Präferenz**, die als eindimensionale psychische Variable den Grad der Vorziehenswürdigkeit von Produkten angibt und sehr nah am Kaufverhalten steht. Diese Variable besitzt eine besondere Relevanz bei der Erfassung des Kaufverhaltens in der Marktforschungspraxis, etwa im Rahmen der konjunkten Analyse. Hierbei werden Probanden aufgefordert, eine vorgegebene Auswahl an Produkten, die anhand ihrer Eigenschaften beschrieben sind und sich systematisch in den Eigenschaften unterscheiden, in eine eindeutige Rangfolge gemäß ihrer Kaufpräferenz zu bringen. Diese Präferenzrangfolge, die sich auf die ganzheitliche Beurteilung der Produktstimuli in Form von Gesamtpräferenzwerten bezieht, wird dann weiter über ein statistisches Analyseverfahren verarbeitet. Ziel ist es, aus der erhobenen Präferenzrangfolge bzw. den Gesamtpräferenzwerten dekompositorisch Teilpräferenzwerte für einzelne Eigenschaften der in die Analyse einbezogenen Produkte abzuleiten. Hiermit lässt sich beispielsweise ermitteln, welchen (monetären) Wert Konsumenten einer bestimmten Eigenschaft, wie der Produkthaltbarkeit oder -sicherheit, beimessen.

Ziel vieler Marktforschungsstudien im Kontext von Messungen des Kaufverhaltens wird es darüber hinaus sein, Zusammenhänge zwischen dem Absatz und dem Preis von Produkten herauszufinden. Methodisch läuft dies auf die Schätzung von **Preis-Absatz-Funktionen**, z. B. unter Anwendung von Regressionsanalysen oder auch konjunkter Analysen, hinaus. Solche Funktionen können auf der Grundlage von Massendaten über die Anzahl der zu bestimmten Preisen in einem bestimmten Zeitraum der Vergangenheit abgesetzten Produkte ermittelt werden. Sollen Preis-Absatz-Funktionen auch für neue, bislang nicht am Markt etablierte Produkte abgeschätzt werden, so kann die **Zahlungsbereitschaft** (willingness-to-pay) beispielsweise durch Befragung erhoben werden. Unter der Zahlungsbereitschaft (auch Preisbereitschaft, Reservationspreis, Maximalpreis oder Prohibitivpreis genannt) versteht man den maximalen Preis, den ein Nachfrager für ein Gut zu zahlen bereit ist (vgl. Hempelmann/Grunwald 2008).

3.2 Private vs. organisationale Käufer

Besonderheiten für die Marktforschung auf B2B-Märkten ergeben sich vor allem aus der Tatsache, dass die Nachfrage nach Produkten auf diesen Märkten typischerweise nicht (nur) originärer Natur, sondern zumeist auch derivativer Art ist. **Derivative (abgeleitete) Nachfrage** bedeutet, dass die Nachfrage nach Produkten eines betrachteten Anbieters abhängt von der Nachfrage der Kunden seines direkten Geschäftspartners. Bei mehrstufigen Lieferketten mag also etwa die Nachfrage eines Herstellers chemischer Stoffe nicht nur abhängen von dem Verbrauch dieser Stoffe seiner direkten Abnehmer, die diese Stoffe zu Farben und Lacken mischen bzw. zubereiten, sondern ebenfalls von der Nachfrage der gewerblichen (z. B. Malermeister) und privaten Abnehmer dieses Farbenherstellers nach fertig gemischten, veredelten und verpackten Farben und Lacken. Ein Beispiel für die derivative Nachfrage im Kontext der chemischen Industrie kann *Abbildung 3.1* entnommen werden.

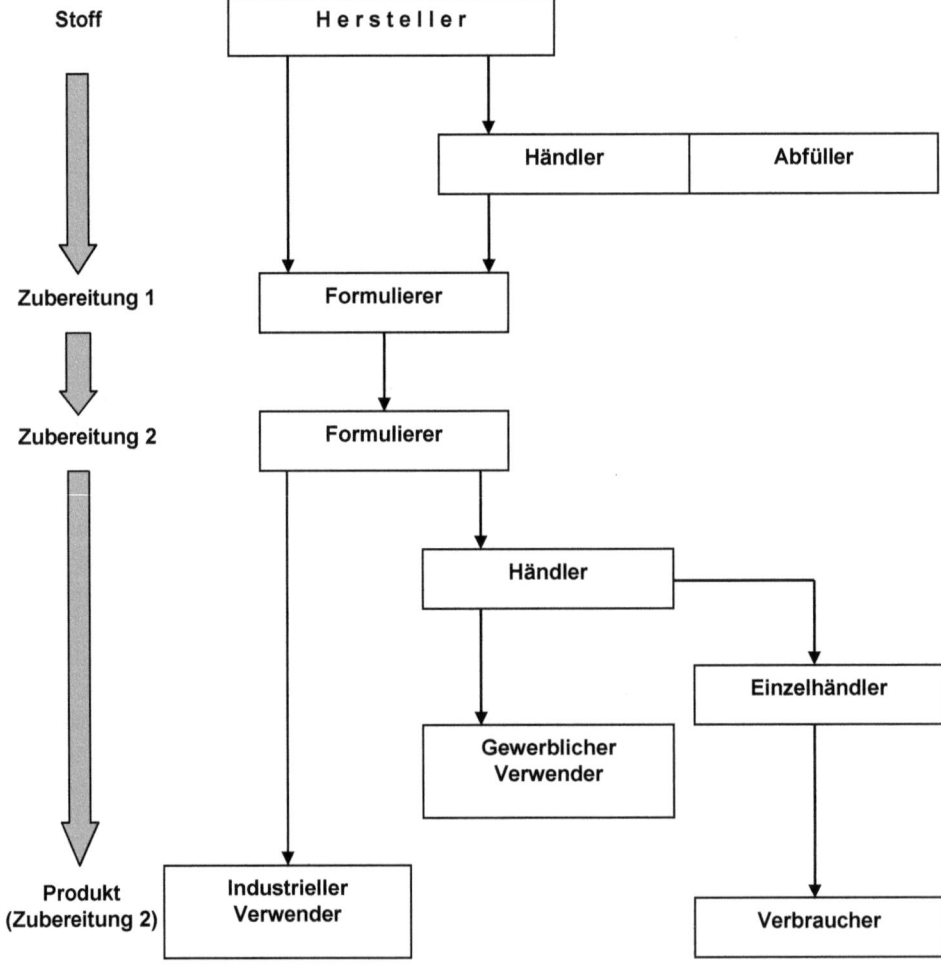

Abb. 3.1: Beispiel zur derivativen Nachfrage – Lieferkette der chemischen Industrie
(Quelle: vgl. BAuA 2008, S. 20)

Die Marktforschung hat damit also nicht nur die direkten Beziehungen des Anbieters zu seinen Kunden anhand der oben betrachteten Variablen des Käuferverhaltens zu analysieren, sondern zusätzlich auch die indirekten Beziehungen des Anbieters zu den nachgelagerten Abnehmern in der Lieferkette bis hin zum Letztverbraucher oder -anwender. Damit erhöht sich die Komplexität der Aufgaben der Marktforschung abermals, da viele verschiedene Märkte zu analysieren sind, auf denen der betrachtete Anbieter selbst gar nicht tätig ist. Aufgabe der Marktforschung könnte es in diesem Zusammenhang sein, die Lieferketten transparent zu machen, also indirekte Abnehmer zu identifizieren und beispielsweise im Hinblick auf die Umsatzbedeutung und Risiken zu bewerten.

Das Marketing mag z. B. konkret an Ansatzpunkten zur Verbesserung der Wettbewerbsfähigkeit des direkten Kunden durch Analyse seiner Märkte und dessen Entwicklungsmöglichkeiten interessiert sein, so dass die Marktforschung entsprechende Daten über Anzahl und Art der Anbieter und Nachfrager samt Substitutprodukten auf den einzelnen Märkten entlang der Lieferkette zu erheben hat.

Insgesamt dürfte das Käuferverhalten auf B2B-Märkten in der Tendenz – verglichen mit B2C-Märkten – als rational, sachlich, durch eine stärkere Beteiligung der kognitiven Variablen, geprägt sein. An Kaufentscheidungen sind typischerweise mehrere Personen aus unterschiedlichen Abteilungen beteiligt, die umfangreiches Fachwissen vereinen und/oder sich umfassend über Alternativen und deren Merkmale informieren oder beraten lassen. Aufgrund ihrer Erfahrungen und ihres Fachwissens (z. B. als Ingenieur, Physiker, Chemiker, Techniker usw.) basieren sie ihre Wahlentscheidung auf einigen wenigen Produktalternativen, die in die engere Wahl, das so genannte relevant set, gezogen werden.

Die an der Beschaffungsentscheidung Beteiligten finden sich in professionellen Einkaufsgremien, so genannten **Buying-Centern**, zusammen und entscheiden formal, etwa unter Beachtung eines bestimmten Abstimmungsprocedere und von Hierarchien, über die zu beschaffenden Produkte und Leistungen. Nach dem Buying-Center-Konzept von *Webster/Wind* wirken fünf verschiedene Rollen mit bestimmten Funktionen, die nicht zwingend personenverschieden sein müssen, an Kaufentscheidungen in Buying-Centern mit (vgl. Webster/Wind 1972; Backhaus/Voeth 2004):

- **Benutzer (user)** wenden ein zu beschaffendes Produkt später an (z. B. ein Arbeiter an der Maschine). Häufig sind sie Initiator einer Beschaffungsentscheidung, wenn sie betriebliche Abläufe kritisch hinterfragen und auf Probleme, z. B. in der Produktion, aufmerksam machen.
- **Einkäufer (buyer)** sind zuständig für die Lieferantenwahl und bereiten Kaufverträge vor. Hierbei könnte es sich um Mitarbeiter der Einkaufsabteilung oder auch der Rechtsabteilung handeln.
- **Entscheider (decider)** treffen die Kaufentscheidung und verfügen über Macht und Befugnisse, wie etwa Mitglieder der Unternehmensführung (Geschäftsführer).
- **Beeinflusser (influencer)** besitzen fachliche Qualifikation, Informationen und Fachwissen und nehmen daher erfahrungsbasierten Einfluss bei der Beschaffungsentscheidung. Zu denken ist hier beispielsweise an einen Produktionsleiter oder Chef-Ingenieur.
- Zudem mögen so genannte **Informationsselektierer (gatekeeper)** an Kaufentscheidungsprozessen in Organisationen mitwirken, denen eine „Wächter-" oder „Türöffner"-Funktion in Bezug auf Informationen zukommt. Sie kontrollieren den Informationsfluss innerhalb des Unternehmens und von außen in das Unternehmen hinein, etwa durch ihre

Vorauswahl von Angeboten, durch formale Prüfung der Einhaltung bestimmter Kriterien. Es handelt sich hierbei häufig um Personen, die dem Entscheider nahe stehen, z. B. ein/e Chef-Sekretär/in oder ein/e Vorstandsassistent/in. Mit diesem Verhalten üben sie indirekten Einfluss auf Beschaffungsentscheidungen aus, weil bestimmte Angebote aufgrund der Filterung möglicherweise erst gar nicht zum Zuge kommen.

Die Aufgabe der Marktforschung könnte hierbei konkret darin bestehen, die verschiedenen an der Kaufentscheidung beteiligten Personen, bezogen auf ein Kundenunternehmen, im Rahmen einer Segmentierungsanalyse zu identifizieren und Einflussfaktoren auf deren Verhalten aufzudecken, um dem Marketing Ansatzpunkte zur Beeinflussung der organisationalen Kaufentscheider zu liefern. Hierbei dürfte es vor allem um die Beantwortung der folgenden Fragenkomplexe gehen:

- Was charakterisiert die professionellen Einkäufer?
- Welche Typen von Einkäufern (Rollen im Buying-Center) lassen sich beim Kundenunternehmen identifizieren (z. B. risikogeneigte vs. risikoscheue Typen)?
- Welche Informationsquellen nutzen die aufgedeckten Typen vornehmlich?

Anhaltspunkte zur Beantwortung dieser Fragen mögen sich über die Sekundärforschung ableiten aus Protokollnotizen von Kundenmeetings bei vergangenen Projekten, aus dem Schriftverkehr mit dem Kunden (Funktionsbezeichnung, Ausbildung/akademischer Grad des Ansprechpartners auf dem Briefkopf), aus Außendienstberichten und Kundendatenbanken. Sofern es sich um neue Kunden handelt, zu denen noch keine Geschäftsbeziehung besteht, mögen auch Produktpräsentationen in Kundenmeetings oder auf Messen und Ausstellungen weiterhelfen, potentiell an der Kaufentscheidung Beteiligte kennen zu lernen und Beeinflussungsmöglichkeiten zu eruieren. Auch an potentielle Kunden gerichtete Einladungen zu Firmenbesichtigungen mit Fragemöglichkeiten könnten ein Mittel zur Aufdeckung von Buying-Centern sein. Im Rahmen einer Primärforschung nutzbare Segmentierungskriterien könnten aus der B2B-Entscheideranalyse und der Wirkungsanalyse von B2B-Werbung der Deutschen Fachpresse abgeleitet werden. Diese von dem Marktforschungsinstitut TNS Emnid durchgeführten Studien untersuchen das Informationsverhalten und die Mediennutzung professioneller Entscheider in Deutschland (vgl. www.deutsche-fachpresse.de/studien). Als Beispiel sei hier auf die Ergebnisse der „Wirkungs-Analyse Fachmedien 2006" verwiesen, aus der die in *Tabelle 3.2* dargestellte Typologie der professionellen Entscheider – bezogen auf den deutschen Markt – hervorgegangen ist.

Tab. 3.2: Typologie professioneller Entscheider (Quelle: Wirkungs-Analyse Fachmedien 2006)

„TRADITIONALISTEN"	Sie halten lieber an bewährten Entscheidungsmustern fest und verlassen sich gerne auf ihr Bauchgefühl. Tradition und Gewohnheiten, Konvention und Routinen vermitteln Sicherheit. Veränderungen oder gar Innovationen sind eher mit Angst verbunden.
„RISIKOVERMEIDER"	Im Unterschied zu Traditionalisten sind Risikovermeider in starkem Maße verstandesorientiert – die Scheu vor Innovationen und die Anpassung an Gegebenheiten prägen das Entscheidungsverhalten.
„STRENGE DIKTATOREN"	Sie setzen ihre Meinung durch – in der Regel sachlich-rational im Sinne bewährter Routinen.
„BEHUTSAME ERNEUERER"	Sie sind offen für vorsichtige Neuerungen – brauchen dafür aber gute Argumente und die Absicherung durch Mehrheiten.
„INNOVATIVE STRATEGEN"	Sie sind innovationsfreudig und durchsetzungsstark – wenn die Argumente stimmen.
„VISIONÄRE BAUCHENTSCHEIDER"	Sie sind risikofreudige Innovationstreiber und haben die Zukunft im Gefühl.

Hat der Anbieter, z. B. durch Anwendung solcher Typologien, das Buying-Center des (potentiellen) Kunden aufgedeckt, so wird es nachgelagert im Marketing darum gehen, den verschiedenen Rollen im Buying-Center das für sie maßgeschneiderte Kaufargument zu liefern, um den Kaufentscheidungsprozess beim Kunden zu beschleunigen und zum Kaufabschluss zu führen. So könnte dem Benutzer die leichte, unkomplizierte Handhabung des Produkts vermittelt werden, der geringe Schulungsaufwand herausgestellt und die potentiell bestehende Techniksscheu durch ausführliche Produktbeschreibungen und Produktvergleiche mit bisher genutzten Problemlösungen reduziert werden. Einkäufer und Entscheider mögen besonders gut durch günstige Vertragsbedingungen (Preise, Nebenkosten) und Qualitätszusicherungen (z. B. Garantien) überzeugt werden können, die Beeinflusser und Informationsselektierer wiederum durch kostenlose Fortbildungsmaßnahmen, günstige oder kostenlose Beratungsleistungen, Einladungen zu Firmenfeiern, Reisen, Präsente zu besonderen Anlässen.

3.3 Hypothesenableitung und -formulierung

Eine **Hypothese** ist eine aus einer Theorie, aus Plausibilitätsüberlegungen oder aus Erfahrungen abgeleitete empirisch überprüfbare Behauptung. Am Ausgangspunkt einer Marktforschungsstudie steht das Untersuchungsziel, das sich nun mit Hilfe der oben erörterten Variablen des Käuferverhaltens präziser in Form von Beziehungen zwischen Variablen zwecks Messung ausdrücken lässt. Der Marktforscher sollte also in diesem Stadium eine wohl begründete Vermutung haben, welche Zusammenhänge zwischen Variablen (des Käuferverhaltens) bestehen. Als Grundlage mögen die obigen Ausführungen zum Käuferverhalten und entsprechende empirische Studien der Käuferverhaltensforschung dienen. Die vermuteten Zusammenhänge zwischen den Variablen werden in der Regel in Form von Hypothesen formuliert. Hypothesen sollten möglichst allgemein und eindeutig (präzise) formuliert sein, empirisch gehaltvoll und überprüfbar sein (d. h. einen Realitätsbezug aufweisen, ohne Tautologien) sowie logisch einwandfrei (widerspruchsfrei) sein. Mit der Eigenschaft der Überprüfbarkeit ist verbunden, dass sich die Hypothese bei ihrer Testung in der Realität auch als falsch erweisen kann, d. h. dass sie falsifizierbar ist. Oder anders formuliert: auch das Gegenteil der in der Hypothese zum Ausdruck gebrachten Vermutung darf nicht völlig unplausibel sein (vgl. Kromrey 2009).

Nach dem Variablenverhältnis können fünf **Hypothesenarten** unterschieden werden:

- Bei einer **Verteilungshypothese** wird die Verteilung von nur einer Variablen betrachtet. Die Hypothese beschreibt die Verteilung einer Grundgesamtheit. Beispiel: Auf dem Produktmarkt A gibt es mehr weibliche als männliche Konsumenten. Die Überprüfung von Verteilungshypothesen erfolgt durch Anpassungstests, womit untersucht wird, ob die Verteilung in einer Stichprobe mit hinreichender Güte an eine theoretisch behauptete Verteilung der Grundgesamtheit angepasst werden kann. Praktisch relevante Tests sind der χ^2-Anpassungstest auf Gleichverteilung und der Kolmogorov-Smirnov-Anpassungstest auf Normalverteilung.
- **Zusammenhangshypothesen** beschreiben einen Zusammenhang zwischen zwei oder mehreren Variablen bei einer Personengruppe (Population). Beispielsweise mag ein Zusammenhang zwischen dem Alter und der Zahlungsbereitschaft postuliert werden. Ältere Menschen sind bereit, höhere Preise für ein bestimmtes Produkt zu zahlen. Eine andere Zusammenhangshypothese könnte lauten: Mit einer Veränderung des Involvements geht eine Veränderung der Wahrnehmung von Produktproblemen einher. Die Überprüfung solcher Hypothesen kann anhand von Kreuztabellen mit χ^2-Unabhängigkeitstests bzw. durch Korrelationen erfolgen.
- **Unterschiedshypothesen** formulieren einen Unterschied zwischen zwei oder mehreren Gruppen hinsichtlich einer oder mehrerer Untersuchungsvariablen. Sie lassen sich als spezielle Variante der Zusammenhangshypothese betrachten für den Fall, dass die eine Variable nominalskaliert ist (z. B. Geschlecht) bzw. dass die Ausprägungen einer Variablen nur nach Gruppen unterschieden werden (z. B. Größenklassen von Unternehmen). Beispielsweise wird postuliert, dass Frauen häufiger ein bestimmtes Produkt kaufen als Männer oder dass die Bewohner in Innenstadtlagen eine höhere Zahlungsbereitschaft für ein bestimmtes Produkt aufweisen als Bewohner in Stadtrandlagen. Oder es wird postuliert, dass der Einsatz einer bestimmten Kommunikationsstrategie bei hoch involvierten Konsumenten besser – oder allgemein formuliert – anders wirkt als bei schwach involvierten Konsumenten. Die Überprüfung von Unterschiedshypothesen kann durch Mittelwerttests (z. B. t-Tests) oder – falls mehr als zwei Gruppen miteinander zu vergleichen sind – mittels Varianzanalysen erfolgen.
- **Veränderungshypothesen** postulieren Veränderungen der Ausprägungen einer oder mehrerer Variablen bei einer Population im Zeitverlauf. Es sind also mindestens zwei Messzeitpunkte erforderlich. So mag vermutet werden, dass wiederholte Werbung für ein bestimmtes Produkt die Kaufbereitschaft der Konsumenten erhöht bzw. – allgemein ausgedrückt – verändert. Anders formuliert: Je häufiger für ein bestimmtes Produkt geworben wird, desto eher wird es gekauft. Eine Überprüfung solcher Hypothesen erfolgt im Rahmen von Längsschnittuntersuchungen, etwa durch Zeitreihenanalysen bzw. durch ein Panel.
- **Wirkungshypothesen** betrachten Ursache-Wirkungs-Beziehungen (Kausalbeziehungen), nämlich den Einfluss einer unabhängigen auf eine abhängige Variable. Die Einflussfaktoren, die auf eine oder mehrere andere Größen potentiell einwirken, werden als unabhängige Variablen (erklärende Variablen, „Ursachen") bezeichnet. Diejenige(n) Größe(n), anhand welcher man den Effekt einer unabhängigen Variablen misst, wird als abhängige Variable (erklärte Variable, „Wirkungen") bezeichnet. Häufig werden Wir-

kungshypothesen in Form von Bedingungen als Wenn-Dann-Sätze formuliert. Beispiel: Wenn Konsumenten hoch involviert sind, so nehmen sie Produktprobleme intensiv wahr. Oder: Wenn die Kundenkarte ein bestimmtes Merkmal X (z. B. Rabattfunktion) aufweist, dann erhöht – oder allgemein gesprochen – verändert sich die Kaufhäufigkeit. Die Testung von Wirkungshypothesen erfolgt durch Verfahren der Dependenzanalyse, also etwa mittels Regressionsanalysen oder Varianzanalysen.

Man erkennt bereits an dieser Stelle zum einen, dass von der Art der zugrunde gelegten Hypothese durchaus abhängen kann, welche statistischen Analyseverfahren sinnvoll einzusetzen sind. Zum anderen wird deutlich, dass Hypothesen sowohl gerichtet (einseitig) wie auch ungerichtet (zweiseitig) formuliert werden können:

- **Gerichtete Hypothesen** geben die genaue Richtung des Zusammenhangs, Unterschieds bzw. der (zeitlichen) Veränderung oder Wirkung an. So könnte beispielsweise eine gerichtete Zusammenhangshypothese in der Form „Je älter ... desto höher" oder „Je höher ... desto schwächer" formuliert werden.
- **Ungerichtete Hypothesen** lassen Zusammenhänge, Unterschiede bzw. Veränderungen oder Wirkungen in zweierlei Richtungen (nach oben wie nach unten) zu. Eine ungerichtete Zusammenhangshypothese könnte lauten: „Mit einer Veränderung des Involvements ist auch eine Veränderung der Wahrnehmung von Produktproblemen verbunden." Hierbei bleibt also offen, ob mit zunehmendem Involvement die Problemwahrnehmung schärfer oder schwächer ausfällt.

Zwecks Testung von Hypothesen mit statistischen Methoden werden Hypothesen in der Statistik formal in bestimmter Weise ausgedrückt. Man unterscheidet hier zwischen einer so genannten **Nullhypothese** (H0) und einer **Gegen- bzw. Alternativhypothese** (H1). Mit der Nullhypothese wird häufig ausgedrückt, dass zwischen den Merkmalen kein Zusammenhang besteht, ein Marketinginstrument keine Wirkung zeigt oder zwischen den Gruppen kein Unterschied besteht. Mit der **Gegenhypothese (Alternativhypothese)** wird gerade das Gegenteil, nämlich der vermutete Zusammenhang, ausgedrückt. Ziel eines **statistischen Tests** ist die Ablehnung (Verwerfung) der Nullhypothese. Die Aufgabe, zwischen Null- und Gegenhypothese zu entscheiden, wird als Testproblem bezeichnet.

Bei Wirkungshypothesen mögen zwischen unabhängigen und abhängigen Variablen manchmal weitere Größen stehen, die die Wirkung einer oder mehrerer gegebener unabhängiger Variablen auf die betrachtete(n) abhängige(n) Variable(n) beeinflussen, also etwa abschwächen bzw. verstärken, mögen (vgl. Müller 2006, S. 257).

Wird diese dritte Variable selbst nicht von der unabhängigen Variablen beeinflusst, wird von **Moderatorvariable** oder **moderierender Variable** gesprochen. Z. B. mag die Qualitätswahrnehmung der Konsumenten (abhängige Variable) nach dem Kauf eines bestimmten Produktes (unabhängige Variable) abhängen von den Erfahrungen bzw. dem Fachwissen des Konsumenten (moderierende Variable), welches insofern einen exogenen Einfluss darstellt. Bei Fehlen dieser Variablen wäre der Einfluss der unabhängigen auf die abhängige Variable grundsätzlich anders als bei Vorhandensein dieser.

Hängt die Wirkung einer unabhängigen Variablen auf eine abhängige Variable von der Ausprägung einer dritten Variablen ab, die ihrerseits selbst – zumindest teilweise – von der unabhängigen Variablen beeinflusst wird, so liegt eine Mediatorbeziehung vor. Ein solcher zwischen unabhängiger und abhängiger Variable stehender Einflussfaktor wird auch als **Mediatorvariable** oder als **intervenierende Variable** bezeichnet (vgl. Müller 2006, S. 257). So mag beispielsweise die Wirkung eines neuen Produkts (unabhängige Variable), das unter einer bereits etablierten Marke angeboten wird, auf die Kaufbereitschaft der Konsumenten (abhängige Variable) abhängen von der Einstellung der Konsumenten zu der bereits etablierten Marke (intervenierende Variable). Die Konsumenteneinstellungen stehen hier zwischen dem Produktreiz und der Konsumentenreaktion; auch die Einstellungen selbst werden von dem Produkt bzw. der Produktmarke beeinflusst. *Abbildung 3.2* zeigt die möglichen zwischen unabhängigen und abhängigen Variablen bestehenden Beziehungen zu Drittvariablen auf.

Im oberen Teil (a) von *Abbildung 3.2* ist eine Moderatorbeziehung (Moderation) zwischen unabhängiger und abhängiger Variable dargestellt. So mag es von den Konsumenteneinstellungen (positiv, negativ) zu einer Marke abhängen, ob und wie stark eine Preisvariation (z. B. eine Preissenkung) den erhofften positiven Effekt auf den Absatz erbringt. Die Einstellungen selbst werden aber (kurzfristig) nicht von der Preisvariation beeinflusst. In Teil (b) ist eine vollständige Mediation dargestellt: hierbei wird die Wirkung der unabhängigen auf die abhängige Variable vollständig über die Drittvariable „Einstellung" übertragen. In Teil (c) von *Abbildung 3.2* wird ein Teil der Wirkung der unabhängigen auf die abhängige Variable über die Mediatorvariable übertragen, teilweise aber auch direkt durch die unabhängige Variable (vgl. Müller 2006, S. 266 f.).

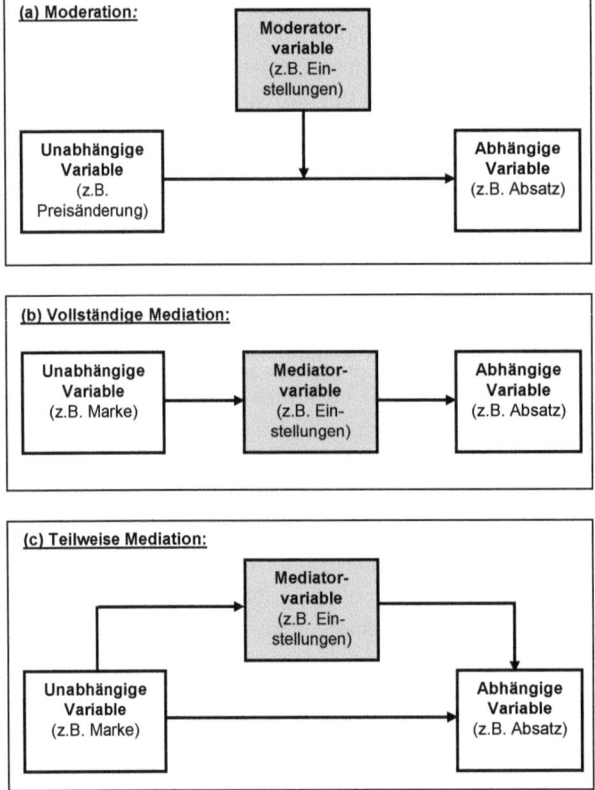

Abb. 3.2: Moderator- und Mediatorvariablen im Vergleich (Quelle: Vgl. Müller 2006, S. 266).

3.3 Hypothesenableitung und -formulierung

Aufgrund der vielfach zwischen den verschiedenen Variablen bestehenden komplexen Beziehungen bietet es sich bei praktischen Marktforschungsstudien an, zunächst die zwischen den Variablen vermuteten Beziehungen grafisch zu veranschaulichen. Üblicherweise werden die Variablen durch Kästchen dargestellt und die Hypothesen durch Pfeile zwischen den Kästchen angedeutet. Die Pfeilspitzen geben die Richtung der Hypothesen an, wobei ungerichtete Hypothesen durch Pfeile in beide Richtungen, gerichtete Hypothesen durch Pfeile in nur eine Richtung veranschaulicht werden können. Bei gerichteten Hypothesen kann die Art der Variablenbeziehung durch ein positives Vorzeichen (+) bzw. ein negatives Vorzeichen (-) an den Pfeilen bezeichnet werden. Hierbei steht ein (+) für einen positiven Zusammenhang (je höher, desto höher bzw. je niedriger, desto niedriger) und ein (-) für einen negativen (gegenläufigen) Zusammenhang (je höher, desto niedriger bzw. je niedriger, desto höher). Eine solche durch Kästchen, Pfeilverbindungen und Vorzeichen visualisierte Variablenstruktur mag die Transparenz über das Variablengefüge erhöhen und die Komplexität des Forschungsproblems reduzieren. Außerdem mögen sich aus der Gesamtschau der postulierten Beziehungen Hinweise auf weitere, noch nicht betrachtete Variablenbeziehungen ableiten.

Abbildung 3.3 zeigt an einem Beispiel die Variablenbeziehungen zwischen unterschiedlichen konsumentenbezogenen, anbieterbezogenen, produktbezogenen und situationsbezogenen Einflussfaktoren (Determinanten) als unabhängige Variablen auf die Reklamationsneigung als abhängige Variable auf. Sämtliche Hypothesen wurden als gerichtete Wirkungshypothesen formuliert. Hier drückt beispielsweise ein (-) an dem Pfeil zwischen Bearbeitungsdauer und Reklamationsneigung aus, dass mit zunehmender (abnehmender) Bearbeitungsdauer einer Reklamation durch den Anbieter die Reklamationsneigung sinkt (steigt). Umgekehrt drückt z. B. ein (+) an der Verbindung zwischen Involvement und Reklamationsneigung folgende Hypothese aus: „Je höher (niedriger) das Involvement der Konsumenten ist, desto höher (niedriger) ist die Reklamationsneigung."

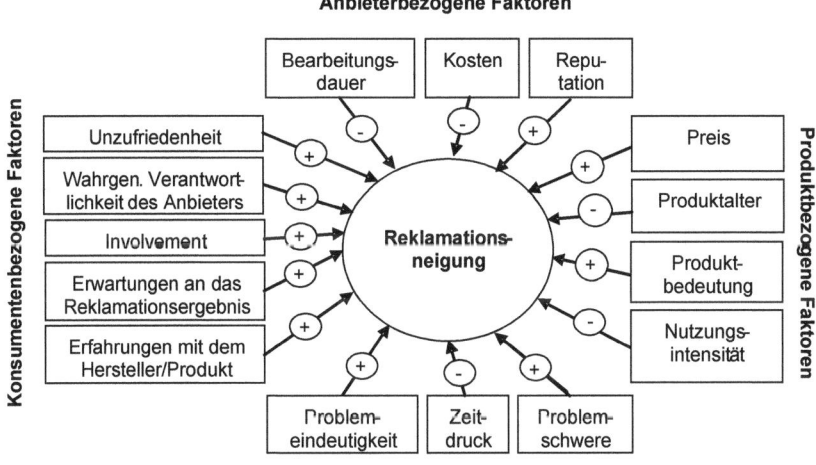

Abb. 3.3: Wirkungshypothesen zur Erklärung der Reklamationsneigung
(Quelle: Standop/Grunwald 2008, S. 17.)

Auch komplexe Variablenbeziehungen lassen sich auf diese Weise visualisieren, wie *Abbildung 3.4* entnommen werden kann.

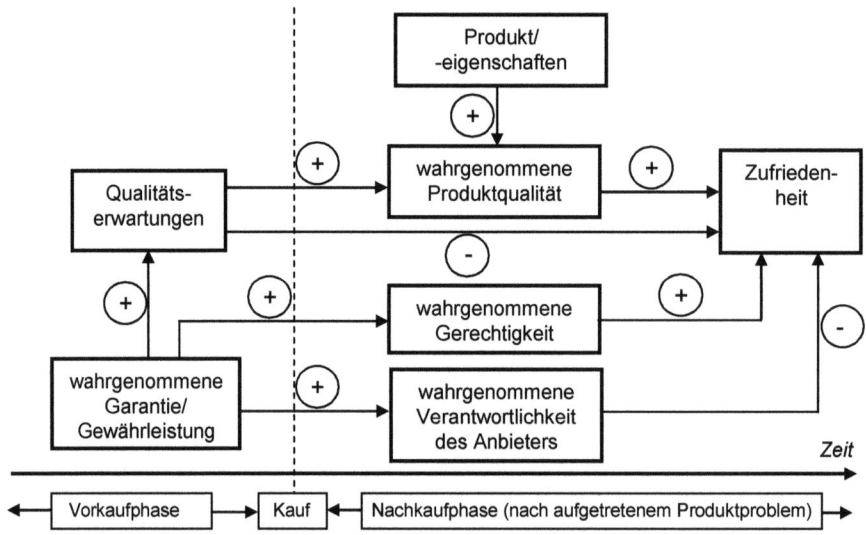

Abb. 3.4: Wirkungshypothesen zur Funktionsweise von Garantien bzw. Gewährleistungen in der Vor- und Nachkaufphase (Quelle: Standop/Grunwald 2008, S. 16.)

In vielen Fällen stehen die **Untersuchungsziele** der Marktforschung im Zusammenhang mit der **Beschreibung, Erklärung und Prognose des Käuferverhaltens**. Als Einflussfaktoren des Käuferverhaltens sind dabei **physische Faktoren** (Marketingaktivitäten der Anbieter), **emotionale Faktoren** (Bedürfnisse, Involvement), **kognitive Faktoren** (Wahrnehmung, Denken, Lernen) sowie **soziale Faktoren** (Bezugspersonen, Gruppen) zu unterscheiden. Die Zusammenhänge zwischen diesen Einflussfaktoren und dem Käuferverhalten werden in Form von **Hypothesen** formuliert.

4 Datenerhebung

4.1 Erhebungsumfang

4.1.1 Grundgesamtheit und Stichprobe

Unter **Grundgesamtheit** (Population) wird eine sachlich, räumlich und zeitlich abgegrenzte Anzahl von Personen verstanden, über die Aussagen gemacht werden sollen (vgl. Eckey/Mann/Türck 2006, S. 66). Sie orientiert sich an dem zuvor festgelegten Untersuchungsziel. Die Aufgabe der Festlegung der Grundgesamtheit bei Fragestellungen im Kontext des Marketings ist vergleichbar zur Aufgabe der Bestimmung des relevanten Marktes. In sachlicher Hinsicht kann die Grundgesamtheit bzw. der relevante Markt nach Anbietern bzw. der Art der angebotenen Güter und Dienstleistungen bzw. nach Nachfragern dieser Güter und Dienstleistungen abgegrenzt werden, in räumlicher Hinsicht nach dem Ort der Bedarfsdeckung (z. B. nach politischen oder geografischen Gebieten, Verkaufsbezirken) sowie zeitlich im Hinblick auf die Zeitspanne der (vermeintlichen) Wirkungen, die bei den Personen der Grundgesamtheit abgeschätzt werden sollen. Geht es beispielsweise kurzfristig um die Messung der Markenbekanntheit oder um die Erfassung von Langzeiteffekten einschließlich Vergessens- und Lernprozessen?

An einem **Beispiel** aus der Praxis sollen der Begriff und die Festlegung der Grundgesamtheit verdeutlicht werden: Es sollen die (kurzfristigen) Wirkungen von Marketingmaßnahmen an Untersuchungssubjekten überprüft werden, die als gegenwärtige und potentielle Käuferschaft der betrachteten Produkte und mögliche Werbeempfänger bezüglich dieser Produkte in der Bundesrepublik Deutschland im Zeitpunkt der Befragung grundsätzlich in Betracht kommen, wodurch die Grundgesamtheit festgelegt ist. Im Hinblick auf die betrachteten alltäglich gebräuchlichen und als allgemein bekannt voraussetzbaren Produkte als Massenprodukte („Allerweltsprodukte') könnte die Grundgesamtheit hinreichend genau durch die gesamte erwachsene Bevölkerung der Bundesrepublik Deutschland im Alter ab 15 Jahren im Befragungszeitpunkt als Zielgruppe angenähert werden. Eine Kontaktmöglichkeit zu entsprechenden Medien, durch die sich diese Bevölkerungsgruppe zudem als potentielle Werbeempfänger qualifizieren ließe, lässt sich infolge der weiten Verbreitung und regelmäßigen Nutzung mindestens eines der relevanten Informationsmedien in dieser Bevölkerungsgruppe unterstellen. Einen Anhaltspunkt für die Verbreitung und Nutzung moderner Informationstechnologien liefern beispielsweise die Ergebnisse der Einkommens- und Verbrauchsstichprobe 1998 und 2003 des Statistischen Bundesamtes im Hinblick auf die Ausstattung privater Haushalte mit Informations- und Kommunikationstechnik. Laut Angaben des Statistischen Bundesamtes umfasst die so definierte Grundgesamtheit im Jahre 2005 70.788.200 Personen (vgl. Statistisches Bundesamt 2006).

Angesichts solcher vergleichsweise großer Grundgesamtheiten kommt eine Vollerhebung aus forschungsökonomischen Gründen (vor allem zeitlichen, finanziellen und technischorganisatorischen Restriktionen) oftmals nicht in Betracht (vgl. Hammann/Erichson 1994, S. 105 f.). Die Ziehung einer – möglichst repräsentativen – Stichprobe im Rahmen einer Teilerhebung dürfte also bei vielen Untersuchungsvorhaben unumgänglich sein. Die **Stichprobe** bildet eine in bestimmter Weise – durch ein Auswahlverfahren – ausgewählte („gezogene") Teilmenge der Grundgesamtheit. Die Beziehung zwischen Grundgesamtheit und Stichprobe sowie zwischen deskriptiver und induktiver Statistik zeigt *Abbildung 4.1*.

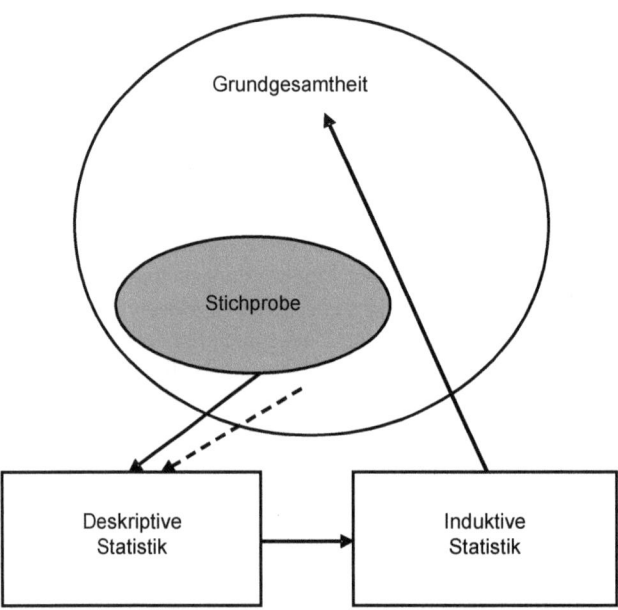

Abb. 4.1: Zusammenhang Grundgesamtheit – Stichprobe

Stichproben (wie auch Grundgesamtheiten) lassen sich mit Hilfe der Methoden der **deskriptiven (beschreibenden) Statistik** anhand von (absoluten und relativen) Häufigkeiten des Auftretens bestimmter Merkmale bei den Untersuchungssubjekten, durch Lageparameter (wie das arithmetische Mittel) und Streuungsparameter (wie die Standardabweichung) näher beschreiben. Ziel ist dabei die Verdichtung von Daten zu höherrangigen Informationen, um in der Masse der Daten nicht den Überblick zu verlieren und vor allem um Merkmalsverteilungen miteinander zu vergleichen. Auf der Basis der Untersuchung einer Stichprobe sollen dann mit Hilfe der Methoden der **induktiven (schließenden) Statistik** (z. B. t-Tests) Aussagen über die Verteilung der Merkmalsausprägungen in der Grundgesamtheit gemacht werden. D. h., es werden aus den errechneten Parametern der Stichprobe (z. B. arithmetisches Mittel, Streuung, relative Häufigkeit) Rückschlüsse (indirekter Schluss, Induktionsschluss) auf die Parameter der Grundgesamtheit gezogen und diese mit Hilfe der Wahrscheinlichkeitstheorie hochgerechnet.

Nur eine **repräsentative Stichprobe** gestattet indes einen erwartungstreuen Rückschluss der Merkmalsverteilung innerhalb der Stichprobe auf die Merkmalsverteilung in der Grundgesamtheit, mithin eine Übertragbarkeit (Verallgemeinerbarkeit, Hochrechenbarkeit) der Stichprobenergebnisse auf die Verhältnisse in der Grundgesamtheit (vgl. Scheffler 1999, S. 63; Hammann/Erichson 1994, S. 106). Repräsentativität kann als gegeben angesehen werden, sofern die Stichprobe in ihrer Zusammensetzung in Bezug auf die ausgewählten Merkmale der Grundgesamtheit entspricht, wenn sich also die Verhältnisse in der Grundgesamtheit möglichst verzerrungsfrei in der Stichprobe reflektieren (vgl. Hammann/Erichson 1994), S. 106; Kaya/Himme 2006, S. 90; Scheffler 1999, S. 63, 68).

Eine vollständige Repräsentativität der Stichprobe in Bezug auf alle Merkmale erreichen zu wollen, ist jedoch nicht möglich; sie ist immer nur in einem bestimmten Ausmaß zu erreichen. Repräsentativität einer Stichprobe kann sich insofern – präziser ausgedrückt – nur darauf beziehen, inwiefern bzw. wie genau die untersuchungsrelevanten Merkmale (die eng mit dem Untersuchungsziel in Zusammenhang stehen, etwa die Variablen des Käuferverhaltens) in der Stichprobe gemäß der Grundgesamtheit abgebildet werden. Allerdings ist die Verteilung dieser Merkmale in der Grundgesamtheit dem Marktforscher vorab häufig nicht bekannt. Zum einen mag die Grundgesamtheit unüberschaubar groß oder dem Forscher namentlich und nach persönlichen Merkmalen nicht bekannt sein. Zum anderen ist es regelmäßiges Ziel empirischer Untersuchungen, Merkmalsverteilungen der Grundgesamtheit aufzudecken, die vor der Untersuchung noch gar nicht bekannt waren. Beispielsweise soll durch Befragung die Zufriedenheit der Kunden mit den Produkten und dem Service eines Anbieters an einer repräsentativen Stichprobe untersucht werden, um Rückschlüsse über die Zufriedenheit der gesamten Kundschaft, die mehrere Tausend Personen umfasst, zu erhalten. Wäre die Verteilung des Merkmals Zufriedenheit in der Grundgesamtheit (der gesamten Kundschaft) bereits vor Durchführung der Befragung bekannt, könnte auf die Erhebung verzichtet werden.

Repräsentativität einer Stichprobe wird wesentlich bestimmt von dem **Auswahlverfahren** bzw. der Auswahlbasis sowie von dem **Stichprobenumfang** (der Stichprobengröße) und der **Ausschöpfung** bzw. dem Ausschöpfungsgrad, worauf in den nächsten beiden Abschnitten eingegangen wird.

4.1.2 Auswahlverfahren

Mit dem zugrunde gelegten **Auswahlverfahren** wird festgelegt, wie die Elemente der Stichprobe aus der Grundgesamtheit respektive einer **Auswahlbasis** als irgendwie gearteter Abbildung der Grundgesamtheit (z. B. einer Kundendatenbank oder einer Mitgliederkartei eines Panels) bei Teilerhebungen entnommen werden. Der Nachteil von Teilerhebungen liegt darin, dass diese grundsätzlich mit Fehlern behaftet sind, wobei zwei Fehlerarten unterschieden werden können. **Zufallsfehler (Stichprobenfehler)** sind bei Teilerhebungen prinzipiell unvermeidbar. Sie ergeben sich mehr oder weniger zwangsläufig daraus, dass die Stichprobe nur ein verkleinertes Bild der Grundgesamtheit bietet, so dass es immer Abweichungen vom wahren Wert der Grundgesamtheit geben wird. Zufallsfehler lassen sich jedoch statistisch, durch Verfahren der Wahrscheinlichkeitsrechnung, abschätzen, sofern eine Zufallsauswahl vorliegt. Darüber hinaus lässt sich der Zufallsfehler z. B. durch eine Erhöhung des Stichprobenumfangs verringern. **Systematische Fehler** sind dagegen nicht abschätzbar, prinzipiell aber vermeidbar. Beispiele hierfür sind eine verzerrte Auswahl, Falschantworten, Nicht-Antworten (Non-Response) und Interviewerverzerrungen. Hieran wird deutlich, dass eine systematische und gründliche Planung der Datenerhebung unumgänglich ist.

Zunächst ist in einem **Auswahlplan (Stichprobenplan, Sampling-Plan)** festzulegen, wie die Untersuchungseinheiten aus der Grundgesamtheit zu gewinnen sind. Er umfasst neben der näheren Beschreibung der Grundgesamtheit in sachlicher, räumlicher und zeitlicher Hinsicht folgende Elemente: die Auswahlbasis (z. B. Kartei, Liste, Adressbuch, Telefonbuch), das verwendete Auswahlverfahren (Zufallsauswahl, nichtzufällige Auswahl), bei Zufallsauswahl die anzuwendende Auswahltechnik sowie den Auswahlumfang (Stichprobengröße). Die **Auswahlverfahren** lassen sich in nicht-zufällige Auswahlverfahren (Auswahl aufs Geratewohl, Quotenauswahl, Konzentrationsverfahren) und Verfahren der Zufallsauswahl (einfache Zufallsauswahl, Klumpenauswahl, geschichtete Auswahl) unterscheiden (vgl. *Abbildung 4.2*).

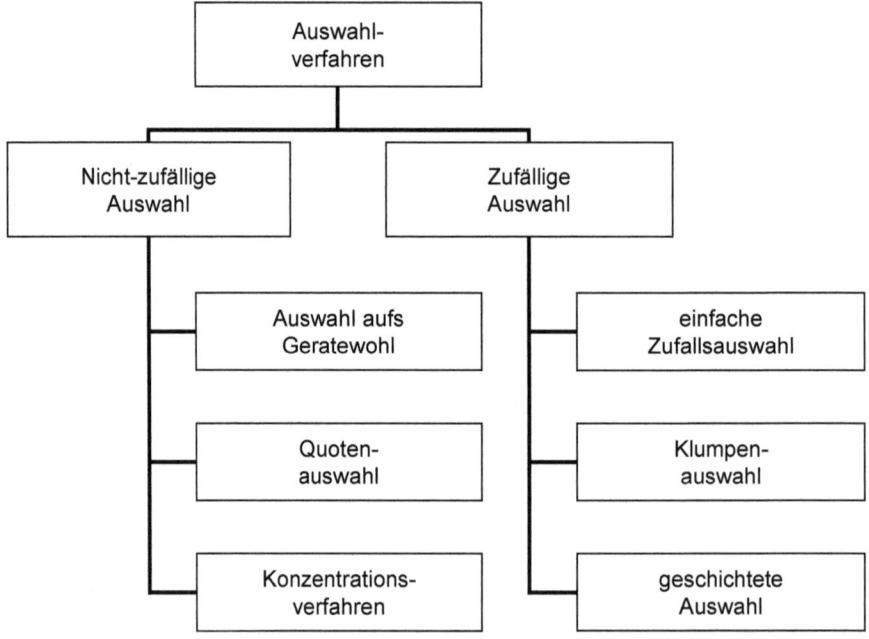

Abb. 4.2: Auswahlverfahren im Überblick

- Bei der **Auswahl aufs Geratewohl** erfolgt eine Auswahl von Elementen der Grundgesamtheit, die besonders leicht zu erreichen sind. Z. B. führt man eine Befragung von Bekannten oder Passanten in einer Einkaufsstraße durch. Die Erhebung erfolgt also „unbewusst" durch Wahlloses Herausgreifen der Untersuchungselemente und ist damit höchstwahrscheinlich nicht repräsentativ. Allerdings erscheint diese Vorgehensweise einfach und vergleichsweise kostengünstig umsetzbar.
- Bei der **Quotenauswahl** wird versucht, die Repräsentativität der Teilauswahl dadurch herzustellen, dass die Verteilung bestimmter Merkmale in der Teilauswahl mit der in der Grundgesamtheit übereinstimmt. Besteht beispielsweise die Grundgesamtheit zu 60% aus Männern und zu 40% aus Frauen, so wird diese Verteilung auch in der Stichprobe realisiert, wobei 60% der Untersuchungseinheiten Männer und 40% Frauen sind. Oder die Altersstruktur der Bevölkerung wird prozentual in der Stichprobe berücksichtigt. Die berücksichtigten Merkmale heißen Quotenmerkmale und sind meist leicht (z. B. über die amtliche Statistik bzw. für ein Unternehmen bzw. eine Organisation, über eine Kundendatenbank) feststellbare soziodemografische Größen. Das Verfahren ist einfach und kos-

tengünstig anwendbar und wird aus diesen Gründen auch häufig in der Marktforschungspraxis eingesetzt. Allerdings erfolgt innerhalb der Quotenvorgaben bei diesem Verfahren wieder eine Auswahl aufs Geratewohl, so dass sich auch hier Probleme bei der Repräsentativität der Teilauswahl ergeben. In der Praxis kombiniert man daher dieses Verfahren mit Verfahren der Zufallsauswahl. Darüber hinaus fragt sich, ob die Quotenmerkmale (die zumeist leicht ermittelbaren soziodemografischen Merkmale) für den Untersuchungsgegenstand relevant sind. Jedoch darf in vielen Fällen begründet angenommen werden, dass diese Variablen mit den Untersuchungsmerkmalen, etwa der Kundenzufriedenheit, in Verbindung stehen (d. h. korrelieren) oder für die Ausprägung der Merkmale wichtig sind (vgl. Bortz 1999; Hammann/Erichson 1994). Da dem Marktforscher zumeist sehr wenig über die Grundgesamtheit bis auf die Verteilung solcher soziodemografischer Merkmale bekannt ist, sind sie häufig allerdings auch die einzigen Größen, woran überprüft werden kann, inwiefern die Stichprobe mit der Grundgesamtheit übereinstimmt. Ein Repräsentativitätsabgleich kann anhand soziodemografischer Variablen erfolgen, die für die Grundgesamtheit aus der amtlichen Statistik vorliegen (vgl. Eckey/Mann/Türck 2006, S. 66 f.). Beispielsweise könnte bei einer praktischen Marktforschungsstudie eine Repräsentativität der Stichprobe im Hinblick auf die soziodemografischen Merkmale Alter und Geschlecht angestrebt werden (vgl. Eckey/Mann/Türck 2006, S. 67). Dies lässt sich damit rechtfertigen, dass Anbieter betrachtet werden, bei denen die gegenwärtige und potentielle Käuferschaft (als mögliche Werbeempfänger) in ihrer demografischen Struktur derjenigen der erwachsenen Bevölkerung der Bundesrepublik Deutschland angenähert angesehen werden kann. Wenn nun eine Auswahl aus dieser allgemeinen Bevölkerung erfolgt, entspricht dies einer Auswahl aus der gegenwärtigen und potentiellen Käuferschaft der betrachteten Anbieter.

- Bei **Konzentrationsverfahren** erfolgt eine bewusste Beschränkung auf denjenigen Teil der Grundgesamtheit, der als wesentlich oder typisch für die Grundgesamtheit angesehen wird. Beispielsweise beschränkt man Marktuntersuchungen auf Städte, die typisch für eine Region sind oder man berücksichtigt bei einer Erhebung von Umsatzzahlen nur größere Unternehmen. Ein solches Vorgehen mag zwar einerseits zu Kostenersparnis führen. Andererseits aber besteht die Gefahr der subjektiven Festlegung, was als typisch anzusehen ist.

Bei **Verfahren der Zufallsauswahl** findet eine Steuerung der Auswahl der Untersuchungseinheiten durch einen Zufallsprozess statt, wobei jedes Element der Grundgesamtheit die gleiche Wahrscheinlichkeit besitzt, in die Stichprobe zu gelangen. Daher besteht die Möglichkeit, den Stichprobenfehler statistisch abzuschätzen. Dadurch, dass jedes Element der Grundgesamtheit mit gleicher Wahrscheinlichkeit in die Stichprobe gelangen kann wird gewährleistet, dass ab einer bestimmten Stichprobengröße die Verteilung der Merkmale in der Grundgesamtheit wahrheitsgetreu abgebildet wird. Hierin liegt auch der Vorteil gegenüber den Verfahren der nicht-zufälligen Auswahl. Nachteilig sind jedoch der höhere Aufwand und die damit verbundenen höheren Kosten für Planung und Durchführung. Um von den Vorteilen einer Zufallsauswahl zu profitieren, ist jedoch streng darauf zu achten, dass auch tatsächlich alle Einheiten der Grundgesamtheit bei der Ziehung „anwesend" sind. Elemente der Grundgesamtheit, die nicht erreichbar bzw. anwesend sind (z. B. Kunden, die verreist oder nicht mit der korrekten Adresse in der Kundendatenbank registriert sind), besitzen auch keine Chance, in die Stichprobe zu gelangen, so dass die Ergebnisse verzerrt werden können.

Die **praktische Umsetzung** kann auf unterschiedliche Weise erfolgen: Beim Zufallszahlen-Verfahren werden die Elemente der Grundgesamtheit durchnummeriert. Die auszuwählenden Nummern werden durch einen Zufallszahlengenerator bestimmt. Beim Schlussziffern-Verfahren gelangen jene Elemente in die Stichprobe, die eine zufällig bestimmte Endziffer aufweisen. Beim Zufallsstart-Verfahren wird per Zufallsauswahl ein Startpunkt bestimmt und davon ausgehend jedes x-te Element gezogen.

Je nach Struktur des Auswahlprozesses ist zu unterscheiden zwischen einfacher Zufallsauswahl, Klumpenauswahl und geschichteter Auswahl.

- Bei der **einfachen Zufallsauswahl** erfolgt die Auswahl direkt unter den Elementen der Grundgesamtheit, wobei wiederum jedes Element der Grundgesamtheit die gleiche Chance hat, für die Stichprobe gewählt zu werden.
- Bei der **Klumpenauswahl (cluster sampling)** erfolgt die Auswahl der Untersuchungseinheiten nicht direkt unter den Elementen der Grundgesamtheit, sondern unter Gruppen von Untersuchungseinheiten (Klumpen), die untereinander die gleiche Verteilung von Merkmalsausprägungen aufweisen. Alle Elemente eines zufällig ausgewählten Klumpens gelangen in die Stichprobe. Beispiele für Klumpen sind etwa Haushalte, Betriebe, Studiengruppen und Regionen. Der Vorteil liegt darin, dass die Auswahlbasis für die Klumpen oftmals leichter zu beschaffen ist. Nachteilig ist, dass die Klumpen häufig in sich homogener und damit weniger repräsentativ für die Grundgesamtheit sind. Daher vergrößert sich der Stichprobenfehler gegenüber einer einfachen Zufallsauswahl (Klumpungseffekt).
- Bei der **geschichteten Auswahl** erfolgt eine Einteilung der Grundgesamtheit anhand relevanter und bekannter Merkmale in überschneidungsfreie (disjunkte) Schichten, z. B. geografische (Regionen, Stadtteile) oder organisatorische (Abteilungen) Einheiten. Diese Einheiten lassen sich weiter untergliedern, z. B. nach Geschlecht, Alter usw. Aus den hierdurch erzielten Schichten erfolgt sodann eine einfache Zufallsauswahl. Das Verfahren bietet sich an, wenn die Elemente der Grundgesamtheit bei wichtigen Merkmalen stark voneinander abweichen. Die Grundgesamtheit wird in Schichten aufgeteilt, die bezüglich dieser Merkmale einheitlich sind. Aus den einzelnen Schichten werden dann Zufallsstichproben gezogen, wobei diese entsprechend dem Anteil ihrer Schicht an der Grundgesamtheit gewichtet werden. Beispielsweise ist bekannt, dass in einem bestimmten Stadtteil 10% der Männer mit einem Alter von über 60 Jahre wohnen. In der zu ziehenden Stichprobe müssen sich also für eine Befragung der Bürger der Stadt 10% der Männer aus diesem Gebiet befinden, die älter als 60 Jahre sind. Die über das Melderegister bekannten Namen dieser Personen werden nun in eine Urne gegeben und es werden 5% zufällig für die Befragung ausgewählt. Durch ein solches Vorgehen lässt sich der Stichprobenfehler gegenüber einer einfachen Zufallsauswahl verringern (Schichtungseffekt). Dieser Schichtungseffekt ist umso ausgeprägter, je homogener die Schichten in sich sind und je heterogener die Schichten untereinander sind. Durch die Schichtung lässt sich die Varianz des Merkmals verringern und die Stichprobengröße damit ebenfalls, denn es verringert sich der aus der Unterschiedlichkeit ergebende Fehlerbereich. Zudem besteht die Möglichkeit der Kontrolle des Rücklaufs anhand der Merkmale der Verteilung der Grundgesamtheit, also etwa der geografischen oder organisatorischen Aufteilung. Hiermit besteht zugleich die Möglichkeit, systematische Fehler (z. B. Nicht-Antworten) zu kontrollieren. Nachteilig ist jedoch, dass bei diesem Verfahren mehr Informationen über die Grundgesamtheit benötigt werden.

Die mehrmalige Durchführung einer Zufallsauswahl, z. B. die zweifache Zufallsauswahl, bestehend aus einer zufälligen Auswahl auf einer ersten Stufe (z. B. Bundesländer) und auf einer zweiten Stufe (z. B. Kreise in den ausgewählten Bundesländern) wird als **mehrstufige Auswahl** bezeichnet. Ziel ist die Reduktion der ausgewählten Einheiten und damit der Kosten.

4.1.3 Stichprobenumfang und Ausschöpfung

Neben dem Auswahlverfahren wird die Repräsentativität der Stichprobe weiterhin bestimmt von dem **Stichprobenumfang** (der Stichprobengröße) und der Ausschöpfung (vgl. Scheffler 1999, S. 68, 73). Der Stichprobenumfang hängt seinerseits ab von der **Größe der Grundgesamtheit**, der **Varianz** (Abweichungen vom Mittelwert) der Merkmale in der Grundgesamtheit sowie von der **Sicherheit und Genauigkeit**, mit der die „wahren", aber unbekannten Werte der Grundgesamtheit bestimmt werden sollen.

So ist zu erwarten, dass die Abweichung der durch eine Stichprobe ermittelten Parameter von den „wahren" Werten der Grundgesamtheit, der so genannte Stichprobenfehler, mit zunehmendem Stichprobenumfang abnimmt. Variiert ein zu untersuchendes Merkmal in der Grundgesamtheit nur in geringem Maße, so werden auch die Ergebnisse verschiedener Stichproben bezüglich dieses Merkmals häufig zum gleichen Ergebnis führen. Je gleichartiger also die Grundgesamtheit hinsichtlich des untersuchten Merkmals ist, desto geringer ist die Irrtumswahrscheinlichkeit und folglich der notwendige Stichprobenumfang. Oder anders formuliert: Je größer die Varianz eines Merkmals ist, desto größer ist die Wahrscheinlichkeit, dass ein Stichprobenergebnis vom „wahren" Wert der Grundgesamtheit abweicht.

Wie die Ausführungen zeigen, hängt die Repräsentativität der Stichprobe also nicht zuletzt von den Vorkenntnissen ab, die der Marktforscher über die Untersuchungsmerkmale in der Grundgesamtheit besitzt. Eine Berechnung von Stichprobenumfängen setzt also Kenntnisse über die Varianz der relevanten Merkmale in der Grundgesamtheit voraus. Auf solche Berechnungen notwendiger Stichprobenumfänge wird im Folgenden näher eingegangen. Liegen hingen derartige Kenntnisse über die Grundgesamtheit nicht vor – was in der Praxis häufig vorkommen dürfte – so ist die Varianz der Grundgesamtheit näherungsweise (z. B. über Erfahrungen bei vergangenen Untersuchungen, durch Annahme der größtmöglich zu erwartenden Varianz) zu bestimmen. Ist über die Varianz der Untersuchungsmerkmale (z. B. über die zu erhebende Kundenzufriedenheit) selbst nichts bekannt (z. B. weil erstmalig Zufriedenheit erhoben wird), so könnte der Marktforscher auf andere ihm bekannte Merkmale zurückgreifen, die für die Ausprägung der Untersuchungsmerkmale eine Rolle spielen. So ist dem Marktforscher zumeist die Verteilung soziodemografischer Merkmale in der Grundgesamtheit (wie Alter, Geschlecht, Bildungsstand, Wohnort etc.) bekannt, von denen entweder angenommen werden kann, dass sie mit den Untersuchungsvariablen in einem engeren Zusammenhang stehen bzw. die Ausprägungen dieser Merkmale beeinflussen. Anhand soziodemografischer Merkmale lassen sich dann notwendige Stichprobenumfänge berechnen. Zumeist sind dies auch die einzigen Größen, anhand derer man die Repräsentativität präzise ermitteln kann. D. h. es lässt sich anhand dieser Größen feststellen, ob die Stichprobe in ihrer Struktur mit der Grundgesamtheit übereinstimmt.

Bei der **Berechnung des Stichprobenumfangs** – auf der Grundlage von Vorkenntnissen über die Grundgesamtheit – gilt es zu beachten, dass zwar mit zunehmender Stichprobengröße der Stichprobenfehler geringer ausfällt. Jedoch nimmt diese Qualitätsverbesserung mit zunehmendem Stichprobenumfang ab. So lässt sich die Wahrscheinlichkeit für ein signifikantes Ergebnis zwar durch Vergrößerung dieses Stichprobenumfangs erhöhen, jedoch riskiert man bei sehr großen Stichprobenumfängen, dass auch minimale, praktisch unbedeutende Effekte signifikant werden (vgl. Bortz 1999, S. 280). Zudem besteht die Gefahr, dass der systematische Fehler anwächst, etwa durch mangelnde Sorgfalt oder Mehrfachbefragung, und die Reduzierung des Stichprobenfehlers überkompensiert (vgl. Hammann/Erichson 1994, S. 122). Offenbar existiert ein „optimaler" Stichprobenumfang dergestalt, dass sich ein von den „wahren" Werten der Grundgesamtheit möglichst wenig abweichendes Ergebnis mit dem geringsten Aufwand erzielen lässt.

Um den notwendigen Umfang einer (Zufalls-) Stichprobe zu berechnen, sind im Rahmen der Planung der Stichprobe die folgenden Fragen zu klären (vgl. Bortz 1999, S. 85 ff.; Hammann/Erichson 1994, S. 105 ff.; Reinboth 2007, S. 237 ff.):

- Wie **genau** soll die Aussage der Teilerhebung sein?
- Wie **sicher** soll es sein, dass das Ergebnis auch bei wiederholten Messungen richtig ist?
- Wie groß ist die **Streuung** (Abweichungen vom Mittelwert), mit der das Merkmal in der Grundgesamtheit auftritt?

Die erste Frage betrifft den **zulässigen Stichprobenfehler** bzw. die **Fehlerspanne (e)** (Vertrauensbereich, Konfidenzintervall), die maximal bei der Bestimmung der Parameter toleriert werden soll. Sie drückt die Genauigkeit einer Stichprobe aus, die festlegt, um wie viel der Stichprobenwert vom tatsächlichen Wert der Grundgesamtheit abweichen darf. Beispielsweise besagt eine Fehlerspanne von 5%, dass der tatsächliche Wert der Grundgesamtheit sowohl 5% unter als auch über dem Wert der Stichprobe liegen kann.

Die zweite Frage betrifft die Festlegung der erwarteten Aussagewahrscheinlichkeit der Stichprobe, oder statistisch ausgedrückt, die **Vertrauens- ($1-\alpha$)** bzw. **Irrtumswahrscheinlichkeit (α)**, mit der die unbekannten Parameter einer Grundgesamtheit bestimmt werden (können). Die Vertrauenswahrscheinlichkeit (Sicherheitswahrscheinlichkeit, Konfidenzniveau, Signifikanzniveau) einer Stichprobe gibt an, in wie vielen Fällen das angewendete Verfahren zuverlässige Ergebnisse liefert. So bedeutet beispielsweise eine Vertrauenswahrscheinlichkeit von 95%, dass bei 100 Messungen 95 richtig sein müssen, d. h. in dem zulässigen Vertrauensbereich liegen. Die Irrtumswahrscheinlichkeit gibt als Gegenstück zur Vertrauenswahrscheinlichkeit an, mit welcher Wahrscheinlichkeit der wahre Wert der Grundgesamtheit nicht in dem durch die Fehlerspanne ausgedrückten tolerierbaren Bereich liegt. Zu beachten ist, dass sich Fehlerspanne und Vertrauenswahrscheinlichkeit gegenläufig verhalten: Mit zunehmender Vertrauenswahrscheinlichkeit einer Schätzung steigt auch die Fehlerspanne, d. h. ihre Unschärfe wächst. Daher wählt man in der Praxis zumeist eine Vertrauenswahrscheinlichkeit von höchstens 95% (vgl. Hammann/Erichson 1994, S. 120).

Die dritte Frage betrifft die bereits erwähnten Kenntnisse über die Beschaffenheit der **Grundgesamtheit** in sachlicher, räumlicher und zeitlicher Hinsicht. Sofern die **Varianz σ^2** des Untersuchungsmerkmals der Grundgesamtheit unbekannt ist, kann diese bei Berechnungen (etwa des Stichprobenfehlers) durch die Stichprobenvarianz s^2 ersetzt werden.

Aus der induktiven Statistik leitet sich ab, dass eine (valide) Schätzung von Parametern einer Grundgesamtheit aus den Parametern einer Stichprobe immer dann gewährleistet ist, wenn für die Verteilung der Stichprobenkennwerte (Parameter) eine **Standardnormalverteilung** angenommen werden kann. Dies ist nach dem **Zentralen Grenzwertsatz** immer dann der

4.1 Erhebungsumfang

Fall, wenn der Stichprobenumfang eine gewisse Größe erreicht und zwar mindestens 30 Fälle (n ≥ 30) (vgl. Bortz 1999, S. 93 f.). Soweit nun für eine Stichprobe angenommen werden kann, dass die Bedingungen einer (Standard-) Normalverteilung erfüllt sind – was nach der Erhebung und vor einer Übertragung der Ergebnisse auf die Grundgesamtheit (etwa mit Hilfe eines Kolmogorov-Smirnov-Anpassungstests) zu überprüfen ist – so lässt sich die Stichprobengröße über folgende **Vorgehensweise** berechnen:

1. Vorgabe einer **Vertrauenswahrscheinlichkeit (1-α)** und Bestimmung des zugehörigen z-Wertes aus der Tabelle der Standardnormalverteilung, wobei z_α die (zweiseitigen) Vertrauensgrenzen der Standardnormalverteilung für die Vertrauenswahrscheinlichkeit (1-α) bezeichnet (z. B. α = 0,05, z = 1,96; α = 0,045, z = 2).
2. Vorgabe einer maximal **tolerierbaren Fehlerspanne e**, z. B. 1% (e = 0,01).
3. Berechnung des **Stichprobenumfangs n** gemäß Formel, wobei es zwischen metrisch skalierten und nicht metrisch skalierten Merkmalen zu unterscheiden gilt:
Sind die Merkmale **metrisch skaliert** (z. B. Alter, Einkommen, Körpergröße, Gewicht) und sollen auf ihren Mittelwert (z. B. das durchschnittliche Einkommen) hin untersucht werden, so kommt folgende Formel zur Berechnung des notwendigen Stichprobenumfangs zum Einsatz:

$$n = \frac{z^2 \cdot \sigma^2}{e^2} \qquad (4.1)$$

Sind die Merkmale **nicht metrisch skaliert** (wie Geschlecht, Familienstand, Religion, Branche, Wohnort, Güteklasse) und sollen auf ihren Anteil (relative Häufigkeit) hin untersucht werden (z. B. den Anteil der unverheirateten Kunden), so berechnet sich der notwendige Stichprobenumfang gemäß folgender Formel:

$$n = \frac{z^2 \pi (1-\pi)}{e^2} \qquad (4.2)$$

Hierin gibt π den prozentualen Anteil der Erhebungseinheiten der Grundgesamtheit an, die das Merkmal aufweisen. In der Praxis ist π aber häufig unbekannt. Man behilft sich damit, indem man den ungünstigsten Fall unterstellt. Dieser liegt für π = 0,5 vor. Die Varianz der Grundgesamtheit wird so mit größter Vorsicht geschätzt, da bei einer prozentualen Verteilung von 50% / 50% der Schätzwert für die Varianz am größten ist (0,5 * 0,5 = 0,25). Es ist dann

$$n = \frac{z^2 0,5^2}{e^2} . \qquad (4.3)$$

Gegebenenfalls muss der nach einer der obigen Formeln berechnete Stichprobenumfang noch um einen **Endlichkeitsfaktor** korrigiert werden. Die Korrektur wird erforderlich, wenn der errechnete Stichprobenumfang 10% der Grundgesamtheit überschreitet. Es gilt dann (vgl. Hamman/Erichson 1994, S. 119):

$$n_{korr} = n \cdot \sqrt{\frac{N-n}{N-1}} \qquad (4.4)$$

Das obige Vorgehen soll an einem **Beispiel** demonstriert werden. Es soll der Anteil der Besitzer von DVD-Geräten in einer Stadt bestimmt werden. Die Grundgesamtheit besteht aus N = 100.000 Haushalten. Als Irrtumswahrscheinlichkeit wird α = 4,5% vorgegeben. Aus der Tabelle der Standardnormalverteilung lässt sich zu diesem α-Wert ein z-Wert von z = 2 ablesen. Die maximale Fehlerspanne soll 1% (e = 0,01) betragen. Für den Stichprobenumfang n ergibt sich durch Anwendung von Formel (4.3) ein Stichprobenumfang von n = 1 / e² = 10.000 Testpersonen, der wegen n/N ≥ 10% noch mit dem Korrekturterm gemäß (4.4) zu multiplizieren ist. Es ergibt sich ein (korrigierter) Stichprobenumfang in Höhe von $n_{korr} \approx \sqrt{0,9} \cdot 10.000 \approx 9.487$ Testpersonen. *Abbildung 4.3* veranschaulicht den überproportionalen Zusammenhang zwischen Stichprobenumfang n und Stichprobenfehler bzw. Fehlerspanne e: Eine Halbierung der Fehlerspanne erfordert eine Vervierfachung des Stichprobenumfangs.

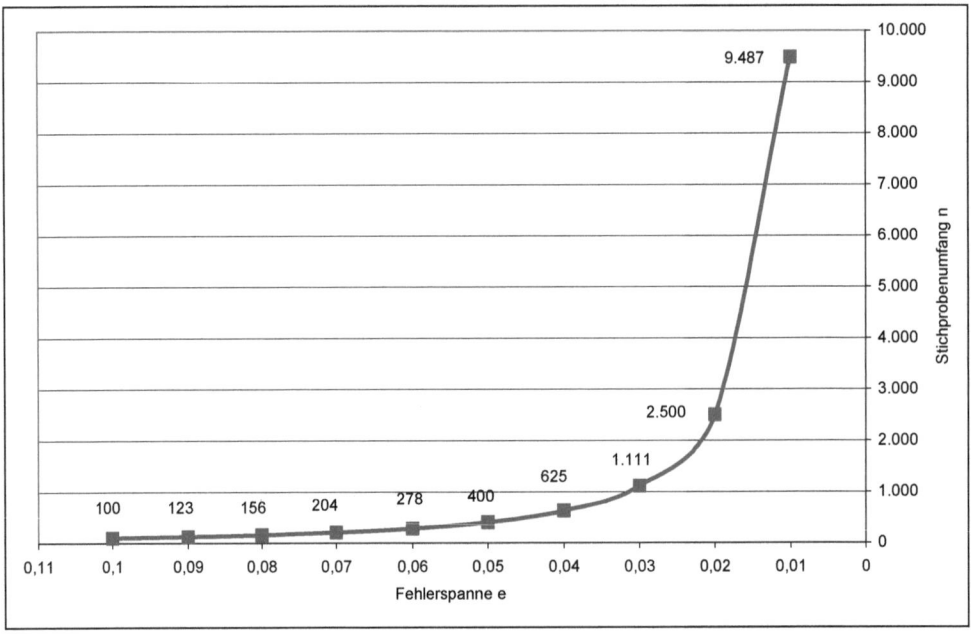

Abb. 4.3: Zusammenhang zwischen Stichprobenumfang n und Fehlerspanne e

Bei der Festlegung des Stichprobenumfangs legt man also vor der Stichprobenziehung zunächst die Qualität des Stichprobenergebnisses über den zulässigen Stichprobenfehler bzw. die Fehlerspanne und die Vertrauenswahrscheinlichkeit fest und bestimmt auf dieser Grundlage den notwendigen Stichprobenumfang. Wie bereits erwähnt, kann jedoch der Stichprobenfehler nur bei Zufallsstichproben berechnet werden, so dass sich die obigen Ausführungen (primär) auf diesen Fall beziehen. Allerdings können die Aussagen sinngemäß auch auf eine **nicht-zufällige Auswahl**, wie die Quotenauswahl, übertragen werden (vgl. Raab/Poost/Eichhorn 2009, S. 84). Bei praktischen Anwendungen ist überdies zu beachten, dass die notwendige Stichprobengröße auch von der **Erhebungsmethode**, z. B. dem Experiment, beeinflusst werden kann. Speziell wirkt sich hier die Anzahl der für die Untersuchung erforderlichen Untergruppen (Unterstichproben) auf die Gesamtstichprobengröße aus, da nur

4.1 Erhebungsumfang

größere Stichprobenumfänge auch die Bildung einer solchen Anzahl von Untergruppen in einer Fallzahl je Untergruppe zulassen, die noch Interpretationen erlaubt (vgl. Scheffler 1999, S. 68).

Neben der Stichprobengröße wird die Repräsentativität der Stichprobe beeinflusst von der **Ausschöpfung** bzw. dem **Ausschöpfungsgrad**. Hierbei handelt es sich um den Anteil der für eine Stichprobe aus der Grundgesamtheit ausgewählten Untersuchungselemente (**Bruttostichprobe**), die bei einer empirischen Erhebung tatsächlich untersucht werden konnten und daher in die endgültige Stichprobe (bereinigte oder realisierte Stichprobe, **Nettostichprobe**) aufgenommen werden. Bei Befragungen handelt es sich also um den Anteil der tatsächlich durchgeführten Interviews an den Personen, die für eine Stichprobe ausgewählt wurden.

Für den **Ausfall**, d. h. die Abweichung zwischen Brutto- und Nettostichprobe, kommen bei Befragungen vor allem folgende Gründe in Betracht:

- Interviewverweigerungen (Non-Response bzw. Nicht-Antworten),
- nicht verwertbare Interviews (z. B. falsch oder unvollständig ausgefüllte Fragebögen, motiviertes Antwortverhalten, z. B. durch soziale Erwünschtheit, mangelnde Ernsthaftigkeit),
- nicht angetroffene Personen,
- nicht aufgesuchte Personen (Interviewer-Ausfälle) oder
- Auswahlfehler (irrtümlich in die Bruttostichprobe aufgenommene Elemente).

So antworten typischerweise bei praktischen Marktforschungsprojekten nicht alle Untersuchungssubjekte. Besonders umfangreiche Fragebögen oder in unangemessenen Situationen durchgeführte Befragungen (bei offensichtlichem Zeitdruck der Befragten) lassen hohe Raten der Interviewverweigerung erwarten. Aufgrund der hohen Ausfallrate, vor allem bei schriftlichen Befragungen, sollte bei praktischen Anwendungen das Drei- bis Vierfache jener Zahl angesetzt werden, die ursprünglich bei der Bestimmung der Stichprobe festgelegt wurde (vgl. Raab/Poost/Eichhorn 2009, S. 84).

Zumeist sind diese Ausfälle nicht zufällig, sondern betreffen systematisch ganz bestimmte Personengruppen, die möglicherweise für die Untersuchung wichtig wären. Bestehen mangels Abgleichsmöglichkeiten von Stichprobe und Grundgesamtheit (z. B. anhand soziodemografischer Merkmale) keine Hinweise darauf, inwiefern solche problematischen (qualitätsbeeinflussenden) Ausfälle vorkommen (z. B. ob sich zu wenig junge Berufstätige an der Befragung beteiligen), kann man keine Rückschlüsse über die Repräsentativität der Nettostichprobe ziehen. D. h. für die Repräsentativität einer Stichprobe ist neben der **absoluten Rücklaufquote** als dem Anteil der tatsächlich Antwortenden an allen Befragten (oder potentiell zu Befragenden) auch der proportional zu den relevanten Untersuchungsmerkmalen erzielte **relative Rücklauf** von großer Bedeutung. Damit ist der in vielen Praxisberichten zu Befragungsprojekten zu lesende Hinweis, die Untersuchungsergebnisse könnten infolge einer erreichten und bei solchen Befragungen „üblichen" Rücklaufquote von 20% oder 30% als repräsentativ angesehen werden, als verkürzt zu betrachten. Ziel von Erhebungen sollte es daher sein, den Anteil der Ausfälle möglichst gering bzw. den Ausschöpfungsgrad so hoch wie möglich zu halten, da regelmäßig damit zu rechnen ist, dass die nicht ausgeschöpften Stichprobenelemente sich in systematischer Weise von den ausgeschöpften unterscheiden. In der Folge ist mit Verzerrungen, so genannten **systematischen Fehlern (Bias)**, zu rechnen. Umgekehrt wächst mit ansteigender Ausschöpfung die Wahrscheinlichkeit, unverzerrte (erwartungstreue) Schätzwerte für die interessierenden Parameter der Grundgesamtheit zu erhalten.

Wie an den möglichen Gründen für Ausfälle zu erkennen ist, lässt sich durch eine sorgfältige Planung und Durchführung von Marktforschungsprojekten die Ausschöpfung steigern. Einige Maßnahmen zur **Verbesserung der Ausschöpfung** seien hier kurz erläutert. Beispielsweise könnte die Ausschöpfung durch eine angemessene Gestaltung des Fragebogens (nicht zu lange Fragebögen, einfach verständliche Fragen, Vermeidung von heiklen Fragen) und durch Schulungen der Interviewer (z. B. Befragungstaktiken zur Vermeidung motivierter Antworten) gesteigert werden. Der Effekt der Fragebogenlänge auf die Abbruchquote wird aber vermutlich mit der Befragungsmethode (schriftlich, mündlich, elektronisch bzw. online) variieren. So übt in einer von *El-Menouar/Blasius* (2005) durchgeführten Studie zum Thema „Abbrüche bei Online-Befragungen" interessanterweise die Länge des Fragebogens (mit dort 71 Fragen auf 21 Seiten) nur einen geringen Effekt auf die Abbruchquote aus (vgl. El-Menouar/Blasius 2005, S. 70 ff.). Hieraus lässt sich ableiten, dass insbesondere der Gestaltung des Fragebogens einschließlich einer im Rahmen der Programmierung erzielbaren ansprechenden Benutzerführung ein hoher Stellenwert bei der Erhöhung der Ausschöpfung zukommen dürfte (vgl. Fischer 2005, S. 12 f.). Zudem könnte eine Incentivierung in Form eines monetären Anreizes bei vollständigem Durchlauf des Fragebogens vorgesehen werden, um die Ausschöpfung zu steigern. Im Rahmen der Fragebogenprogrammierung könnte überdies bei den in Betracht kommenden Fragen ein Antwortzwang eingearbeitet werden.

Nach diesen Abwägungen kann nun der **Stichprobenplan** (Auswahlplan, Sampling-Plan) erstellt werden, in dem die Grundgesamtheit, das Auswahlverfahren sowie die Stichprobengröße und -struktur festlegt und beschrieben werden.

Die **Repräsentativität** einer Stichprobe ist Voraussetzung dafür, um auf Basis der Stichprobe Aussagen über die Grundgesamtheit gewinnen zu können. Die Repräsentativität ist zum einen an dem (geplanten) **Stichprobenumfang** und dessen tatsächliche **Ausschöpfung** gebunden. Zum anderen hängt sie ganz wesentlich von dem verwendeten **Auswahlverfahren** ab. **Verfahren der Zufallsauswahl** stellen Repräsentativität dadurch sicher, dass jedes Element der Grundgesamtheit eine berechenbare Chance hat, in die Stichprobe zu gelangen. Auch ermöglichen sie es, den **Stichprobenfehler** statistisch abzuschätzen. **Verfahren der nicht-zufälligen Auswahl** können hingegen mit Repräsentativitätsproblemen behaftet sein. Trotz des größeren organisatorischen Aufwands sollte daher den Verfahren der Zufallsauswahl nach Möglichkeit der Vorrang eingeräumt werden.

4.2 Erhebungsmethode

4.2.1 Befragung

Befragungen sind diejenigen Arten von Erhebungen, bei denen sich Personen zum Erhebungsgegenstand äußern sollen. Sofern die zu erhebenden Variablen nicht oder schlecht beobachtbare (kognitive, affektive) Organismusvariablen wie subjektive Einschätzungen (etwa Einstellungen/Meinungen, Beurteilungen) darstellen, so lassen sich Daten nur durch

Befragungen generieren (vgl. Hammann/Erichson 1994, S. 74). Als Formen der Befragung kommen die **mündliche Befragung**, entweder als persönliche Befragung oder telefonische Befragung, beide jeweils in klassisch-traditioneller Weise oder computergestützt, sowie die **schriftliche Befragung**, entweder klassisch-traditionell durch Verschicken von Fragebögen per Fax oder Brief oder als Computerbefragung (Bildschirmbefragung) bzw. elektronisch, in Betracht (vgl. für einen Überblick Hammann/Erichson 1994, S. 78 ff. sowie Scheffler 1999, S. 69 ff.).

Die mündliche Befragung kann zum einen **standardisiert** ablaufen, unter Vorgabe eines festen Fragebogens, von dem prinzipiell nicht abgewichen wird. Gleichwohl mögen Interviewer bestimmte Anweisungen vom Erhebungsleiter erhalten, wie sie auf mögliche Rückfragen der Befragten reagieren sollen. Solche einheitlich für alle Interviewer geltenden Anweisungen für die Durchführung von Befragungen (z. B. im Hinblick auf die Art der Sprache, erlaubte und nicht erlaubte Antworthilfen) oder auch vorab durchgeführte Schulungen der Interviewer sollen dazu dienen, Ergebnisverzerrungen durch ein systematisch voneinander abweichendes Befragungsverhalten der Interviewer und eine zu starke und uneinheitliche Lenkung durch Interviewer vorzubeugen. Die Befragungsergebnisse lassen sich so leichter vergleichen.

Zum anderen kann die mündliche Befragung auch als **freie Befragung (freie Exploration)** durchgeführt werden, bei der grundsätzlich kein Fragebogen mit Antwortvorgaben existiert. Stattdessen werden den Interviewern nur die groben Befragungsziele und -inhalte (nicht ausformuliert) genannt. Der Interviewer hat also beträchtlichen Spielraum bei der Durchführung der Befragung und kann situativ Impulse setzen, um die Diskussion mit dem oder den Befragten im Rahmen sozialer Interaktion individuell zu lenken. Durch Schaffung einer angenehmen Gesprächsatmosphäre und Vertrauen sollen tiefere Einsichten in den Untersuchungsgegenstand gewonnen werden. Eine Anwendung dieser Vorgehensweise findet sich bei **tiefenpsychologischen Interviews**, die auf eine Rekonstruktion einer möglichst unverzerrten psychischen Wirklichkeit des Befragten abzielen (vgl. Herrmann 1998, S. 373 ff.). Beispielsweise sollen im Rahmen der Neuproduktentwicklung latent vorhandene, unbewusste, aber für die Produktwahl relevante Bedürfnisse der Konsumenten aufgedeckt werden.

Auch im B2B-Marketing finden sich bei **Experteninterviews** Anwendungen sowohl der standardisierten als auch der freien Befragung. Bei einem Experteninterview wird eine oder mehrere Personen, die aufgrund langjähriger Erfahrung über bereichsspezifisches Wissen oder Können verfügt (verfügen), zu diesem Wissen oder Können befragt (vgl. Mieg/Näf 2005, S. 7 f.). Regelmäßig erfordern Experteninterviews einen Interviewer „auf Augenhöhe", der die Sprache seines Gegenübers versteht und spricht, so dass ein Austausch über Sachzusammenhänge möglich wird. Die freie Exploration könnte in Betracht gezogen werden, um sich als Laie in ein unbekanntes Thema einführen zu lassen. Ein besonderes praktisches Problem der Experteninterviews liegt in der Auswahl geeigneter Experten, die einerseits unvoreingenommen über Sachverhalte berichten sollen, andererseits aber aufgrund ihres Fachwissens und ihrer Erfahrungen bereits stark vorgeprägt sein mögen. *Abbildung 4.4* zeigt die verschiedenen Befragungsformen im Überblick.

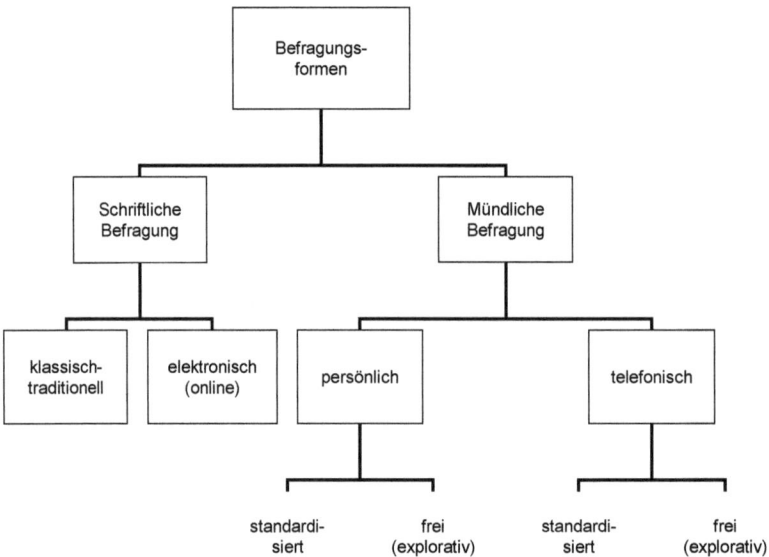

Abb. 4.4:   Befragungsformen im Überblick

Die wesentlichen Nachteile klassisch-traditioneller schriftlicher Befragungen im Vergleich zu den neueren computergestützten Befragungsformen liegen in der oftmals sehr geringen Rücklaufquote und daraus resultierenden Repräsentativitätsproblemen, den deutlich höheren Erhebungskosten sowie der (noch) höheren Unkontrollierbarkeit der Erhebungssituation (vgl. Scheffler 1999, S. 70). Die Vorteile der neueren computergestützten Befragungsformen liegen dagegen in den vergleichsweise geringeren Erhebungskosten, der schnelleren Durchführbarkeit, vielfältigen Gestaltungsmöglichkeiten bei der Programmierung des Fragebogens, die sich positiv auf den Rücklauf auswirken sowie in einigen technischen Details wie insbesondere der Möglichkeit der Erfassung der Bearbeitungsdauer und der zufallsgesteuerten Fragen- und Itemrotation, durch die sich Reihenfolgeeffekte während der Befragung reduzieren lassen. Durch eine zufallsgesteuerte Fragen- bzw. Itemrotation kann vermieden werden, dass die Reihenfolge der Fragen oder Antwortvorgaben die Antworten des Befragten beeinflusst (vgl. Scheffler 1999, S. 72; Zou 1998, S. 51 f.).

Infolge der überwiegenden Vorteile computergestützter im Vergleich zu klassisch-traditionellen schriftlichen Befragungsformen und unter Berücksichtigung gegebener Budgetrestriktionen fällt daher in der Marktforschungspraxis häufig die Entscheidung auf eine Online-Erhebung in einem so genannten Online-Access-Panel. In einem **Online-Access-Panel** stehen die (in einer Datenbank registrierten und nach unterschiedlichen Merkmalen selektierbaren) Probanden (Panelisten, Panelteilnehmer) als vielfältig einsetzbarer Personenpool für diverse, zu unterschiedlichen Themenbereichen durchführbaren, Studien zur Verfügung (vgl. Fischer 2005, S. 23 ff.). Der Begriff des klassischen **Online-Panels** ist dagegen bezogen auf Längsschnittuntersuchungen, die online mit stets denselben Teilnehmern zu unterschiedlichen Zeitpunkten zu ein und demselben Thema erfolgen (vgl. auch Lütters 2004, S. 81; Zou 1998, S. 49 ff.). Die insbesondere in der Anfangsphase der Online-Marktforschung zu Beginn der 90er Jahre aufgetretenen Probleme, die im Wesentlichen Aspekte der Repräsentativität dieser Erhebungsform betreffen, können mittlerweile, im Zuge

4.2 Erhebungsmethode

verstärkter technischer und methodischer Weiterentwicklungen und die weite Verbreitung des Internets, in befriedigender Weise als gelöst betrachtet werden. Auf die Probleme sollte jedoch hingewiesen werden.

Ein besonderes Repräsentativitätsproblem bei Online-Erhebungen ergibt sich insbesondere bei einer Rekrutierung der Panel-Teilnehmer im Fall der freiwilligen Einwahl und damit der Selbstselektion der Probanden, wodurch sich eine Stichprobe gleichsam selbst konstituiert (vgl. Fischer 2005, S. 25; Lütters 2004, S. 124 ff.; Hauptmanns/Lander 2003, S. 30 ff.). Hierbei gilt es zu bedenken, dass selbst eine korrekt durchgeführte Zufallsauswahl nicht zu einer repräsentativen Stichprobe führt, wenn sie aus einer Teilmenge entnommen wird, in der hinsichtlich der interessierenden Merkmale keine Strukturäquivalenz zur Grundgesamtheit besteht (vgl. Reinboth 2007, S. 237 ff.).

Ein wesentliches Qualitätskriterium für ein Online-Panel stellt somit die Art der Rekrutierung der Panelisten dar. Bei der Auswahl des Panel-Betreibers sollte auf möglichst breite Rekrutierungskanäle, online wie offline, geachtet werden, denn umso eher vermag ein Panel die zugrunde gelegte Grundgesamtheit zu repräsentieren. Das Problem mangelnder Repräsentativität der Stichproben bei Online-Befragungen bestand zu Beginn der Online-Forschung vor allem darin, dass nur wenige Personen das Internet nutzten, die sich zudem in wesentlichen Merkmalen (z. B. hinsichtlich ihrer technischen Affinität, soziodemografischen Merkmalen) von der Rest-Bevölkerung der Nicht-Nutzer unterschieden, und zudem vielfach über Werbebanner auf Websites mit einer bestimmten inhaltlichen Ausrichtung rekrutiert wurden. Mittlerweile hat sich dieses Problem durch die hohe und zunehmende Reichweite des Internet und durch die Einrichtung großer Online-Panels mit breiten Rekrutierungswegen reduziert, so dass die Panelforschung mittlerweile als hinreichend repräsentativ akzeptiert wird (vgl. Scheffler 1999, S. 72; Lütters 2004, S. 126). So waren beispielsweise im Jahr 2007 mit 60,2% erstmals mehr als 60% der Bevölkerung ab 14 Jahren in Deutschland online (vgl. (N)Onliner Atlas 2007, S. 10).

Die Auswahl der Elemente sollte bei Online-Stichproben, einer Empfehlung von *Fischer* (2005) folgend, als einfache Zufallsstichprobe aus der Auswahlbasis, der Gruppe der Panelisten des für die Untersuchung gewählten Online-Access-Panels erfolgen. Hiermit ist eine weitere wesentliche Voraussetzung zur Herstellung der Repräsentativität der Untersuchungsergebnisse gegeben (vgl. Fischer 2005, S. 26; Eckey/Mann/Türck 2006, S. 67; Reinboth 2007, S. 237). Nur die gezogenen Elemente sollten aktiv zur Teilnahme aufgefordert werden. Um zu vermeiden, dass andere Befragte durch Zufall oder durch Selbstselektion teilnehmen, sollten die selektierten Elemente der Auswahlbasis über einen nur ihnen einzeln mitgeteilten Link privilegiert werden.

Ein weiteres methodisches Problem – nicht nur, aber insbesondere – von online durchgeführten Erhebungen besteht in einem hohen Anteil von Interviewabbrechern, durch die die Ausschöpfung der Stichprobe sinkt, was sich wiederum negativ auf die Repräsentativität der Untersuchungsergebnisse auswirken kann. Dieses Problem besteht insbesondere dann, wenn sich die Nicht-Antwortenden von den Antwortenden systematisch unterscheiden (vgl. Hammann/Erichson 1994, S. 109). Wie bereits erwähnt ist eine hohe Ausschöpfung ein Qualitätskriterium für die Repräsentativität der Stichprobe (vgl. Scheffler 1999, S. 73).

4.2.2 Beobachtung

Unter **Beobachtung** versteht man in der Marktforschung die visuelle bzw. instrumentelle Erhebung von Daten ohne jedwede Äußerung des Probanden während der Erhebung. Varianten sind die Beobachtung des Einkaufsverhaltens von Kunden im Supermarkt als **persönliche Beobachtung** oder die Blickaufzeichnung von Konsumenten mit einer Augenkamera (z. B. im Rahmen der Website-Gestaltung) als **apparative Beobachtung**. Daneben lässt sich unterscheiden zwischen **Fremdbeobachtung** (z. B. das Verhalten eines Kunden im Laden wird beim Einkauf von einer fremden Person zu Untersuchungszwecken beobachtet) und **Selbstbeobachtung** (der Kunde soll sich selbst beim Einkauf bewusst wahrnehmen bzw. beobachten und anschließend sein Verhalten beschreiben). Während **Feldbeobachtungen** unter realen Bedingungen im Markt (z. B. in Supermärkten) ablaufen, werden in **Laborbeobachtungen** Störeinflüsse (wie etwa Konkurrenzprodukte oder -werbung) durch Schaffung künstlicher Rahmenbedingungen experimentell begrenzt oder kontrolliert. Auf Einzelheiten solcher Versuchsanordnungen wird bei der Besprechung von Experimenten näher eingegangen, die zwecks Datengewinnung auf Methoden der Befragung oder Beobachtung zurückgreifen. *Abbildung 4.5* zeigt die verschiedenen Varianten der Beobachtung im Überblick.

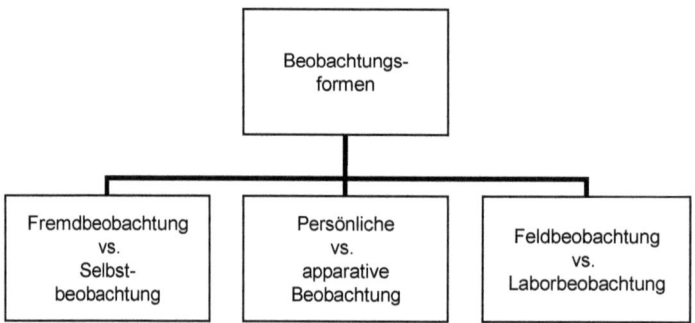

Abb. 4.5: Beobachtungsformen im Überblick

Beobachtungen werden eingesetzt, um Geschehnisse während ihres spontanen Vollzugs in der spezifischen Umweltsituation zu untersuchen. Beispielsweise könnte das Kundenverhalten am Ladenregal (zu welcher Packung wird zuerst gegriffen, wie lange wird die Packung betrachtet, welche Packung wird anschließend gewählt, wie läuft der Kunde durch das Ladenlokal etc.) unverfälschter durch Beobachtung als durch Befragung zu ermitteln sein. Die Gründe dürften vor allem darin liegen, dass den Kunden ihr Verhalten gar nicht bewusst genug wird, um darüber verlässlich Auskünfte erteilen zu können; zudem mögen Erinnerungslücken bei retrospektiven Befragungen bestehen.

Allerdings lassen sich durch Beobachtungen Einstellungen, Meinungen, Präferenzen, Verhaltensabsichten etc. kaum erfassen. Ein weiterer Nachteil kann aus der jeweiligen Erhebungssituation resultieren, die je nach Bewusstseinsgrad des Beobachteten variiert (vgl. Broda 2006, S. 40). Hier ist zu unterscheiden zwischen einer **offenen Beobachtung**, bei der die beobachtete Person um den Zweck der Beobachtung sowie ihre Aufgabe und Rolle als Beobachtungsperson weiß, und einer **verdeckten Beobachtung**, bei der die beobachtete Person den Zweck der Beobachtung nicht kennt bzw. nicht weiß, welcher Teil ihres Verhaltens beobachtet wird (quasi-biotische Situation) oder auch völlig ahnungslos darüber ist, dass sie beobachtet wird (biotische Situation). Der gemeinte Nachteil kann darin bestehen, dass es – bei erkannter Beobachtung – zu einer Verhaltensänderung der beobachteten Person kommt. Ein solcher **Beobachtungseffekt** kann zu Verzerrungen dergestalt führen, dass das tatsächliche Verhalten mit dieser Methode nicht mehr realitätsgetreu abgebildet werden kann. Auch Wahrnehmungsverzerrungen des Beobachters, die so genannte **schiefe Wahrnehmung**, kann dazu führen, dass das tatsächliche Verhalten nicht realistisch abgebildet wird, etwa weil der Beobachter Verhaltensweisen falsch deutet oder beobachtete Verhaltensweisen einem unpassenden Verhaltensmuster zuordnet. Zudem mögen über die Sinnesorgane auch nicht lückenlos alle Verhaltenszüge der beobachteten Personen erfassbar sein.

4.2.3 Experiment

Ein **Experiment** ist eine wiederholbare, unter kontrollierten, vorher festgelegten Umweltbedingungen durchgeführte Versuchsanordnung, mit der Wirkungshypothesen empirisch getestet werden können: Wie wirkt eine oder mehrere unabhängige Variable (der so genannte **experimentelle Stimulus** oder das **Treatment**) auf eine abhängige Variable? Ebenso wie Beobachtungen können auch Experimente sowohl als **Feldexperimente** unter realen, jedoch kontrollierten Bedingungen im Markt ablaufen (z. B. probeweise Einführung eines neuen Produktes in ausgewählten Testgeschäften) als auch unter künstlichen Bedingungen als **Laborexperimente** (z. B. Geschmackstests in Form einer Blindverkostung).

Ziel von Experimenten ist es, Aussagen darüber zu gewinnen, ob und inwieweit der Einsatz oder die Variation einer Marketingvariablen in einer ursächlichen Beziehung zu der Veränderung einer gemessenen Zielgröße wie Umsatz oder Marktanteil steht (Marktreaktionen). Das Problem besteht darin, dass neben den eigentlich interessierenden Wirkungen der unabhängigen Variablen (Marketingvariablen) noch eine Vielzahl an Störgrößen wie z. B. Konkurrenzaktivitäten, Umfeldfaktoren oder gesamtwirtschaftliche Faktoren auf das Ergebnis eines Experiments einwirken. Zur Ermittlung der Nettowirkung einer Marketingvariablen muss daher der Einfluss möglicher Störvariablen mit Hilfe entsprechender experimenteller Versuchsanlagen bestimmt und separiert werden. Die typischen Elemente eines Experiments zeigt *Tabelle 4.1*.

Tab. 4.1:   Elemente eines Experiments

Testelemente/Testeinheiten:	Objekte, an denen Experimente ausgeführt werden (Individuen, Geschäfte, Produkte)
Unabhängige Variablen (Experimenteller Faktor, Treatment):	Faktoren, deren Einfluss gemessen werden soll (Marketingvariablen, z. B. Preis, Packungsgestaltung)
Abhängige Variablen:	Faktoren, an denen die Wirkung des Einflusses der unabhängigen Variablen gemessen wird (Umsatz, Marktanteil, Einstellungswerte, Imagewerte)
Störvariablen:	alle Faktoren, die neben der unabhängigen Variablen Einfluss auf die abhängige Größe nehmen, jedoch als nicht kontrollierbare Parameter anzusehen sind (saisonale oder konjunkturelle Einflüsse, Wetter, Konkurrenzaktivitäten)
Kontrollierte Variablen:	alle nicht untersuchten, vom Experimentator direkt beeinflussbare Variablen, die sich auf die abhängigen Variablen auswirken, deren Ausprägungen im Experiment aber konstant gehalten werden (z. B. Einstellungen der Konsumenten, andere nicht betrachtete Marketingmaßnahmen des Anbieters)

Bei den **Störvariablen** handelt es sich um solche Einflüsse auf die abhängige Variable, die in der Regel als zufällig betrachtet werden, auf den Markt insgesamt einwirken (z. B. Einflüsse des Klimas, der Konjunktur) und nicht vom Experimentator (Experimentleiter) beeinflussbar sind. Sie können aus den Experimentergebnissen herausgerechnet werden, indem man die abhängige Variable an zwei verschiedenen Gruppen misst, nämlich an einer so genannten Experimentgruppe und einer Kontrollgruppe. Die Experimentgruppe wird mit einem experimentellen Stimulus konfrontiert, während die Kontrollgruppe eine der Experimentgruppe strukturgleiche Personengruppe darstellt, die den experimentellen Stimulus nicht erhält. Beim so genannten **EBA-CBA-Design** (experimental group before after – control group before after) wird die abhängige Variable (z. B. der Absatz) vor und nach Einsatz des experimentellen Stimulus (z. B. ein neues Packungsdesign) gemessen und zwar sowohl bei der Experimentgruppe als auch bei der Kontrollgruppe, jeweils zu denselben Zeitpunkten. Die Nettowirkung ergibt sich dann aus der Differenz der Messwerte (nachher – vorher) bei beiden Gruppen. Mit einem solchen experimentellen Design (Versuchsplan, Untersuchungsdesign) lassen sich also solche Einflüsse herausfiltern, die gleichmäßig auf die Kontroll- und die Experimentgruppe einfließen (weitere Experimentaufbauten werden z. B. bei Fantapié Altobelli 2007, S. 140 f. besprochen).

Kontrollierte Variablen (Kontrollvariablen) bilden hingegen solche Einflüsse ab, die nicht zufällig, sondern systematisch verzerrt auf Kontroll- und Experimentgruppen einwirken. Zu denken ist etwa an unterschiedliche Erfahrungen der Konsumenten mit einem Produkt oder Geschäft oder unterschiedliche Einstellungen zu einer Marke, die die Beurteilungen eines neuen Produktes oder einer neuen Packung, deren Wirkung experimentell abgeschätzt werden soll, systematisch beeinflussen. Sollen solche Einflüsse herausgefiltert werden, so könnte man vor der Durchführung des Experiments in beiden Gruppen die Einstellungen und Erfahrungen der Probanden abfragen und nach Prüfung der Antworten gegebenenfalls Probanden filtern, um homogene Gruppen zu bilden. Sofern man solche Kontrollvariablen mit erhoben hat, könnte man auch im Nachhinein, nach der Durchführung des Experiments, den Einfluss dieser Größen auf die abhängige Variable über ein statistisches Analyseverfahren (z. B. mittels Regressionsanalyse) messen.

Die Vorteile von Laborexperimenten liegen in der besseren Kontrollierbarkeit der Störeinflüsse, die auf die abhängige Variable einwirken und unter Laborbedingungen besser kontrolliert und separiert werden können. Die Wirkung der unabhängigen auf die abhängige Variable kann somit unverzerrt ermittelt werden, was zu einer Verbesserung der internen Validität der Ergebnisse führt. Sofern bei einem praktischen Marktforschungsproblem eine Fülle an (sich gegenseitig beeinflussenden) Störeinflüssen zu erwarten ist, sollte ein Laborexperiment gewählt werden, da sich solche Einflüsse im Rahmen eines Feldexperiments nicht angemessen kontrollieren ließen. Ein weiterer Vorteil von Laborexperimenten liegt in der Möglichkeit, den experimentellen Stimulus (z. B. eine Produktpackung oder eine Kommunikationsstrategie) respektive die Untersuchungsbedingungen beliebig variieren zu können, so dass eine Vielzahl an Effekten messbar wird. Eine umfangreiche Variation des experimentellen Stimulus könnte bei Felduntersuchungen (etwa in Form einer probeweisen Einlistung verschiedener neuer Packungen in unterschiedlichen Testgeschäften) einen unvertretbaren Aufwand bedeuten (vgl. Rack/Christophersen 2006, S. 20 f.). Auf der anderen Seite mögen aber die Laborbedingungen von den Probanden als realitätsfern wahrgenommen werden oder sie fühlen sich stärker beobachtet, so dass sie sich anders verhalten als unter realen Bedingungen. Solche Effekte können dazu führen, dass die unter Laborbedingungen gewonnenen

Ergebnisse nur sehr eingeschränkt auf reale Situationen übertragen werden können, was zu einer geringen externen Validität der Ergebnisse führt.

Neben der Frage, ob zur Kontrolle von Störeinflüssen Kontrollgruppen eingerichtet werden und zu welchen Zeitpunkten Messungen bei den Untersuchungssubjekten erfolgen sollen, ist im Rahmen eines **experimentellen Designs** weiterhin zu bestimmen, ob der experimentelle Stimulus zwischen den Gruppen und/oder innerhalb der Gruppen getestet werden soll. Im Hinblick auf ein vorgegebenes Untersuchungsziel kann das experimentelle Design die Form eines so genannten Zwischengruppendesigns, eines Innergruppendesigns und eines gemischten Designs annehmen (vgl. Hüttner 1988, S. 129 ff.; Hammann/Erichson 1994, S. 158 ff.).

- Bei einem **Zwischengruppendesign (between-subject-Design)** werden die Ausprägungen der unabhängigen Variablen zwischen den Probandengruppen getestet, d. h. es werden unabhängige Messungen durchgeführt.
- Bei einem **Innergruppendesign (within-subject-Design)** werden dagegen die Ausprägungen der unabhängigen Variablen innerhalb der gleichen Probandengruppe getestet. Es kommt somit zu Wiederholungsmessungen bei den gleichen Personen. Damit sind die einzelnen Messungen nicht mehr unabhängig voneinander, man spricht von abhängigen Messungen, was entsprechend bei der Datenanalyse zu berücksichtigen ist.
- Bei einem **gemischten Design (mixed-Design)** werden Zwischen- und Innergruppendesigns miteinander kombiniert, so dass dieselben Probanden mit mehreren, aber nicht mit allen experimentellen Stimuli (Treatments) konfrontiert werden.

Sowohl das Zwischengruppendesign als auch das Innergruppendesign weisen spezifische Vor- und Nachteile auf. Beim Innergruppendesign tritt das Problem der gegenseitigen Beeinflussung der Versuchsgrößen auf, da die Messungen nicht mehr unabhängig voneinander erfolgen. Es ist folglich vermehrt mit **Reihenfolge- bzw. Positionseffekten** zu rechnen. Hierbei handelt es sich um Störvariablen, die darin bestehen, dass ein Treatment verabreicht wird, bevor der Effekt des vorhergehenden Treatments abgeklungen ist (**Carry-over-Effekt**), ein Treatment einen ruhenden Effekt eines vorherigen Treatments aktiviert oder mit dem vorherigen Treatment interagiert (**Latenter Effekt**) und/oder sich das Antwortverhalten erheblich durch Wiederholung einer Aufgabe verändert, unabhängig von jedem Treatment (**Lerneffekt, Übungs- und Ermüdungseffekt**) (vgl. Rack/Christophersen 2006, S. 29; Pospeschill 2005, S. 122).

Zentrale Bedeutung im Hinblick auf die Herstellung bzw. Verbesserung der internen Validität der Messungen im Rahmen von Innergruppendesigns kommt folglich der Homogenität der Bedingungen bezüglich der als Störvariablen anzusehenden Reihenfolge- bzw. Positionseffekten zu. Im Zwischengruppendesign ergibt sich das Problem des Auftretens von Reihenfolge- bzw. Positionseffekten hingegen nicht (bzw. in deutlich abgeschwächter Form), da bei einem Probanden nur eine (und keine wiederholte) Messung erfolgt. Die Nachteile des Zwischengruppendesigns (zugleich Vorteile des Innergruppendesigns) liegen infolge der Gruppenbildung darin, dass vergleichsweise viele Probanden benötigt werden. Mit steigender Anzahl systematisch variierter unabhängiger Variablen und Ausprägungen wächst die Anzahl der zu untersuchenden Probanden rapide an respektive steigt der erforderliche Stichprobenumfang. Zur Herstellung bzw. Verbesserung interner Validität sind etwaige ungleiche Ausgangsbedingungen zwischen den Gruppen als Störvariable zu kontrollieren. Umgekehrt erfordern Innergruppendesigns tendenziell nur eine vergleichsweise geringe Stichprobengröße. Zudem stellt sich das Problem der Kontamination der Ergebnisse durch Gruppenunterschiede nicht.

Durch Wahl eines gemischten Designs wird häufig beabsichtigt, etwaige Nachteile des Innergruppendesigns durch die Vorteile des Zwischengruppendesigns zu kompensieren und vice versa. Der Nachteil des Innergruppendesigns in Bezug auf die gegenseitige Beeinflussung der Versuchsgrößen (und dadurch bedingtem Auftreten von Reihenfolge- bzw. Positionseffekten) kann hiermit zumindest bei einigen Treatmentvariablen durch die diesbezüglichen Vorteile eines Zwischengruppendesigns aufgewogen werden. Umgekehrt kann der Vorteil des Zwischengruppendesigns im Hinblick auf die erforderliche Stichprobengröße (forschungsökonomischer Vorteil) den entsprechenden Nachteil beim Zwischengruppendesign ausgleichen, insbesondere bei solchen Treatmentvariablen, die in einer größeren Anzahl von Ausprägungsstufen variiert werden.

Grundsätzlich stehen zur Generierung von Messwerten im Rahmen von Experimenten als Erhebungsmethoden sowohl die Beobachtung als auch die Befragung zur Verfügung. Eine valide und reliable Messung der Untersuchungsvariablen im Rahmen von Experimenten setzt eine (möglichst) vollständige Erfassung der Variationen des experimentellen Faktors voraus, die sich häufig im Wege mündlicher (persönlicher wie telefonischer) Befragungen infolge fehlender bzw. eingeschränkter Beschreibungs- bzw. Darstellungsmöglichkeiten (etwa in Form von Szenarien), zeitlicher Restriktionen und unerwünschter Interviewereinflüsse tendenziell schwieriger realisieren lässt als in schriftlichen Befragungen.

> Als **Erhebungsmethoden** sind grundsätzlich **Befragungen** (schriftlich, mündlich), **Beobachtungen** und **Experimente** zu differenzieren. Letztere kombinieren Befragungen und Beobachtungen im Rahmen einer strukturierten Versuchsanordnung und verfolgen das Ziel, Aussagen darüber zu ermöglichen, ob die Variation einer Marketingvariablen in einem **Ursache-Wirkungs-Zusammenhang** mit der gemessenen Änderung einer Zielgröße steht. Gegenüber Beobachtungen, deren Einsatz sich auf spezielle Anwendungsfelder beschränkt, kommen Befragungen in der praktischen Marktforschung die größere Bedeutung zu.

4.3 Erhebungsdesign

4.3.1 Operationalisierung

In vielen Fällen werden die von der Marktforschung zu erhebenden Variablen psychische Größen darstellen, die die Zustände und Prozesse im Inneren des Konsumenten abbilden sollen (z. B. Zufriedenheit, Einstellungen). Sie entziehen sich einer direkten Beobachtbarkeit und stellen somit **Konstrukte** (abstrakte theoretische Begriffe) dar, die durch geeignete, vergleichsweise leichter messbare, Indikatoren („Variablen") zu operationalisieren sind. **Indikatoren** sind unmittelbar messbare Sachverhalte, welche das Vorliegen der gemeinten, aber nicht direkt erfassbaren Phänomene anzeigen (vgl. Kroeber-Riel/Weinberg 1996, S. 31). Bei der Operationalisierung ergibt sich nun unmittelbar das Problem, welche Indikatoren brauchbare Ersatzgrößen für die eigentlich interessierenden Konstrukte darstellen.

4.3 Erhebungsdesign

Zur Operationalisierung gehört im Einzelnen die Zerlegung (Dekomposition) des komplexen zu erfassenden abstrakten Begriffs in möglichst überschneidungsfreie Dimensionen (Teilaspekte), die sich durch messbare Indikatoren (Variablen) über eine geeignete Messskala mit entsprechenden Skalenausprägungen bzw. -punkten erfassen lassen. *Abbildung 4.6* verdeutlicht dies am Beispiel der Operationalisierung des Konstruktes „Kundenbindung" (vgl. Beinke/Grunwald 2008).

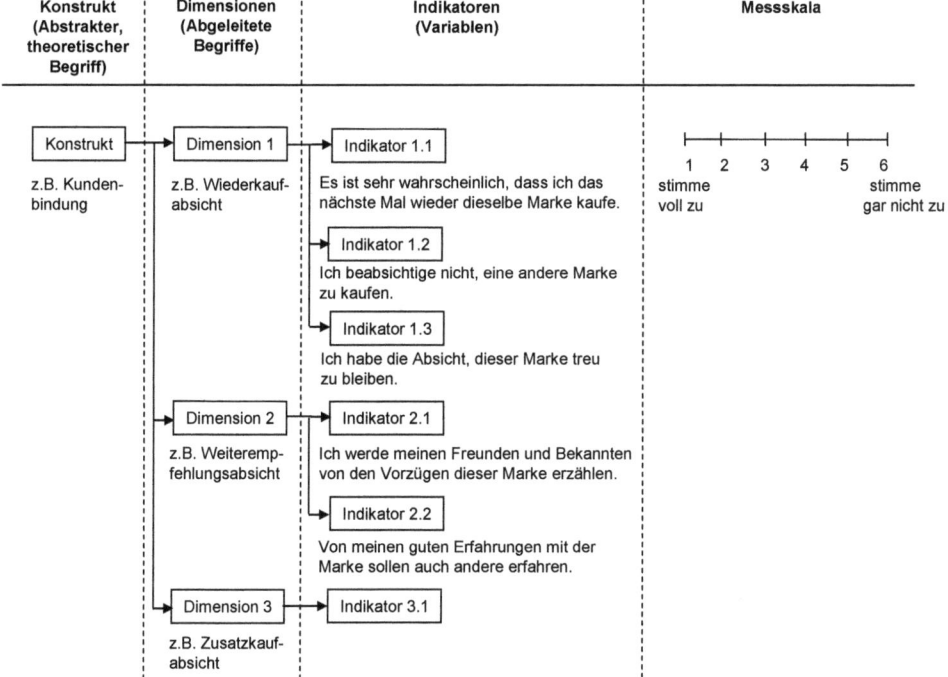

Abb. 4.6: Prozess der Operationalisierung (In Anlehnung an Raab/Poost/Eichhorn 2009, S. 35.)

Zur Klärung der Frage, welche Indikatoren einem Konstrukt zugeordnet werden können, lässt sich auf die Käuferverhaltensforschung und entsprechende empirische Studien zurückgreifen. Soll beispielsweise die Kundenzufriedenheit operationalisiert werden, lassen sich aus unterschiedlichen Erklärungsmodellen geeignete Indikatoren, wie insbesondere die Kundenerwartungen und wahrgenommene Ist-Leistung, ableiten. Ein anderes Beispiel bildet die Zerlegung des Einstellungskonstrukts in zwei bis drei Einstellungskomponenten (affektive, kognitive und konative Komponente) als Indikatoren, die sich durch verschiedene Fragen und den Fragen zugeordnete Messskalen abbilden lassen. Das von Konsumenten wahrgenommene Risiko beim Kauf von Produkten lässt sich dekomponieren in ein psychisches, soziales, finanzielles und ein funktionelles Risiko.

Hat man im ersten Schritt der Operationalisierung dem Konstrukt inhaltlich zurechenbare und überschneidungsfreie Dimensionen sowie ebenfalls den Dimensionen zurechenbare und überschneidungsfreie Indikatoren gefunden, so ist im zweiten Schritt eine **Messskala** zur Erfassung der Ausprägungen der Indikatoren zu bestimmen. Der Vorgang der Konstruktion einer Skala zur Messung der Merkmalsausprägungen bei den jeweiligen Erhebungseinheiten wird als **Skalierung** bezeichnet. Eine **Skala** bildet somit eine numerische Abbildung eines empirischen Merkmals. Formal ist eine Skala gekennzeichnet durch eine Menge von Zahlen (z. B. eine Teilmenge der natürlichen Zahlen) und eine Menge zulässiger numerischer Relationen (gleich, ungleich, kleiner, größer), die empirisch interpretierbar sein müssen. Geeignete, bereits angewandte und hinsichtlich ihrer Güte überprüfte Messskalen für Variablen im Kontext des Marketing können beispielsweise dem *Marketing Scales Handbook* (vgl. Bruner II 2005; Bearden/Netemeyer/Haws 2010) entnommen werden.

Für die Festlegung einer Messskala ist zunächst bedeutsam, welches **Skalenniveau** (Datenniveau) die zu messenden Variablen bzw. Indikatoren aufweisen. Hierbei lässt sich nach dem (hier aufsteigend sortierten) Informationsgehalt von Variablen folgende Unterscheidung treffen:

- Eine **Nominalskala** liegt vor, wenn die Ausprägungen einer Variablen lediglich Namen oder Kategorien darstellen. Beispiele für nominal skalierte Variablen sind soziodemografische Merkmale wie Geschlecht und Wohnort sowie die Merkmale Verkaufsgebiete, Farben oder die Rechtsform einer Gesellschaft.
- Eine **Ordinalskala** liegt vor, wenn die Ausprägungen einer Variablen nach den Relationen größer, kleiner und gleich miteinander verglichen werden können, also eine Rangordnung gebildet werden kann. Die Rangordnung gibt aber keinen Aufschluss darüber, wie groß der Unterschied zwischen zwei Rangplätzen ist. Beispiele für ordinal skalierte Variablen sind Schulnoten, Güteklassen, Ränge bei einem Wettkampf.
- Eine **Kardinalskala** (**metrische Skala**) zeichnet sich dadurch aus, dass ihnen eine konstante Messeinheit zugrunde liegt, so dass Differenzen und Summen zwischen zwei oder mehreren Ausprägungen sinnvoll gebildet werden können. Hierbei lässt sich weiter zwischen Intervallskala und Verhältnisskala (Rationalskala) unterscheiden:
  - Eine **Intervallskala** liegt vor, wenn die Abstände zwischen zwei Skalenausprägungen empirisch interpretierbar sind. Sie besitzt jedoch keinen absoluten Nullpunkt; ein Nullpunkt wird höchstens nach Übereinkunft festgelegt. Die Multiplikation oder Division von Merkmalsausprägungen (Variablenwerten) führt zu keinen interpretierbaren Ergebnissen. Beispiele für intervallskalierte Variablen sind die Temperatur, die in °C gemessen wird (30°C bedeutet in physikalischem Sinne nicht, dass es doppelt so warm ist wie bei 15°C), Einstellungen im Marketing oder auch die Intelligenz.
  - Eine **Verhältnisskala** (Rationalskala) liegt vor, wenn zusätzlich ein natürlicher Nullpunkt der Skala fixierbar ist, so dass ein Vielfaches der Merkmalsausprägung auch inhaltlich als Vielfaches interpretierbar ist. Multiplikationen und Divisionen von Merkmalsausprägungen sind also möglich und führen zu sinnvollen Ergebnissen. Beispiele für verhältnisskalierte Variablen sind die Größe von Gebieten, die Entfernung zwischen Orten, Längen, Gewichte und monetäre Größen wie Preise, Gewinne, Kosten, Absatz.

Zu beachten ist an dieser Stelle, dass das Skalenniveau (Nominal-, Ordinal- oder Kardinalskala) erhebliche Auswirkungen auf die Wahl des später im Rahmen der Datenanalyse einsetzbaren Analyseverfahrens haben kann. So setzen beispielsweise manche Analyseverfahren (wie die Regressionsanalyse) ein metrisches Datenniveau voraus. Die Varianzanalyse eignet sich zur Überprüfung des Einflusses einer oder mehrerer nominalskalierter unabhängiger Variablen auf eine bzw. mehrere metrisch skalierte abhängige Variablen. Die Messung der abhängigen Variablen wie Einstellungen, Zufriedenheit, Produktbeurteilung erfolgt im Marketing häufig auf Intervallskalenniveau, um mindestens eine varianzanalytische Auswertung der Daten zu ermöglichen (vgl. Backhaus/Erichson/Plinke/Weiber 1996, S. 56; Hammann/Erichson 1994, S. 256). Obwohl die zugrunde gelegten Skalen im strengen Sinne ordinalskaliert sind, kann mit *Hammann/Erichson* (1994) davon ausgegangen werden, dass die semantischen Abstände entweder sämtlich gleich sind oder zumindest subjektiv so eingeschätzt und interpretiert werden können (vgl. Hammann/Erichson 1994, S. 274). Dies bedeutet, dass den einzelnen semantischen Ausprägungen des Beurteilungskriteriums feste Zahlenwerte mit gleich bleibendem Intervall zugeordnet werden, wodurch die Skala die Eigenschaften einer Intervallskala annimmt und entsprechende Behandlung erfährt. Studien zeigen zudem, dass sich Unterschiede im Skalenniveau nur marginal auf das Rechenergebnis auswirken (vgl. Kroeber-Riel/Weinberg 1996, S. 193).

Eine weitere Entscheidung bei der Skalierung betrifft die **Anzahl der Skalenausprägungen** (Skalenpunkte), durch die eine Variable erfasst werden soll. Bezüglich der Anzahl der je Skala vorgegebenen Antwortkategorien werden im Marketing größtenteils Sechser- und Fünfer-Skalen zugrunde gelegt, welche sich bezüglich der Reliabilität und Validität in Studien als günstig erwiesen haben (vgl. Asche 1990, S. 112). Die Vorteile von Skalen mit nur wenigen Antwortkategorien liegen darin, dass es nicht zu einer mentalen Überforderung und Überrationalisierung der Probanden kommt. Außerdem lassen sich die inhaltlichen Unterschiede zwischen den Ausprägungen einer Skala bei Skalen mit nur wenigen Skalenpunkten besser verdeutlichen. Allerdings lässt sich mit einer stärker ausdifferenzierten Skala die Vielschichtigkeit von Konsumentenreaktionen feiner einfangen. Bei hoher erwarteter Antwortvarianz sollten also tendenziell eher Skalen mit einer größeren Anzahl an Skalenausprägungen gewählt werden, da ansonsten Informationen verloren gingen. Insgesamt bleibt aber festzuhalten, dass jede Antwortkategorie für den Befragten auch mit einem eindeutigen und von den übrigen Kategorien trennscharfen Inhalt verbunden werden muss.

Hiermit eng verbunden ist die Frage, ob eine **gerade oder** eine **ungerade Anzahl an Skalenausprägungen** gewählt werden soll. Für die Wahl einer geraden Skalenpunkteanzahl spricht einerseits, dass hiermit dem so genannten **Zentralitätseffekt** vorgebeugt wird. Dieser Effekt besteht darin, dass Probanden extreme Beurteilungen von Untersuchungsobjekten zugunsten gemäßigter Einschätzungen vermeiden (vgl. Hammann/Erichson 1994, S. 275). Zweitens entfällt die problematische **Interpretation des Mittelpunkts** bei zweipoligen (bipolaren) Skalen (z. B. sehr zufrieden ... sehr unzufrieden). Das Problem bei Vorgabe von ungeraden Skalenpunkten im Hinblick auf die Interpretation des Skalenmittelpunktes besteht nämlich darin, dass im Ergebnis nicht unterschieden werden kann, ob tatsächlich Indifferenz („weder noch"), Ambivalenz („sowohl als auch") oder Nichtwissen respektive das Fehlen einer eigenen Meinung vorliegt (vgl. Hammann/Erichson 1994, S. 275; Asche 1990, S. 112 f.). Um diesem Problem entgegen zu wirken müssten zusätzliche Antwortkategorien wie die oben genannten im Fragebogen vorgesehen werden.

Teilweise für spezifische Anwendungen konzipiert, finden sich in der Marktforschung mehrere spezielle **Skalierungsverfahren**. Grundlegend ist dabei zwischen komparativen und nicht-komparativen Verfahren zu unterscheiden (vgl. Fantapié Altobelli 2007, S. 174 f.). Bei **komparativen Skalierungsverfahren** ergibt sich die Beurteilung eines Objekts aus dem Vergleich mit anderen Objekten. Die in *Abbildung 4.7* illustrierte **Paarvergleichsmethode**, bei der Probanden bei einem vorgelegten Paar von Objekten angeben sollen, welches sie präferieren, liefert hierfür ein Beispiel.

Marke A:	Marke B:
• Motorleistung: 90 PS	• Motorleistung: 60 PS
• Höchstgeschwindigkeit: 180 km/h	• Höchstgeschwindigkeit: 130 km/h
• Benzinverbrauch auf 100 km: 6 Liter	• Benzinverbrauch auf 100 km : 4 Liter
• Anschaffungspreis: 25.000 €	• Anschaffungspreis: 18.000 €

Welche der beiden Pkw-Marken bevorzugen Sie?

Abb. 4.7: Beispiel zur Paarvergleichsmethode

Die Paarvergleichsmethode liefert lediglich ordinale Informationen, indem sie aufzeigt, welche von zwei präsentierten Alternativen der Befragte bevorzugt. Ein anderes komparatives Verfahren, das **Konstantsummenverfahren**, liefert hingegen auch Informationen über die relative Stärke der Präferenz des Befragten gegenüber den zu beurteilenden Objekten. Hierzu wird der Befragte aufgefordert, eine vorgegebene Punktsumme entsprechend seiner Präferenz auf die Objekte zu verteilen. Beispielsweise verdeutlicht *Abbildung 4.8*, dass der Befragte A eine ausgewiesene Präferenz gegenüber der Marke Jacobs-Krönung aufweist. Die Präferenz des Befragten B ist demgegenüber deutlich diffuser, stuft er doch seine Präferenz gegenüber drei Marken als gleich ein.

Welche Kaffeemarken bevorzugen Sie? Es sind 10 Punkte zu verteilen.		
Marke	**Befragter A**	**Befragter B**
Dallmeyer-Prodomo	1	-
Jacobs-Krönung	5	1
Kaffee Hag	-	3
Lavazza	-	-
Melitta-Auslese	2	3
Nescafé	-	-
Tchibo-Frische Ernte	2	3

Abb. 4.8: Beispiel zum Konstantsummenverfahren

4.3 Erhebungsdesign

Bei **Nicht-komparativen Skalierungsverfahren** wird die Bewertung der Objekte isoliert voneinander vorgenommen. Jedem Objekt wird dabei ein (im Allgemeinen numerisches) Rating zugeordnet, weshalb man auch von einer **Rating-Skala** spricht. Die möglichen Antwortkategorien (Ratings) sind dabei in der Regel beschränkt, so kann z. B. eine 5er- oder 7er-Skala verwendet werden. Obgleich Rating-Skalen streng genommen lediglich ordinale Informationen liefern, wird (wie bereits erwähnt) der Abstand zwischen den Antwortkategorien häufig als gleichbleibend unterstellt. Die erhobenen Daten werden dann als intervallskaliert interpretiert. Ob ihrer universellen Einsatzmöglichkeiten kommt den Rating-Skalen in der praktischen Marktforschung eine große Bedeutung zu. Wie *Abbildung 4.9* verdeutlicht, bestehen dabei diverse Möglichkeiten der konkreten Ausgestaltung.

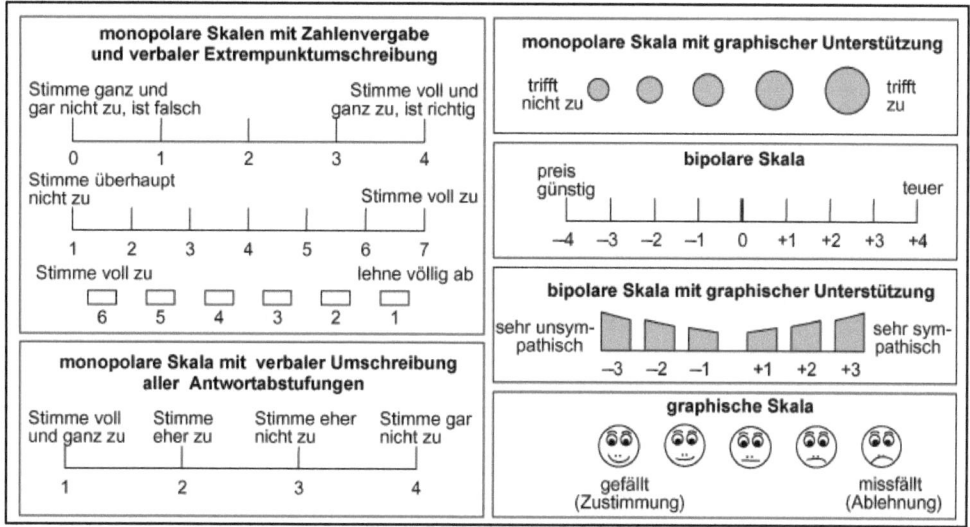

Abb. 4.9:   Beispiele für Rating-Skalen (Quelle: Esch/Herrmann/Sattler 2006, S. 102)

Auf spezifische Anwendungen zugeschnittene Skalierungsverfahren finden sich vor allem im Bereich der **Image- und Einstellungsforschung**. Da vor allem die Einstellung als zentrales Konstrukt zum Verständnis des Konsumentenverhaltens angesehen wird, finden sich hier verschiedene Ansätze der Einstellungsmessung, wobei zwischen ein- und mehrdimensionalen Ansätzen zu unterscheiden ist. Ein Beispiel für ein Verfahren der eindimensionalen Einstellungsmessung liefert die **Likert-Skalierung**, die folgendermaßen abläuft (vgl. Hammann/Erichson 1994, S. 275 f.):

1. Einer Gruppe von Testpersonen werden zwei gleich große Mengen von Aussagen (Items) zum Untersuchungsgegenstand vorgelegt, die a priori als „günstig" bzw. als „ungünstig" klassifiziert werden können. Geeignete Aussagen sind dabei ggf. im Rahmen einer Voruntersuchung zu ermitteln.
2. Die Testpersonen äußern ihre Haltung zu jedem Item wobei die folgenden Antwortkategorien vorgegeben sind: Uneingeschränkte Zustimmung, Zustimmung, Unentschiedene Haltung, Ablehnung, Starke Ablehnung.
3. Jeder dieser Antwortkategorien wird ein numerischer Wert zugeordnet und zwar +2, +1, 0, –1, –2 bei günstigen Items bzw. –2, –1, 0, +1, +2 bei ungünstigen Items.

4. Das Ergebnis einer Testperson wird als Summe der ihrer Antworten zugeordneten numerischen Werte errechnet.

Die Likert-Skalierung wird anhand des folgenden Beispiels skizziert, in dem es um die Messung der Einstellung gegenüber einem Automobilhersteller geht.

Tab. 4.2: Beispiel zur Likert-Skalierung

Item	Aussage	Klassifikation
1	Taifun baut qualitativ hochwertige Automobile.	günstig
2	Das Design der Taifun-Automobile wirkt antiquiert.	ungünstig
3	Die Werbung für Taifun-Automobile ist ästhetisch reizvoll.	günstig
4	Durch die Konzentration auf ausgewählte Vertragshändler ist es schwierig, Bezugsquellen für Taifun-Automobile zu finden.	ungünstig
5	Das Preisniveau der Taifun-Automobile ist im Vergleich mit konkurrierenden Automobilmarken überzogen.	ungünstig
6	Im Vergleich mit konkurrierenden Automobilmarken bieten Taifun-Automobile nur wenig Sicherheit.	ungünstig
7	Die Standortpolitik von Taifun sichert Arbeitsplätze in Deutschland.	günstig
8	Das Unternehmen Taifun engagiert sich auch für soziale Belange.	günstig

Die in der unten stehenden Tabelle dargestellte Auswertung zeigt, dass sich die Einstellung der beiden Testpersonen gegenüber dem betrachteten Hersteller deutlich unterscheidet: Während die Einstellung von Person A als positiv anzusehen ist, weist Person B eine deutlich negative Einstellung auf.

Tab. 4.3: Auswertung der Antworten bei zwei Testpersonen

Item/Aussage	Einschätzungen	
	Person A	Person B
Taifun baut qualitativ hochwertige Automobile.	uneingeschränkte Zustimmung (+2)	starke Ablehnung (−2)
Das Design der Taifun-Automobile wirkt antiquiert.	Ablehnung (+1)	unentschieden (0)
Die Werbung für Taifun-Automobile ist ästhetisch reizvoll.	Zustimmung (+1)	Ablehnung (−1)
Durch die Konzentration auf ausgewählte Vertragshändler ist es schwierig, Bezugsquellen für Taifun-Automobile zu finden.	Ablehnung (+1)	uneingeschränkte Zustimmung (−2)
Das Preisniveau der Taifun-Automobile ist im Vergleich mit konkurrierenden Automobilmarken überzogen.	starke Ablehnung (+2)	uneingeschränkte Zustimmung (−2)
Im Vergleich mit konkurrierenden Automobilmarken bieten Taifun-Automobile nur wenig Sicherheit.	starke Ablehnung (+2)	unentschieden (0)
Die Standortpolitik von Taifun sichert Arbeitsplätze in Deutschland.	uneingeschränkte Zustimmung (+2)	unentschieden (0)
Das Unternehmen Taifun engagiert sich auch für soziale Belange.	unentschieden (0)	Ablehnung (−1)
Summe der Einschätzungen	+11	−8

Die Likert-Skalierung ist als Verfahren der eindimensionalen Einstellungsmessung zu klassifizieren, weil es sich dem Ansatz der **Dreikomponenten-Theorie** der Einstellung folgend nur auf eine Einstellungskomponente, nämlich auf die affektive Komponente, bezieht und mithin hauptsächlich die wertenden Aspekte der Einstellung erfasst (vgl. Kroeber-Riel/Weinberg/Gröppel-Klein 2009, S. 242). Demgegenüber nehmen Ansätze der mehrdimensionalen Einstellungsmessung eine explizite Trennung der affektiven und der kognitiven Einstellungskomponente und mithin des Wissens über Objekteigenschaften von der Bewertung eben dieser Eigenschaften vor. Beispiele für solche Ansätze sind das **Fishbein-Modell** sowie das **Trommsdorff-Modell**, deren Darstellung sich z. B. bei *Berekoven/Eckert/Ellenrieder* 2009, S. 76 f. oder bei *Kroeber-Riel/Weinberg/Gröppel-Klein* 2009, S. 246 f. findet.

Ein anderes mehrdimensionales Skalierungsverfahren, das vor allem im Rahmen von Imageanalysen Verwendung findet, ist das **semantische Differential**. Ursprünglich in der Psychologie zur Messung von Wortbedeutungen entwickelt, besteht ein semantisches Differenzial aus einer Menge von Eigenschaftsaussagen, die bipolar gefasst sind (wie z. B. heiß/kalt, schnell/langsam) und semantisch abgestuft werden können, wobei die Abstufung über vorgegebene Rating-Skalen erfolgt. Die Befragten sollen damit ihre Einschätzung kundtun, wie sehr sie z. B. das Adjektiv kalt bzw. heiß mit dem Beurteilungsobjekt assoziieren. Durch Verbindung der Ankreuzungen entsteht das so genannte **Polaritätenprofil** (z. B. einer Marke), welches das Image des zu beurteilenden Objekts grafisch repräsentiert. *Abbildung 4.10* zeigt eine mögliche Ausgestaltung eines semantischen Differentials zur Messung des Images von Automobilmarken samt Polaritätenprofil für zwei konkurrierende Marken.

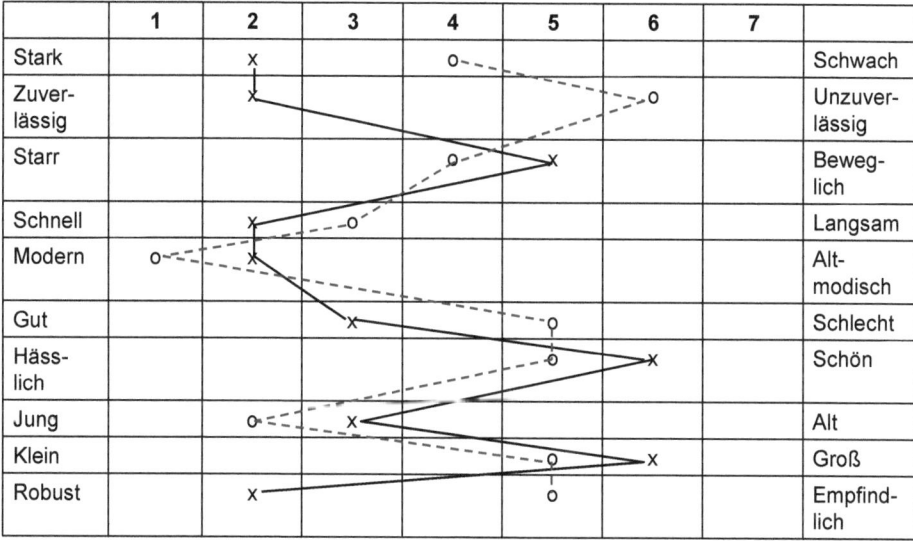

Abb. 4.10: Beispiel für ein semantisches Differential

Die Datenerhebung erfolgt zunächst auf Individualebene. Durch Mittelwertbildung können dann durchschnittliche Profilverläufe ermittelt werden, die das Image in der Befragungsgesamtheit darstellen. Gegebenenfalls kann sich eine Faktorenanalyse anschließen, um die berücksichtigten Eigenschaftsaussagen auf jene (unabhängigen) Dimensionen zu verdichten, die das Image prägen.

4.3.2 Fragebogengestaltung

Bei der Gestaltung des Fragebogens als Erhebungsinstrument geht es im Wesentlichen um die Übersetzung des durch die Operationalisierung vorgegebenen Variableninhalts samt Skalierung in eine erhebbare, für alle Befragten verständliche und möglichst einheitlich erfassbare Form durch Fragen bzw. Aufgaben (z. B. Bewertungsaufgaben in Form einer Rangreihung). Fragen oder Aufgaben, durch die die Indikatoren einer (komplexen) Variablen erhoben werden sollen, werden auch als **Items** bezeichnet (vgl. Bühner 2004, S. 16). Die Ablaufschritte bei der Erstellung eines neuen Fragebogens können *Abbildung 4.11* entnommen werden.

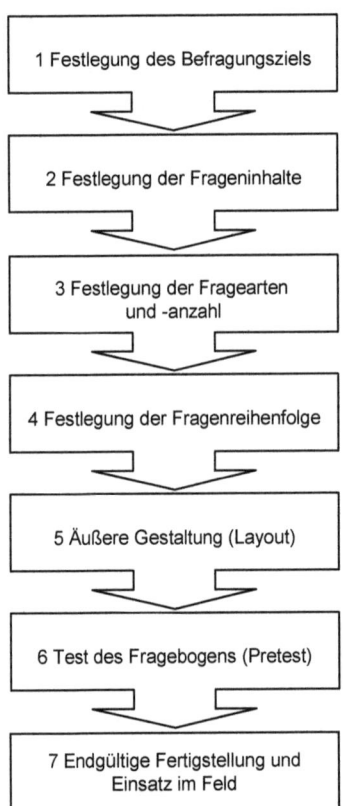

Abb. 4.11:   Ablaufschritte bei der Fragebogengestaltung

Im *ersten Schritt* ist das **Befragungsziel** – gemäß dem Untersuchungsziel – zu präzisieren: Was soll konkret mit der Befragung erreicht werden? Beispielsweise ist ein Anbieter daran interessiert, mögliche Gründe eines Absatzrückgangs bei bestimmten Produkten zu erfahren oder es soll eine Informationsgrundlage für den vorrangigen Einsatz bestimmter Marketing-

Instrumente (z. B. Preispolitik, Kommunikationspolitik) geschaffen werden. Regelmäßig wird sich das Befragungsziel inhaltlich mit dem Untersuchungsziel decken. Es lassen sich aber mit Befragungen auch weitere Teilziele erreichen, die sich nicht aus dem betrieblichen Informationsbedürfnis (vgl. Kapitel 3) heraus ergeben. Beispielsweise soll neben dem Hauptziel, Informationen über die Kundenzufriedenheit zu erlangen mit einer Befragungsaktion auch die Kundennähe und Serviceorientierung des Unternehmens betont werden. Darüber hinaus sollen möglicherweise (Geschäfts-) Kunden über die Zufriedenheitserhebung verstärkt in den Produktentwicklungsprozess eingebunden (integriert) werden.

Im *zweiten Schritt* ist über die **Frageninhalte** zu entscheiden. Hierbei geht es um die Beantwortung der Frage, was, d. h. welche Themen, der Fragebogen abdecken soll. Beispiele bilden unerfüllte Kundenwünsche, die Zufriedenheit mit Produkten, Service, Preisen usw., Kaufgewohnheiten der Kunden, Produktkenntnisse der Kunden, Einschätzungen der Kunden bezüglich Konkurrenzanbietern und -produkten. Ein Fragebogen kann lediglich ein Thema oder aber auch parallel mehrere Themengebiete umfassen, die aus forschungsökonomischen Gründen durch nur eine Erhebung abgefragt werden sollen. Eine solche Mehrthemenbefragung wird auch als Omnibusbefragung bezeichnet.

Im *dritten Schritt* ist über die **Frageformulierung (Fragearten) und Frageanzahl** zu entscheiden: Wie sollen die Inhalte durch Fragen formuliert werden (Fragearten)? Wie viele Fragen sollen gestellt werden? Hinsichtlich der Formulierung gilt es zu beachten, dass ein Fragebogen grundsätzlich in der **Empfängersprache** verfasst und auf den Informations- bzw. Wissensstand der Befragten abgestimmt sein sollte: Alle Empfänger sollen die in dem Fragebogen gewählte Sprache einfach verstehen können. Probleme mögen sich hier ergeben, wenn sehr unterschiedliche Personen befragt werden, die über ein unterschiedliches Vorwissen zu dem Befragungsgegenstand verfügen. Darüber hinaus ist dafür Sorge zu tragen, dass unterschiedliche Befragte (z. B. differenziert nach dem Alter, nach Bildungsabschlüssen usw.) die Frageninhalte in gleicher Weise verstehen. Gegebenenfalls ist das **einheitliche Begriffsverständnis** zu den einzelnen im Fragebogen berücksichtigten Variablen in dem Fragebogen mit zu erfassen bzw. durch eine Kontrollvariable zu überprüfen. Jeder Proband soll also eine gleiche oder zumindest ähnliche Vorstellung von den Variableninhalten haben. Ansonsten würde nämlich durch die Messung nicht etwa die Beurteilung oder Einstellung zu einem bestimmten Objekt erfragt, sondern das unterschiedliche Begriffsverständnis der Befragten. Hiermit würde wiederum das Befragungsziel infolge einer sehr eingeschränkten Validität und auch Reliabilität der Messwerte verfehlt.

Eine grundsätzliche Entscheidung bezüglich der Fragearten betrifft die Wahl zwischen geschlossenen und offenen Fragen. Während bei **offenen Fragen** keinerlei Antwortkategorien vorgegeben werden (also beliebiger Fließtext als Antwort gegeben werden kann) erfolgt bei **geschlossenen Fragen** eine Vorgabe von Antwortkategorien. Bei den geschlossenen Fragen lässt sich weiter unterscheiden in direkte und indirekte Fragen, Alternativfragen (mit Antwortmöglichkeiten ja/nein), Selektivfragen (Auswahlfragen) und Beurteilungsfragen. *Tabelle 4.4* fasst die unterschiedlichen Fragearten mit Beispielen zusammen.

Tab. 4.4: Fragearten im Überblick

Frageart	Erläuterung	Beispiele
Offene Frage	Es werden keine festen Antwortkategorien vorgegeben. Eine individuelle Antwort ist möglich.	„Was gefällt Ihnen an Produkten der Marke XY?"; „Marke X verbinde ich mit _____". (Satzergänzungsfrage)
Geschlossene Frage	Es werden Antwortkategorien zur Beantwortung vorgegeben	Ihre Funktion im Unternehmen? (Bitte kreuzen Sie an!) a) Geschäftsführer b) Marketingleiter c) Produktmanager
Direkte Frage	Der Frageinhalt wird direkt auf den zu beantwortenden Inhalt gelenkt. Der Sinn der Frage ist dem Befragten sofort erkennbar.	„Waschen Sie sich regelmäßig?"
Indirekte Frage	Der Befragte wird mit Hilfe einer psychologisch geschickten Fragestellung veranlasst, Antworten zu geben, die er bei direkter Ansprache evtl. nicht gegeben hätte. Der Sinn der Frage ist für den Befragten nicht unmittelbar erkennbar.	„Welche Art der Körperhygiene haben Sie in den letzten Tagen angewandt?"
Alternativfrage	Antwortmöglichkeit: Ja, Nein	„Besitzen Sie ein Handy?"
Selektivfrage	Der Befragte kann bei der Beantwortung auswählen.	„Wie häufig kaufen Sie Duschgel? Bitte nur eine Antwort ankreuzen:" 1 Mal pro Woche oder häufiger 1 Mal alle 2–3 Wochen weniger häufig
Beurteilungsfrage	Der Befragte kann bei der Beantwortung Schwerpunkte mit Hilfe von Punktwerten setzen, Rangfolgen bilden oder Bewertungen durch Ankreuzen auf einer Skala abgeben.	„Welche der folgenden Marken mögen Sie am liebsten? Geben Sie mit den Ziffern 1 bis 6 eine Rangfolge an (1 = am liebsten)." „Wie bewerten Sie Anbieter X? Kreuzen Sie an." (sehr positiv ... sehr negativ)

Zum einen reduziert sich durch die Verwendung geschlossener, standardisierter Fragen der Kodierungsaufwand bei praktischen Anwendungen erheblich. Da die Antworten unterschiedlicher Befragter durch die vorgegebenen Kategorien vergleichbar sind, ist zum anderen auch die statistische Auswertung unproblematisch. Ein solches Vorgehen erscheint insbesondere dann angemessen, wenn die gewählten Antwortkategorien das Reaktionsspektrum der Befragten vollständig erfassen und nicht zentrale Aspekte in deren Antworten unterdrückt werden. Ist das nicht zu erwarten, so sollte mit offenen Fragen gearbeitet werden oder zumindest eine Antwortkategorie offen gestaltet sein.

Neben der Festlegung der Fragearten betrifft die Fragen- bzw. Itemformulierung auch das Vorzeichen oder die **Richtung der Formulierung (positiv vs. negativ)**. So kann ein zu beurteilender Sachverhalt bzw. eine Aussage (Statement) (z. B. über den Nutzen eines neuen Produktes), zu dem der Grad der Zustimmung erfragt wird, grundsätzlich positiv und auch negativ formuliert werden. Eine positive (negative) Formulierung könnte etwa wie folgt lauten: „Das Produkt wurde deutlich (nicht merklich) gegenüber der früheren Variante verbessert." Um dem Problem der Gleichgerichtetheit im Antwortverhalten der Probanden, das insbesondere bei stets monoton positiver bzw. negativer Itemformulierung entsteht, entgegenzuwirken, sollten Items abwechselnd positiv wie negativ formuliert werden (vgl. Kroeber-Riel/Weinberg 1996, S. 193; Asche 1990, S. 112).

Die Entscheidung über die Anzahl der Fragen betrifft direkt die **Länge des Fragebogens**. Grundsätzlich sollte der Fragebogen nicht mit zahlreichen Fragen „überfrachtet" werden, da mit zunehmender Fragebogenlänge die Antwortbereitschaft nachlässt. Allerdings kann durch ein ansprechendes Fragebogendesign dem Fragebogenabbruch – selbst bei umfangreichen Fragebögen – entgegengewirkt werden. Der Effekt der Fragebogenlänge auf den Abbruch einer Befragung dürfte jedoch mit der Befragungsmethode (schriftlich, mündlich, elektronisch bzw. online) variieren. So zeigen die Ergebnisse einer von *El-Menouar/Blasius* (2005) durchgeführten Studie zum Thema „Abbrüche bei Online-Befragungen", dass die Länge des Fragebogens (mit dort 71 Fragen auf 21 Seiten) nur einen geringen Effekt auf die Abbruchquote ausübt (vgl. El-Menouar/Blasius 2005, S. 70 ff.).

Im *vierten Schritt* ist die **Fragenreihenfolge** festzulegen. Nach einer Gruß- und Dankesformel, in der auch kurz auf den Inhalt und gegebenenfalls das Erhebungsziel eingegangen wird, sollte der Fragebogen mit interessanten Einleitungsfragen beginnen, um „das Eis zu brechen." Grundsätzlich sollten vermeintlich heikle Fragen (z. B. zur Person des Befragten) eher am Schluss des Fragebogens platziert werden, um nicht von vornherein die Antwortbereitschaft zu untergraben. Im Anschluss an thematisch detaillierte Fragen könnten Auflockerungsfragen gestellt werden, um den Befragten gedanklich auf ein neues Befragungsthema einzustimmen. Sollen verschiedene Themen Gegenstand der Befragung sein, so könnte eine Gliederung nach Themenblöcken erwogen werden, da hiermit die Übersichtlichkeit des Fragebogens gesteigert wird. Da die Fragenreihenfolge sich durchaus auch in den Befragungsergebnissen niederschlagen kann (Reihenfolgeeffekte), könnte in Betracht gezogen werden, die Reihenfolge der Fragen über die zu befragenden Personen hinweg zu variieren. Sofern an eine elektronische Befragung (z. B. Online-Erhebung) gedacht ist, können die Vorteile der zufallsgesteuerten Fragen- bzw. Itemrotation genutzt werden (vgl. Scheffler 1999, S. 72; Zou 1998, S. 51 f.). Durch eine zufallsgesteuerte Fragen- bzw. Itemrotation kann vermieden werden, dass die Reihenfolge der Fragen oder Antwortvorgaben die Antworten des Befragten beeinflusst.

Ein praktisches Problem im Hinblick auf die Fragenreihenfolge ergibt sich z. B. bei **Zufriedenheitsbefragungen**. Hier stellt sich die Frage, an welcher Stelle des Fragebogens die Gesamtzufriedenheit abgefragt werden soll. Wird sie am Anfang erhoben, nämlich vor den Teilzufriedenheiten mit einzelnen Aspekten der Kunde-Anbieter-Beziehung, so besteht das Problem, dass alle nachfolgenden Zufriedenheitsabschätzungen unter dem Eindruck der geäußerten Gesamtzufriedenheit mehr oder weniger konsistent erfolgen (Ausstrahlungseffekt). Wird also etwa bei der Gesamtzufriedenheit im mittleren Bereich einer Skala angekreuzt, so wird vermutlich auch der Rest des Fragebogens konsistent zu dieser Gesamteinschätzung beantwortet. Damit wird aber möglicherweise nicht die tatsächliche Zufriedenheit der Probanden erfasst. Zudem mögen bei dieser Vorgehensweise in die Gesamtzufriedenheit je nach Befragtem unterschiedliche Aspekte der Kunde-Anbieter-Beziehung einfließen. Die Befragten sind zu Beginn des Fragebogens vermutlich noch nicht einheitlich mit allen einzelnen Teilleistungen des Anbieters vertraut, die in die Gesamtzufriedenheit einfließen sollen. Wird umgekehrt die Gesamtzufriedenheit am Schluss des Fragebogens abgefragt, so erfolgt zumeist die Gesamteinschätzung im Lichte sämtlicher zuvor beurteilter Teilleistungen des Anbieters, die für alle Probanden gleichermaßen erhoben wurden. Mit dieser Vorgehensweise lässt sich also ein homogenes Begriffsverständnis der Gesamtzufriedenheit erreichen, was sich positiv auf die Ergebnisgüte der Befragung auswirken dürfte. Zudem werden die Teilleistungen unvoreingenommen von dem Gesamturteil, tendenziell näher an der tatsächlichen Zufriedenheit der Befragten, beurteilt.

Im *fünften Schritt* ist über die **äußere Gestaltung (Layout)** des Fragebogens zu entscheiden. Dieser Entscheidungsbereich betrifft Formatierungsfragen wie die Festlegung von Schriftart und Schriftgröße, die Absetzung von Fragenblöcken, die Einbeziehung von Bildmaterial (z. B. Produktetiketten, Markenlogos) usw.

Schließlich sollte im *letzten Schritt* – vor der endgültigen Fertigstellung des Fragebogens und der Erhebung im Feld – ein **Test des Fragebogens (Pretest)** als Probebefragung an einer kleinen Stichprobe (Convenience Sample) aus der relevanten Zielgruppe durchgeführt werden. Mögliche Ziele eines solchen Pretests liegen in der Aufdeckung von Formulierungsschwächen (z. B. Verständnisprobleme der Fragen) und der Prüfung auf geeignete Antwortvorgaben (z. B. unzureichende oder unpassende Antwortvorgaben) sowie in der Testung der Länge des Fragebogens und der Antwortbereitschaft. Außerdem lässt sich überprüfen, ob die Antworten auf die verschiedenen Fragen Varianz aufweisen. Die Ergebnisse eines solchen Pretests können dann zur Qualitätsverbesserung des letztendlich fertigen, im Feld eingesetzten Fragebogens genutzt werden. Einige **praktische Hinweise** für die Fragebogengestaltung sind in *Tabelle 4.5* zusammengefasst.

Tab. 4.5: Hinweise für die praktische Fragebogengestaltung

Frageformulierung	• einfache, kurze und präzise (eindeutige) Formulierung
	• an das Sprachniveau der Befragten anpassen (Empfängersprache)
	• keine unerläuterten Abkürzungen oder Fremdwörter benutzen
	• keine doppelte Verneinung
	• emotional besetzte Wörter nur in Ausnahmen verwenden (z. B. Ehrlichkeit, Pflicht, Loyalität, Elite, Bürokrat)
	• keine Fragen stellen, die umfangreiche Nachforschung erfordern
	• keine hypothetischen Fragen stellen
	• keine Suggestivfragen stellen (z. B. „Sind Sie nicht auch der Meinung, dass...")
Antwortformulierung (bei geschlossenen Fragen)	• Vollständigkeit der Antwortmöglichkeiten
	• ggf. Ergänzungskategorien wie ‚sonstige' oder ‚weiß nicht' anbieten
	• keine Überschneidungen/Überlappungen der Antwortkategorien
	• keine Scheinalternativen bieten
Fragenreihenfolge	• Einleitungsfragen
	• Themenblöcke bilden
	• Trichterprinzip verwenden – vom Allgemeinen zum Speziellen
	• Gliederung mit Hilfe von Fragen (Überleitungsfragen, Filterfragen, Kontrollfragen, Puffer-/Auslöscherfragen...)
	• heikle Fragen am Ende
	• Danksagung
Äußere Gestaltung (Layout)	• handliches Format, Fragebogen nicht überfrachten (Gefahr der Ermüdung)
	• übersichtliche Anordnung (Blöcke bilden)
	• optisch ansprechende Aufbereitung – Farbe und Form einsetzen
	• ausreichend Platz für Antworten geben

4.3.3 Erhebungsablauf und -durchführung

Der **Erhebungsablauf** bezieht sich auf die **zeitliche und räumliche Umsetzung** des Stichprobenplans (Auswahlplan, Sampling-Plan). Wann und wo lässt sich der in dem Stichprobenplan bezeichnete Personenkreis am besten (einfachsten, kostengünstigsten, ergiebigsten usw.) erreichen? Hierbei könnte auf die erwarteten Gewohnheiten der anvisierten Stichprobe im Hinblick auf die Gestaltung ihrer Freizeit (z. B. mögliche Aufenthaltsorte an Wochenenden, übliche Einkaufszeiten und bevorzugte Geschäfte, Wahl öffentlicher Verkehrsmittel), ihrer Arbeit (z. B. regelmäßige Arbeitszeiten) und etwaig günstige Befragungssituationen (z. B. Abwesenheit von Freunden/Bekannten, Situationen ohne Zeitdruck der Befragten) abgestellt werden.

Unter Abwägung dieser Aspekte, der Fragebogenlänge und -komplexität sowie des erwarteten Rücklaufs sollte auch die **Dauer der Feldphase (Feldzeit, Erhebungsdauer)** festgelegt werden. Dieser Aspekt betrifft nicht die Festlegung geeigneter Erhebungszeitpunkte, sondern die Festlegung eines Schlusstermins für das Ausfüllen des Fragebogens (Rücksendeschluss, letzter Befragungstag). Hierbei gilt es, für den zu befragenden Personenkreis eine ausreichende Zeitdauer so zu bemessen, dass auch viel beschäftigten Personen die Möglichkeit zu einer gründlichen Antwort gegeben wird. Sofern verschiedene Personengruppen (z. B. in unterschiedlichen Regionen) befragt werden sollen, fragt sich, ob diese zeitgleich oder nacheinander (in Wellen) befragt werden sollen. Ein schrittweises Vorgehen hat den Vorteil, dass etwaig gemachte Fehler (z. B. bei der Ansprache der Befragten) bei späteren Befragungsrunden vermieden werden können. Allerdings verändern sich mit den Erhebungszeitpunkten möglicherweise auch die Erhebungsbedingungen, so dass sich die Befragungsergebnisse am Schluss schlechter vergleichen lassen. Zu diesem Zweck könnte dann der Befragungszeitpunkt als Variable mit erfasst und gegebenenfalls bei Auswertungen berücksichtigt werden.

Ziel solcher Überlegungen zum Erhebungsablauf sollte es sein, eine hohe Ausschöpfung zu realisieren. Sollte sich ein zu geringer Rücklauf ergeben haben, so ist nachgelagert über **Nachfassaktionen**, also die erneute Kontaktierung der Befragten, zu entscheiden.

Die **Durchführung** der Befragung betrifft ihre **organisatorische Umsetzung**. Während sich der Erhebungsablauf relativ stark am Stichprobenplan orientiert, hat ein Marktforscher im Hinblick auf die Durchführung tendenziell mehr Freiheitsgrade. Im Mittelpunkt stehen bei persönlichen Befragungen die **Auswahl und Schulung geeigneter Interviewer**, die in der Lage sind, flexibel und kompetent auf potentielle Rückfragen der Befragten zu reagieren. Bei der Auswahl der Interviewer sollte auf einen hohen Grad an Homogenität in Bezug auf Erfahrungen mit Befragungen und Wissen über den Erhebungsgegenstand geachtet werden. Durch Schulungen lässt sich gegebenenfalls auch nach einer erfolgten Interviewerauswahl die Homogenität der Interviewer steigern. Hiermit soll einem systematisch unterschiedlichen und damit die Ergebnisse potentiell verzerrenden Befragungsverhalten vorgebeugt werden, was sich in der Analysephase nicht mehr herausfiltern lässt. Bei schriftlichen Befragungen ist über die Gestaltung eines **Anschreibens**, das individuell oder standardisiert (für alle Befragten einheitlich) verfasst sein kann, zu entscheiden. Eine weitere organisatorische Frage betrifft die **Vorankündigung** einer Erhebung zwecks Einstimmung der Befragten auf eine nachfolgende Befragungsaktion und zur Steigerung der Antwortbereitschaft. Allerdings gilt es, diese gegen die Gefahr abzuwägen, dass sich der zu Befragende im Vorfeld zu intensiv mit der Befragungsthematik beschäftigt, was seine Antworten ggf. in Richtung sozialer Erwünschtheit oder Mehrheitsmeinung verzerren könnte (vgl. Broda 2006, S. 75). Auch **recht-**

liche Fragen gilt es zu klären: So sollte vor einer Befragung, z. B. der Mitarbeiter eines Unternehmens, eruiert werden, ob und in welchem Umfang Geschäftsführung und Betriebsrat zu beteiligen sind.

Nach Festlegung des **Befragungsziels** ist es zunächst bedeutsam, sich Gedanken darüber zu machen, auf welchem **Skalenniveau** die abgefragten Variablen gemessen werden können. Grundsätzlich ist dabei zwischen der **Nominal-, Ordinal-, Intervall-** und **Verhältnisskala** zu unterscheiden. In der praktischen Marktforschung sind vor allem **Rating-Skalen** bedeutsam. Im Allgemeinen wird hier ein gleich bleibender Abstand zwischen den Antwortkategorien unterstellt, so dass die erhobenen Daten intervallskaliert sind. Im Rahmen der **Fragebogengestaltung** ist darüber hinaus über Frageinhalte, -arten und -anzahl sowie über die Reihenfolge der Fragen zu entscheiden. Auch gilt es, das **Layout** des Fragebogens festzulegen.

5 Datenanalyse

5.1 Vorbereitende Auswertungen

Sofern an eine Auswertung der Daten mit Hilfe von Statistik-Programmpaketen wie SPSS gedacht ist, ist zur Vorbereitung der Dateneingabe und späterer Auswertung zunächst eine Kodierung der Daten vorzunehmen. Zu diesem Zweck wird ein **Kodierplan (Codeplan)** erstellt, in welchem einer jeden Variable des Fragebogens ein von dem Programm verarbeitbarer Name (Variablenlabel) und jeder Variablenausprägung ein eindeutiger Wert (Wertelabel) gemäß der im Fragebogen benutzten Skala zugewiesen wird. Diese Kodierung bildet also die Vorstufe zur Eingabe der Daten in ein Statistik- bzw. Tabellenkalkulationsprogramm. *Abbildung 5.1* zeigt einen Auszug aus einem beispielhaften Kodierplan eines Zufriedenheitsfragebogens.

Fragebogennummer: fragebnr		
Frage 1: Zufriedenheit mit der Leistung des Anbieters		
Item	Variablenname	Wertelabels (Codenummern)
a) Produktleistung	prodleis	1 = sehr zufrieden 2 = durchschnittl. zufrieden 3 = leicht zufrieden 4 = weder zufrieden, noch unzufrieden 5 = leicht unzufrieden 6 = durchschnittl. unzufrieden 7 = sehr unzufrieden
b) Kundendienst	kudienst	Siehe a)
c) Logistik	logist	Siehe a)
...	...	...
Frage 2: Offen → Variablen erst nach Durchsicht aller Fragebögen deklarieren!		
Frage 3: Zufriedenheit mit den Mitarbeitern des Anbieters		
Item	Variablenname	Wertelabels (Codenummern)
a) Freundlichkeit	freundl	1 = sehr zufrieden 2 = durchschnittl. zufrieden 3 = leicht zufrieden 4 = weder zufrieden, noch unzufrieden 5 = leicht unzufrieden 6 = durchschnittl. unzufrieden 7 = sehr unzufrieden
b) Erreichbarkeit	erreich	Siehe a)
...	...	...
Frage 3: ...		

Abb. 5.1: Auszug aus einem Kodierplan zu einem Fragebogen

Das Ergebnis einer Erhebung lässt sich in Form einer Datenmatrix schreiben. Die Datenmatrix enthält in den Spalten die Ausprägungen der untersuchten Variablen (Merkmale) und in den Zeilen die Ausprägungen dieser Variablen (Merkmale) bei den untersuchten Objekten. Sofern eine Statistik-Software für die Datenanalyse zum Einsatz kommt, stellt sich die Datenmatrix, die nach der Dateneingabe gemäß einem Kodierplan erfolgt ist, wie in *Abbildung 5.2* dar.

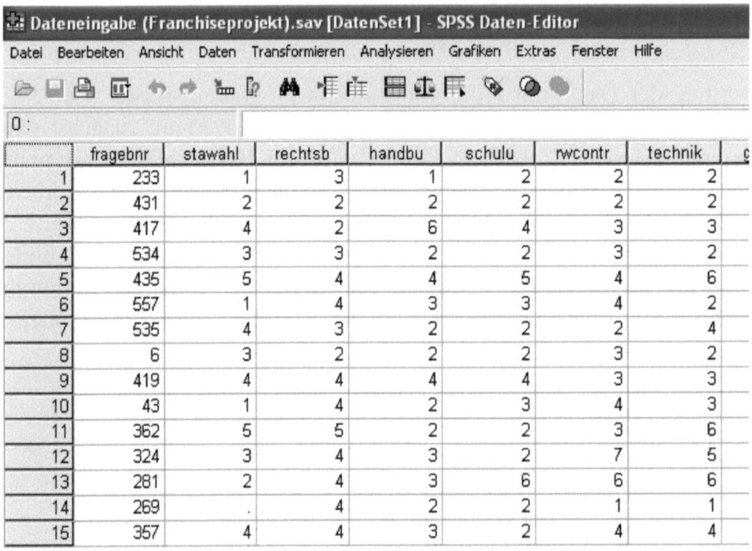

	fragebnr	stawahl	rechtsb	handbu	schulu	rwcontr	technik
1	233	1	3	1	2	2	2
2	431	2	2	2	2	2	2
3	417	4	2	6	4	3	3
4	534	3	3	2	2	3	2
5	435	5	4	4	5	4	6
6	557	1	4	3	3	4	2
7	535	4	3	2	2	2	4
8	6	3	2	2	2	3	2
9	419	4	4	4	4	3	3
10	43	1	4	2	3	4	3
11	362	5	5	2	2	3	6
12	324	3	4	3	2	7	5
13	281	2	4	3	6	6	6
14	269	.	4	2	2	1	1
15	357	4	4	3	2	4	4

Abb. 5.2: Datenmatrix am Beispiel des SPSS-Daten-Editors

Auf der Grundlage einer solchen Datenmatrix lassen sich nun verschiedene **vorbereitende Auswertungen** durchführen, um die **Datenqualität** abzuschätzen. Hierbei geht es im Wesentlichen um die folgenden Aspekte:

Prüfung des Rücklaufs

Es sollte eine Berechnung der absoluten und relativen Rücklaufquote sowie des Ausschöpfungsgrades vorgenommen werden, um die Repräsentativität der Stichprobe beurteilen zu können.

Prüfung auf Auffälligkeiten

Hierbei ist zu prüfen, ob es Auffälligkeiten in den Daten gibt, die ein extremes Antwortverhalten erkennen lassen. Ein solch extremes, in bestimmter Weise motiviertes Antwortverhalten könnte etwa auf mangelnde Ernsthaftigkeit bei der Beantwortung, auf ein vom Befragten erkanntes und nicht unterstütztes Erhebungsziel oder auf eine Motivation des Selbstschutzes (z. B. Schützung der Privatsphäre, soziale Erwünschtheit) hindeuten. Solche untypischen, weit vom Mittelwert abweichenden Fälle sollten als Ausreißer (outliers) behandelt und getrennt vom Rest der Daten analysiert werden. Andererseits könnte etwa eine Mittelwertbildung unter Einbezug von Ausreißern das Gesamtergebnis stark verzerren, womit die Aussagekraft der Marktforschungsstudie negativ beeinträchtigt würde.

5.1 Vorbereitende Auswertungen

Prüfung auf gleiche Ausgangsbedingungen

Sofern sich die Stichprobe aus verschiedenen Gruppen (Teilstichproben), etwa Experimentgruppe und Kontrollgruppe, zusammensetzt und im Rahmen eines experimentellen Designs die Wirkung einer unabhängigen Variable geprüft werden soll, sollte sichergestellt werden, dass die Gruppen homogen sind. Ansonsten könnte nämlich die an den abhängigen Variablen gemessene Wirkung des experimentellen Stimulus auch auf andere, etwa ungleiche Ausgangsbedingungen in den Stichproben (wie unterschiedliche Einstellungen, Erfahrungen, Werthaltungen der Probanden oder ein divergierendes Involvement, aber auch auf soziodemografische Merkmale) zurückzuführen sein. Das würde sich negativ auf die interne Validität der Untersuchungsergebnisse auswirken. Eine solche Überprüfung im Rahmen der Datenanalyse kann freilich nur dann erfolgen, wenn auch entsprechende Kontrollvariablen zur Erfassung etwaiger gruppenspezifischer ungleicher Ausgangsbedingungen mit erhoben wurden.

Prüfung der Merkmalsverteilung

Vor der Überprüfung der Forschungshypothesen ist festzustellen, ob die Bedingungen für parametrische Tests und Analyseverfahren erfüllt sind. Diese Verfahren liefern nur dann gültige Ergebnisse, wenn angenommen werden kann, dass die Untersuchungsvariablen aus normalverteilten Grundgesamtheiten stammen (vgl. Backhaus/Erichson/Plinke/Weiber 1996, S. 85). Zu diesem Zweck werden die Untersuchungsvariablen einem statistischen Test auf Normalverteilung unterzogen. Signifikante Ergebnisse (z. B. eine Irrtumswahrscheinlichkeit p kleiner als 0,05) des Lilliefors-Tests (einer Modifikation des Kolmogorov-Smirnov-Tests) und des Shapiro-Wilks-Tests zur Überprüfung auf Normalverteilung bedeuten, dass die gegebene Verteilung signifikant von der Normalverteilung abweicht (vgl. Bortz 1999, S. 161; Bühl/Zöfel 2005, S. 229.). Von der näherungsweisen Erfüllung der Normalverteilungsprämisse kann nach dem Zentralen Grenzwertsatz jedoch ausgegangen werden, sofern der Stichprobenumfang eine gewisse Größe erreicht und zwar mindestens 30 Fälle (n $\geq$ 30) (vgl. Bortz 1999, S. 93 f.). Neben dem **Kolmogorov-Smirnov-Anpassungstest** auf Normalverteilung kann eine explorative Datenanalyse mittels Histogrammen und Normalverteilungsdiagrammen (Q-Q-Diagramm) durchgeführt werden. Im **Normalverteilungsdiagramm** wird jeder beobachtete Wert mit seinem unter Normalverteilung erwarteten Wert gepaart. Unter der Voraussetzung einer exakten Normalverteilung liegen die Punkte auf einer Geraden. In Abhängigkeit des später anzuwendenden Analyseverfahrens sind gegebenenfalls weitere Anwendungsbedingungen der Analyseverfahren zu überprüfen, so beispielsweise die Varianzhomogenität, die sich über einen Levene-Test feststellen lässt. Auf solche verfahrensspezifische Anwendungsvoraussetzungen wird näher im Rahmen der Vorstellung der Analyseverfahren eingegangen.

Überprüfung erfolgreicher Manipulationen der unabhängigen Variablen

Bei Experimenten wird im Hinblick auf die Überprüfung des einheitlichen Verständnisses der experimentellen Stimuli auch von **Manipulation Checks** gesprochen. Hierbei geht es um die Prüfung der Frage, ob und inwieweit die Probanden die unabhängigen Variablen einheitlich wahrnehmen. So mögen z. B. in einem Experiment Produktstimuli (etwa die Produktpackung durch unterschiedliche Abbildungen) variiert werden. Um den Effekt dieser Produktvariation zu ermitteln, sollten Probanden einheitlich die Veränderung bemerken, so dass sie darauf (gegebenenfalls unterschiedlich) reagieren können, z. B. durch Angabe ihrer Präferenz. Häufig werden in experimentellen Studien auch Szenarien verwendet, in denen verschiedene Stimuli (z. B. die Reputation eines Anbieters, der Garantieumfang) verändert werden. Durch Manipulationsüberprüfungen kann getestet werden, inwieweit diese Variationen der unabhängigen Variablen von Probanden bemerkt wurden. Ist das nicht der Fall, so kann die Wirkung des experimentellen Stimulus auf die abhängigen Variablen nicht mehr eindeutig auf diesen zurückgeführt werden, sondern mag sich ebenfalls infolge einer unterschiedlichen Interpretation der Stimuli ergeben haben. Die Folge wäre wiederum eine eingeschränkte interne Validität der Untersuchungsergebnisse. Ein Experiment besitzt dann eine hohe interne Validität, wenn Veränderungen in den abhängigen Variablen eindeutig auf die bewusste Veränderung der unabhängigen Variablen (das Treatment) zurückzuführen sind. Um dies zu gewährleisten, sind etwaig ungleiche Ausgangsbedingungen zwischen den Gruppen als Störvariablen zu kontrollieren.

Der Umfang solcher Manipulationsüberprüfungen sollte im Rahmen einer Hauptuntersuchung aber auf ein Mindestmaß begrenzt werden, um **Erwünschtheitseffekte** im Antwortverhalten soweit wie möglich zu vermeiden. Solche Effekte bestehen darin, dass die Intention der Erhebung vom Probanden sehr deutlich bemerkt wird und dieser sein Antwortverhalten daran ausrichtet. Das Abfragen einer Vielzahl an Items zur Manipulationsüberprüfung mag zu einer Sensibilisierung von Probanden führen (vgl Perdue/Summers 1986). Es könnte ein Ziel eines Pretests sein, solche Überprüfungen vorzunehmen. Speziell könnte dort überprüft werden, ob die Ausprägungsgrade der unabhängigen Variablen sinnvoll gewählt wurden. Sinnvoll kann hier bedeuten, dass Probanden hinreichend scharfe Unterschiede in den Stimuli erkennen können. Ansonsten mögen so genannte Bodeneffekte (floor effects) oder Deckeneffekte (ceiling effects) auftreten. **Bodeneffekte** bestehen darin, dass Probanden für alle Stimuli zu ähnlich niedrigen (schlechten) Beurteilungen gelangen. **Deckeneffekte** (ceiling effects) bestehen in stimuliübergreifend hohen (positiven) Beurteilungen der Probanden.

Reliabilitäts- und Validitätsprüfungen

Sofern für sämtliche Variablen (Konstrukte) mehrere Items als Indikatoren vorliegen, lassen sich für diese Variablen **Reliabilitätsprüfungen** im Wege der Halbierungs- bzw. Internen-Konsistenz-Methode durchführen. So könnte mit einem Statistik-Programm die interne Konsistenz aller eine Variable repräsentierenden Variablenitems anhand des Chronbach-alpha-Koeffizienten berechnet werden. Dieser gibt in Abhängigkeit von der Itemanzahl die Höhe der mittleren Itemzusammenhänge an (vgl. Bühner 2004, S. 123). Diese Maßgröße kann Werte zwischen Null und Eins annehmen, wobei ein hoher Wert auf eine hohe Reliabilität hindeutet. Als Faustregel kann gelten, dass bei Skalen ab alpha = 0,75 eine befriedigende und ab alpha = 0,85 eine gute Skalenqualität vorliegt (vgl. Nunnally 1967, S. 226; Bühner 2004, S. 122 f.). Vor Berechnung dieses Koeffizienten sollten die Variablen, bei denen eine entgegengesetzte Polung der Skala verwendet wurde (negative Formulierung der Items), umkodiert werden. Werden inhaltlich zusammenpassende Items zu einer Skala zusammengefasst, so gibt der Chronbach-alpha-Koeffizient Auskunft darüber, wie gut sich die Antworten zu einer Gesamttendenz zusammenfügen. Hohe Werte dieses Koeffizienten für die verschiedenen Skalen (zur Erfassung der abhängigen Variablen) lassen folglich eine Aggregation der jeweiligen, eine Variable repräsentierenden Items durch Mittelwertbildung als angemessen erscheinen. Die Konstruktwerte könnten daher durch Mittelwertbildung über die den Variablen zugeordneten Items gebildet werden.

Die konkrete **Überprüfung der Validität** eines Messinstrumentes gestaltet sich tendenziell schwieriger als die Überprüfung der Reliabilität, da die wahren Werte eines Konstruktes nicht bekannt sind (vgl. Hammann/Erichson 1994, S. 77). Auf Ansatzpunkte zur Überprüfung der internen Validität wurde oben bereits hingewiesen. Im Wesentlichen geht es dabei um die Analyse der Kontrollvariablen in der bzw. den Stichproben und die Prüfung des Zusammenhangs zwischen Kontrollvariablen und den interessierenden abhängigen Variablen (Wirkungen). Die Überprüfung der externen Validität (Verallgemeinerbarkeit, Übertragbarkeit) der Untersuchungsergebnisse könnte an einer zweiten, sich anders konstituierenden Stichprobe (bzw. je nach Design auch durch eine Teilung der Gesamtstichprobe) erfolgen. Zu prüfen wäre, ob sich die in einer Stichprobe gewonnenen Ergebnisse auch in anderen Kontexten (z. B. unter anderen Untersuchungsbedingungen, bei anderen Produkten usw.) erhärten. Hierzu eignen sich beispielsweise Korrelationsanalysen der Messergebnisse zweier Stichproben mit anschließender Prüfung des Korrelationskoeffizienten (z. B. nach Bravais-Pearson) mit Hilfe eines t-Tests (vgl. Hammann/Erichson 1994, S. 169). Auf unterschiedliche Validitätsarten wird näher in *Kapitel 6.1* eingegangen.

5.2 Univariate Analyseverfahren

In der Regel wird im Rahmen eines Marktforschungsprojekts eine Vielzahl von Variablen erhoben. Ein erster Schritt zur Analyse der erhobenen Daten besteht darin, jede Variable isoliert zu betrachten. Man spricht daher von einer **univariaten Analyse**. Standardmäßig werden zunächst **Häufigkeitsverteilungen** der Variablen aufgestellt, um zu erfassen, wie oft bestimmte Merkmalsausprägungen vorgekommen sind. Im Fall metrisch skalierter Merkmale ist es dazu erforderlich, die Daten zu klassieren. Die folgende Tabelle zeigt beispielhaft eine mögliche Häufigkeitsverteilung für das Merkmal Alter.

Tab. 5.1: Häufigkeitstabelle für das Merkmal Alter

Alter	Anzahl Probanden
18–25	4
26–30	3
31–35	3
36–40	5
41–45	6
46–50	5
51–55	4
56–60	3
61–65	2
66–70	2

Es gibt verschiedene Möglichkeiten, den Inhalt einer **Häufigkeitstabelle** grafisch zu visualisieren. Hierzu gehören u. a. Kreis-, Torten- und Balkendiagramme. Besonders gebräuchlich ist die in *Abbildung 5.3* gezeigte Darstellung in Form eines **Histogramms**, das die gewählten Klassen enthält und die zugehörigen Häufigkeiten durch Rechteckflächen wiedergibt.

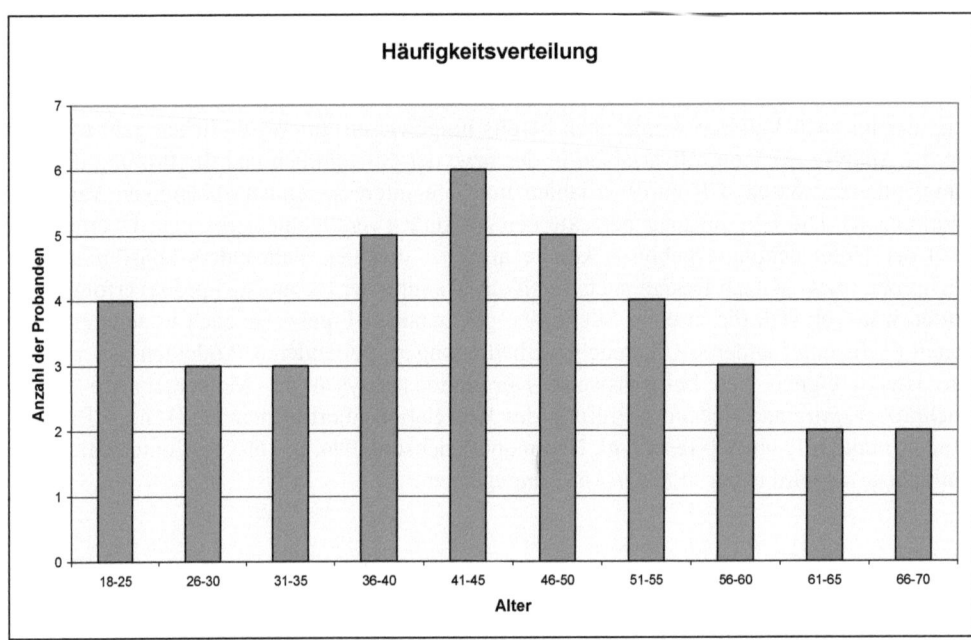

Abb. 5.3: Histogramm für das Merkmal Alter

In einem weiteren Schritt werden die in Häufigkeitsverteilungen enthaltenen Informationen zu Kennziffern verdichtet, wobei zwischen Lage- und Streuungsparametern zu unterscheiden ist. **Lageparameter** dienen der Beschreibung der mittleren Ausprägung eines Merkmals und werden in Modus, Median und dem arithmetischen Mittelwert differenziert. Als **Modus** wird die am häufigsten vorkommende Merkmalsausprägung bezeichnet. Der **Median** teilt die Beobachtungswerte eines Merkmals in dem Sinn, dass 50% der Werte unterhalb und 50% der Werte oberhalb des Medians liegen. Schließlich ergibt sich der **arithmetische Mittelwert** dadurch, dass die Merkmalssumme durch die Zahl der Beobachtungen dividiert wird. Die Verwendung des arithmetischen Mittelwertes setzt metrisch skalierte Daten voraus und gestattet die Interpretation als durchschnittliche Merkmalsausprägung, also Bezug nehmend auf das obige Beispiel als Durchschnittsalter der Probanden. Während der Median mindestens Ordinalskalenniveau voraussetzt, kann der Modus auch für nominal skalierte Merkmale ermittelt werden. Die exakte Berechnung der genannten Lageparameter setzt voraus, dass die Beobachtungswerte in Form einer **Urliste** vorliegen. Liegen die Beobachtungswerte hingegen lediglich in Form klassierter Daten vor, ist nur eine näherungsweise Berechnung möglich.

Lageparameter sagen nichts über die Variabilität eines Merkmals aus. Hierzu dienen **Streuungsparameter**, die allerdings sämtlich metrisches Skalenniveau voraussetzen. Am einfachsten lässt sich die Variabilität eines Merkmals durch die **Spannweite**, also der Differenz zwischen dem größten und dem kleinsten Beobachtungswert, erfassen. Wegen der hohen Sensitivität gegenüber Ausreißerwerten wird allerdings die Verwendung der Varianz bzw. der Standardabweichung als Streuungsmaß bevorzugt. Die **Varianz** ist dabei definiert als mittlere quadratische Abweichung der Beobachtungswerte vom arithmetischen Mittelwert. Die **Standardabweichung** ist die Wurzel aus der Varianz. Gegenüber der Varianz hat die Standardabweichung den Vorzug, dass sie in derselben Maßeinheit wie die Beobachtungswerte

5.2 Univariate Analyseverfahren

gemessen wird. Eine hohe (geringe) Varianz (bzw. Standardabweichung) besagt, dass die Beobachtungswerte stark (wenig) variieren. Inhaltlich ist dabei die Interpretation des arithmetischen Mittelwertes als durchschnittliche Merkmalsausprägung umso aussagekräftiger, je geringer die Streuung der Beobachtungswerte ausfällt.

Die Berechnung der genannten Kennzahlen sei anhand des folgenden Beispiels illustriert. Bei n = 37 Probanden sei (neben anderen Variablen) auch deren Alter erfasst worden. Die folgende Tabelle gibt die erhaltene Urliste wieder.

Tab. 5.2: Urliste für das Merkmal Alter

Proband-Nr.	Alter	Proband-Nr.	Alter
1	18	20	45
2	19	21	45
3	20	22	46
4	22	23	47
5	26	24	48
6	27	25	49
7	28	26	50
8	31	27	51
9	32	28	53
10	34	29	54
11	36	30	55
12	36	31	57
13	37	32	59
14	38	33	60
15	40	34	61
16	41	35	65
17	42	36	67
18	43	37	70
19	44		

Als Merkmalssumme ergibt sich hier 1596, so dass der arithmetische Mittelwert = 1596/37 = 43,135 Jahre beträgt. Als Modus kann der Wert 36 bzw. 45 angesetzt werden. Beide Werte kommen in der Urliste zweimal, alle anderen Werte nur einmal vor. Im Gegensatz zur Verwendung klassierter Daten ist der aus der Urliste ermittelte Modus offenkundig nicht sonderlich aussagekräftig. Unter Verwendung der klassierten Daten kann aus *Abbildung 5.3* hingegen die Aussage getroffen werden, dass die Altersgruppe der 41- bis 45-Jährigen am häufigsten in der Stichprobe vertreten ist. Als Modus wird dann die Klassenmitte, hier also 43 Jahre, angesetzt. Der Median ergibt sich (da n ungerade ist) als (n+1)/2- größter Beobachtungswert. Da im vorliegenden Beispiel die Probanden so nummeriert wurden, dass die Beobachtungswerte ansteigen, ergibt sich das Alter von Proband 19, also 44 Jahre, als Median. Die Spannweite beträgt 70 – 18 = 52 Jahre. Die Stichprobenvarianz ergibt sich aus der Formel

$$s^2 = \frac{\sum_{i=1}^{n}(x_i - \bar{x})^2}{n-1},$$

die im vorliegenden Fall $s^2 = ((18 - 43{,}135)^2 + (19 - 43{,}135)^2 + \ldots + (70 - 43{,}135)^2)/36 = 191{,}287$ ergibt. Als Standardabweichung erhält man daraus $s = \sqrt{191{,}287} = 13{,}83$ Jahre.

Die univariaten Analyseverfahren beschränken sich allerdings nicht auf die bloße Beschreibung der im Rahmen einer Stichprobe erhaltenen Daten. Es geht vielmehr auch um den Rückschluss auf die Grundgesamtheit, mithin also um induktive Statistik. Beispielsweise könnte eine Fragenstellung lauten, inwiefern das sich in der Stichprobe ergebende Durchschnittsalter die Vermutung stützt, dass das Durchschnittsalter in der Grundgesamtheit signifikant über 40 Jahren liegt. Unter gewissen Voraussetzungen kann eine solche Fragestellung mit Hilfe eines **Einstichproben-t-Tests**, dessen Darstellung sich in jedem einführenden Statistik-Lehrbuch findet, geklärt werden.

> Im Rahmen der **univariaten Analyse** erfolgt die isolierte Untersuchung jeder einzelnen Variablen. Dazu werden **Häufigkeitsverteilungen** aufgestellt und diese zu Kennziffern verdichtet, die die (durchschnittliche) **Lage** sowie die **Streuung** der Variablen beschreiben. Die Prüfung dieser Kennziffern auf signifikante Abweichungen gegenüber vorgegebenen Werten kann mit Methoden der **induktiven Statistik** vorgenommen werden.

5.3 Bivariate Analyseverfahren

In der **bivariaten Analyse** gilt es, den Zusammenhang zwischen zwei Variablen zu untersuchen. Sind diese Variablen nominal skaliert, können **Kreuztabellen** (Kontingenztabellen) eingesetzt werden, um mögliche Zusammenhänge aufzuzeigen. Dies sei anhand des folgenden Beispiels illustriert. Angenommen, bei n = 40 Probanden sei die Zugehörigkeit zu einer Berufsgruppe sowie die Häufigkeit der Verwendung einer bestimmten Marke festgestellt worden. In der Kreuztabelle werden dann die absoluten (oder relativen) Häufigkeiten der Ausprägungen der beiden Merkmale einander gegenübergestellt.

Tab. 5.3: Kreuztabelle der Merkmale Berufsgruppe und Häufigkeit der Markenverwendung

Berufsgruppe	Häufigkeit der Markenverwendung			Summe
	nie	gelegentlich	regelmäßig	
Arbeiter	6	1	1	8
Angestellte	3	3	12	18
Beamte	0	5	5	10
Selbstständige	0	0	4	4
Summe	9	9	22	40

Die Tabelle legt die Vermutung nahe, dass die Häufigkeit der Markenverwendung und die Berufsgruppenzugehörigkeit nicht unabhängig voneinander sind: Während die Arbeiter die betrachtete Marke überwiegend nicht verwenden, wird sie von Angestellten und Selbstständigen (überwiegend) regelmäßig gekauft. Bei den Beamten halten sich gelegentliche und regelmäßige Markenverwendung die Waage. Inwiefern sich der (vermutete) Zusammenhang statistisch erhärten und insbesondere von der Stichprobe auch auf die Grundgesamtheit über-

5.3 Bivariate Analyseverfahren

tragen lässt, kann mit Hilfe eines χ^2-Tests geprüft werden. Zum diesbezüglichen Vorgehen sei auf die einschlägige Literatur (z. B. Schlittgen 2008, S. 409 f.) verwiesen.

Werden zwei metrisch skalierte Variablen betrachtet, so lassen sich mögliche Zusammenhänge aus einem **Streudiagramm** erkennen. Für das folgende Beispiel sei angenommen, dass bei n = 37 Probanden die beiden Merkmale Alter und monatliches Netto-Einkommen erfasst worden seien. Im Streudiagramm (*Abbildung 5.4*) wird dann jeder der 37 Probanden durch einen Punkt markiert, der die jeweilige Ausprägung der beiden Merkmale enthält.

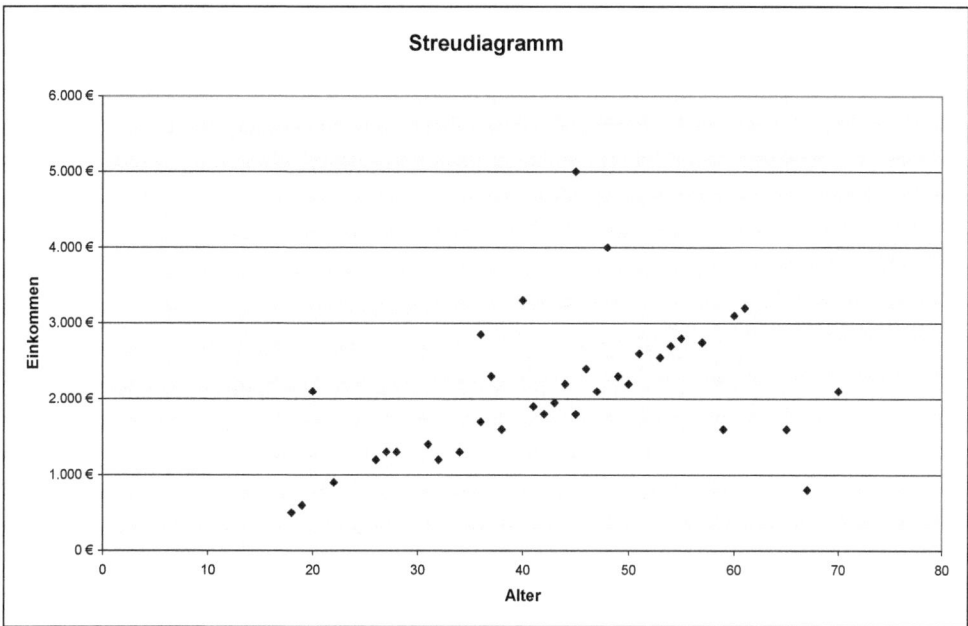

Abb. 5.4: Streudiagramm der Merkmale Alter und Einkommen

Bereits die optische Inspektion des Streudiagramms vermag Aufschluss darüber zu geben, ob die betrachteten Variablen unabhängig voneinander sind bzw. in welcher Richtung Zusammenhänge bestehen könnten. Im vorliegenden Fall lässt sich tendenziell die Aussage treffen, dass mit höherem Alter auch das Einkommen zunimmt.

Da Alter und Einkommen metrisch skalierte Variablen sind, lässt sich der **Korrelationskoeffizient** nach Bravais-Pearson heranziehen, um die Stärke des Zusammenhangs zwischen diesen beiden Größen zu quantifizieren. Ausgangspunkt ist dabei die **Kovarianz** zwischen zwei Variablen X und Y, die definiert ist als Mittelwert der Abweichungsprodukte $(x_i - \bar{x}) \cdot (y_i - \bar{y})$:

$$\sigma_{XY} = \frac{\sum_{i=1}^{n}(x_i - \bar{x}) \cdot (y_i - \bar{y})}{n}$$

Der Korrelationskoeffizient berechnet sich dann als

$$r_{XY} = \frac{\sigma_{XY}}{\sigma_X \cdot \sigma_Y}$$

wobei σ_X bzw. σ_Y die Standardabweichungen von X bzw. Y darstellen.

Der Korrelationskoeffizient kann Werte zwischen -1 und $+1$ annehmen, wobei die beiden Extremfälle für einen perfekten linearen Zusammenhang zwischen den beiden Variablen stehen. Der Fall r = 0 bedeutet hingegen, dass kein linearer Zusammenhang zwischen den betrachteten Variablen besteht. Der Zusatz linear ist dabei durchaus von Bedeutung: Ist der Zusammenhang beispielsweise quadratischer Natur, können sich ebenfalls Korrelationswerte von nahezu Null ergeben. Mit anderen Worten: r = 0 schließt zwar die Existenz eines linearen, nicht aber die eines nichtlinearen Zusammenhangs aus. Im vorliegenden Fall ergibt sich r ≈ 0,43, was den bereits optisch erkennbaren positiven Zusammenhang zwischen den Variablen Alter und Einkommen bestätigt. Allerdings ist der Zusammenhang eher als schwach zu qualifizieren, legt man – einer Konvention folgend – als Grenze für einen mittleren Zusammenhang r = 0,5 fest.

Unter Beachtung dieser Einschränkung kann der bestehende Zusammenhang z. B. für prognostische Zwecke genutzt werden. Zum Beispiel könnte man sich für die Frage interessieren, mit welchem Einkommensanstieg zu rechnen ist, wenn sich das Alter eines Probanden um 10 Jahre erhöht. Derartige Fragestellungen betreffen die **lineare Einfachregression**, die allgemein von einer linearen Beziehung

$$Y = a + b \cdot X$$

zwischen den beiden (metrisch skalierten) Größen X und Y ausgeht. Die Parameter a (= Absolutglied) und b (= Steigung der Geraden) werden gemäß der **Methode der kleinsten Quadrate** aus den Beobachtungswerten geschätzt. Die resultierenden Bestimmungsformeln können z. B. bei *Schlittgen* 2008, S. 104 nachgelesen werden. Die Berechnung kann z. B. mit einem Tabellenkalkulationsprogramm wie Excel auch automatisch durchgeführt werden und führt im vorliegenden Fall auf die Gleichung

$$\text{Einkommen} = 830{,}53 + 28{,}991 \cdot \text{Alter}.$$

Der Verlauf dieser Regressionsgeraden ist in *Abbildung 5.5* dargestellt.

Bei einer Erhöhung des Alters um 10 Jahre ist also mit einem monatlichen Einkommenszuwachs von ca. 290 € zu rechnen. Das ausgewiesene **Bestimmtheitsmaß** ($R^2 = 0{,}1852$) bedeutet allerdings, dass nur ca. 18,5% der Varianz im Einkommen auf das Alter zurückgeführt werden kann. Dieser geringe Wert wird durch die nur schwach ausgeprägte Korrelation zwischen Einkommen und Alter verursacht, denn es gilt allgemein $R^2 = r^2_{XY}$ ($0{,}1852 \approx 0{,}43^2$). Das Einkommen wird zwar (auch) vom Alter beeinflusst, es scheinen aber andere (hier noch nicht berücksichtigte) Variablen von größerer Bedeutung zu sein.

5.3 Bivariate Analyseverfahren

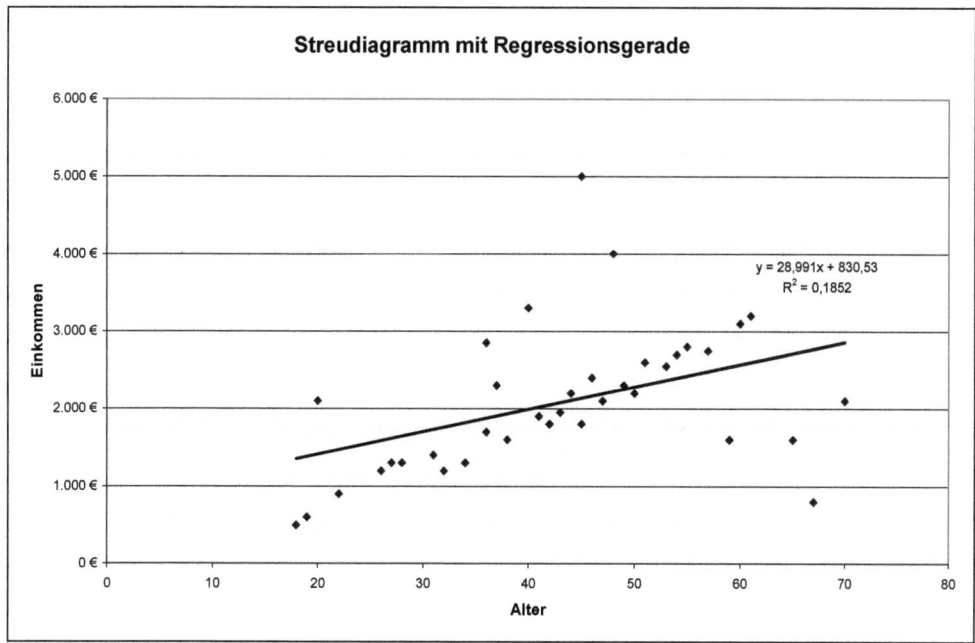

Abb. 5.5: Verlauf der Regressionsgeraden Einkommen in Abhängigkeit vom Alter

Ein weiterer Bereich der bivariaten Analyse ist die Untersuchung von Unterschieden zwischen zwei Gruppen, z. B. Käufer und Nicht-Käufer einer Marke oder Wähler und Nicht-Wähler einer Partei. Es geht dabei um die Frage, inwiefern erkennbare **Mittelwertunterschiede** bezüglich einer Variablen, die als Ergebnis einer jeweils unabhängig voneinander der beiden Gruppen entnommenen Stichprobe resultieren, tatsächlich auf systematische Unterscheide zwischen den Gruppen schließen lassen oder lediglich zufälliger Natur sind. Diese Frage wird unter Anwendung **statistischer Tests** zu klären sein.

Das Vorgehen des **Zweistichproben-t-Tests** sei anhand des folgenden Beispiels verdeutlicht. Angenommen neben dem Alter (und dem im Folgenden nicht weiter betrachteten Einkommen) sei bei den n = 37 Probanden auch jeweils erfasst worden, ob sie eine bestimmte Marke verwenden oder nicht. Im Hinblick auf das Alter mögen sich die folgenden Mittelwertunterschiede ergeben haben:

Tab. 5.4: Mittelwertunterschiede zwischen Verwendern und Nicht-Verwendern

Gruppe	Mittelwert	Stichprobenumfang
Verwender	$\bar{x}_1 = 35{,}12$	n = 17
Nicht-Verwender	$\bar{x}_2 = 49{,}95$	m = 20

Beim Vergleich der Mittelwerte fällt auf, dass die Marken-Verwender im Durchschnitt jünger sind als die Nicht-Verwender. Um diese Aussage statistisch zu erhärten wird die **Nullhypothese**, dass keine Unterschiede zwischen den beiden Gruppen bestehen (H_0: $\mu_1 = \mu_2$) gegen die (oben bereits verbal formulierte) **Gegenhypothese** H_1: $\mu_1 < \mu_2$ getestet. Dabei bezeichnen μ_1 (μ_2) den (tatsächlichen) Altersdurchschnitt in der Gruppe der Marken-Verwender (Nicht-Verwender).

Unter der Voraussetzung, dass das interessierende Merkmal (hier das Alter) in beiden Gruppen **normalverteilt** ist, eignet sich die folgende **Prüfgröße** zum Test der Nullhypothese:

$$T = \frac{\overline{x}_1 - \overline{x}_2}{\sqrt{s_1^2/n + s_2^2/m}}$$

Neben den beiden Mittelwerten ist zur Berechnung von T die **Stichprobenvarianz** s^2 in beiden Gruppen zu bestimmen und durch den jeweiligen Stichprobenumfang zu dividieren. Unter der Voraussetzung, dass beide Stichprobenumfänge hinreichend groß sind (Faustregel: n, m > 20) ist T approximativ **standardnormalverteilt**. Die Standardnormalverteilung kann dann herangezogen werden, um einen kritischen Wert für die Prüfgröße zu bestimmen, bei dessen Unterschreiten die Nullhypothese zu verwerfen ist.

Die Frage, ob das interessierende Merkmal tatsächlich normalverteilt ist, kann z. B. unter Anwendung des χ^2-**Anpassungstests** überprüft werden. Bezogen auf das Beispiel wären dazu die in *Abbildung 5.3* dargestellten empirischen Häufigkeiten in den einzelnen Klassen mit den unter Normalverteilung zu erwartenden Häufigkeiten zu vergleichen. Zu diesbezüglichen Einzeleinheiten sei auf *Schlittgen* 2008, S. 393 f. verwiesen. Allerdings liefert der Test nur dann brauchbare Ergebnisse, wenn die theoretisch zu erwartenden Häufigkeiten in allen Klassen mindestens fünf betragen, was wegen des geringen Stichprobenumfangs in unserem Fall nicht garantiert ist.

Da also eine Normalverteilung nicht sicher anzunehmen und überdies der Stichprobenumfang in beiden Gruppen relativ gering ist, kann der oben angegebene Test nicht verwendet werden. In solchen Fällen bietet sich mit dem **Wilcoxon-Rangsummentest** eine Alternative, die ohne die Annahme der Normalverteilung auskommt. Zur Durchführung dieses Tests sind die beiden (Teil-) Stichproben zu einer gemeinsamen Stichprobe zusammenzufassen und die Beobachtungswerte für das interessierende Merkmal in einer aufsteigenden Reihenfolge zu ordnen. Sodann sind die Beobachtungswerte durch **Rangwerte** zu ersetzen. Sollten gleiche Beobachtungswerte auftreten, werden die entsprechenden Ränge gemittelt. Für den Test sind nur diejenigen Rangwerte von Interesse, die sich auf Beobachtungswerte aus Gruppe 1 (also den Verwendern) beziehen. Als Prüfgröße fungiert die Summe dieser Rangwerte. Ist diese Summe hinreichend klein, spricht dies für die Gültigkeit der Gegenhypothese. Die folgende Tabelle zeigt das Vorgehen in unserem Beispiel.

5.3 Bivariate Analyseverfahren

Tab. 5.5: Arbeitstabelle zum Wilcoxon-Rangsummentest

Alter	Gruppe	Rang	Alter	Gruppe	Rang
18	Verwender	1	45	Verwender	20,5
19	Verwender	2	45	Nicht-Verwender	
20	Verwender	3	46	Nicht-Verwender	
22	Verwender	4	47	Nicht-Verwender	
26	Verwender	5	48	Nicht-Verwender	
27	Nicht-Verwender		49	Nicht-Verwender	
28	Verwender	7	50	Verwender	26
31	Verwender	8	51	Verwender	27
32	Verwender	9	53	Nicht-Verwender	
34	Nicht-Verwender		54	Nicht-Verwender	
36	Nicht-Verwender		55	Verwender	30
36	Verwender	11,5	57	Nicht-Verwender	
37	Verwender	13	59	Nicht-Verwender	
38	Nicht-Verwender		60	Nicht-Verwender	
40	Nicht-Verwender		61	Nicht-Verwender	
41	Verwender	16	65	Nicht-Verwender	
42	Verwender	17	67	Nicht-Verwender	
43	Nicht-Verwender		70	Nicht-Verwender	
44	Verwender	19			

Als Wert der Rangsumme ergibt sich T = 219. Falls n + m > 20, kann T als approximativ normalverteilt mit Erwartungswert $E(T) = n \cdot (n + m + 1)/2$ und Varianz $Var(T) = n \cdot m \cdot (n + m + 1)/12$ unterstellt werden (vgl. Schlittgen 2008, S. 362). Die standardisierte Prüfgröße $T' = (T - E(T))/\sqrt{Var(T)}$ ist dann standardnormalverteilt. Bezogen auf das Beispiel ist $E(T) = 17 \cdot (17 + 20 + 1)/2 = 323$ und $Var(T) = 17 \cdot 20 \cdot (17 + 20 + 1)/12$ = 1.076,67. Die standardisierte Prüfgröße nimmt demnach den Wert T' = (219 − 323)/32,81 = −3,17 an. Setzt man als **Irrtumswahrscheinlichkeit** 5% an, so ergibt sich aus einer Tabelle der Standardnormalverteilung als kritischer Wert für T' das Quantil $-z_{0,95} = -1,645$. Da T' kleiner als dieser kritische Wert ist, ist H_0 zu verwerfen. Es darf damit als statistisch gesichert gelten, dass die Marken-Verwender jünger als die Nicht-Verwender sind, wobei die durchschnittliche Altersdifferenz ca. 15 Jahre beträgt.

Die **bivariate Analyse** untersucht den Zusammenhang zwischen jeweils zwei Variablen. Bei nominal skalierten Variablen kann mit Hilfe von **Kreuztabellen** untersucht werden, ob Beziehungen zwischen den Variablen existieren oder diese unabhängig voneinander sind. Die Stärke des Zusammenhangs kann mittels **Korrelationskoeffizienten** quantifiziert werden. Der übliche Korrelationskoeffizient nach Bravais-Person setzt dabei metrisches Skalenniveau voraus. Bei ausreichend hoher Korrelation kann der bestehende Zusammenhang mit Hilfe der **linearen Einfachregression** zu prognostischen Zwecken genutzt werden. Neben dem Zusammenhang zwischen Variablen kann im Rahmen der bivariaten Analyse auch der Unterschied zwischen zwei Untersuchungsgruppen durch Methoden der **induktiven Statistik** geprüft werden.

5.4 Multivariate Analyseverfahren

5.4.1 Verfahren der Dependenzanalyse

Kennzeichnendes Merkmal der **Multivariaten Verfahren** ist die Analyse von Zusammenhängen zwischen mehr als zwei Variablen. Neben der bereits in Kapitel 2 angesprochenen Unterscheidung zwischen Dependenz- und Interdependenzanalysen kann darüber hinaus nach dem Skalenniveau der verarbeiteten Variablen sowie nach der Ausrichtung des Verfahrens differenziert werden. Letztere kann sich auf die Merkmale oder auf Objekte (Merkmalsträger) beziehen. Während im ersten Fall die Merkmale als solche im Mittelpunkt des Interesses stehen, sind sie im zweiten Fall nur insofern von Bedeutung, als dass sie zur näheren Beschreibung der Merkmalsträger, auf die sich das eigentliche Interesse fokussiert, dienen. Bei Verfahren mit dieser Ausrichtung geht es darum, die Objekte (Merkmalsträger) zu klassifizieren oder zu typisieren. Cluster- und Diskriminanzanalysen liefern Beispiele für die gemeinten Verfahren.

Im Folgenden sei die Unterscheidung zwischen Dependenz- und Interdependenzanalysen aufgegriffen. Eine **Dependenzanalyse** liegt vor, wenn eine oder mehrere Variablen (z. B. Einkommen) in Abhängigkeit von mehreren anderen Variablen (z. B. Alter, Geschlecht, Schulbildung, ...) analysiert wird. Ziel der Analyse ist es, den Einfluss der unabhängigen auf die abhängige(n) Variable(n) zu prüfen bzw. deren Stärke zu quantifizieren (vgl. *Abbildung 5.6*).

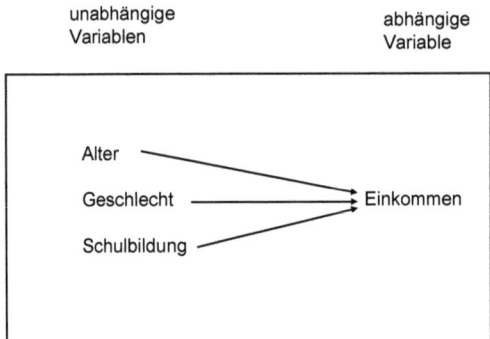

Abb. 5.6: Prinzip der Dependenzanalyse (Quelle: In Anlehnung an Homburg/Krohmer 2003, S. 273.)

Typische Beispiele für Verfahren der Dependenzanalyse sind Varianzanalyse, Regressionsanalyse, Diskriminanzanalyse sowie die konjunkte Analyse. Die folgende *Tabelle 5.6* vermittelt die Zielsetzung dieser Verfahren und illustriert diese jeweils anhand eines typischen Marktforschungsproblems.

5.4 Multivariate Analyseverfahren

Tab. 5.6: Zielsetzung von Verfahren der Dependenzanalyse (Quelle: In Anlehnung an Backhaus/Erichson/Plinke/Weiber 1996, S. XXIII)

Verfahren	Zielsetzung	Typisches Marktforschungsproblem
Regressionsanalyse	Analyse des Einflusses metrisch skalierter unabhängiger Variablen auf ebenfalls metrisch skalierte abhängige Variablen	Wie stark verändert sich die Absatzmenge für ein Produkt, wenn die Werbeausgaben um 10% und der Preis um 5% erhöht werden?
Varianzanalyse	Analyse des Einflusses nominal skalierter unabhängiger Variablen auf metrisch skalierte abhängige Variablen	Hat die Art der Verpackung einen Einfluss auf die Absatzmenge eines Produkts?
Diskriminanzanalyse	Ermittlung von metrisch skalierten unabhängigen Variablen, die am besten zur Unterscheidung vorgegebener Gruppen beitragen können	Durch welche Merkmale unterscheiden sich BMW-Käufer von Käufern anderer Automobilmarken?
Konjunkte Analyse	Ermittlung des Stellenwertes einzelner Produkteigenschaften zum Gesamtnutzen	Wie hoch ist der Stellenwert der Sicherheit für die Gesamtbeurteilung eines Automobils?

Regressionsanalyse

Die **Regressionsanalyse** betrachtet Abhängigkeiten zwischen metrisch skalierten Variablen. Ziel ist es, die (auch als **Regressand**) bezeichnete abhängige Variable durch die auch als **Regressoren** bezeichneten unabhängigen Variablen zu „erklären". Wird zur Erklärung der abhängigen Variablen mehr als eine unabhängige Variable herangezogen, so spricht man (in Abgrenzung von der einfachen) auch von **multipler linearer Regressionsanalyse**. Der Zusatz lineare Regressionsanalyse kennzeichnet dabei die Art der Verknüpfung der Variablen. Es wird also von einem linearen Zusammenhang zwischen der abhängigen Variablen y und den unabhängigen Variablen $(x_1, .., x_K)$ ausgegangen:

$$y = \beta_0 + \beta_1 \cdot x_1 + \ldots + \beta_K \cdot x_K$$

Die multiple Regressionsanalyse wird in der Marktforschung häufig zur Schätzung so genannter **Marktreaktionsfunktionen** (Responsefunktionen) herangezogen. Hierauf bezieht sich auch das folgende **Beispiel**.

Der Automobilhersteller *Taifun* hat im vorigen Jahr das Sport-Coupé Donner in den europäischen Markt eingeführt. Der Pkw ist in sechs Ländern zu einem unterschiedlichen Preis erhältlich, die Markteinführung wurde in den einzelnen Ländern durch Werbekampagnen unterschiedlichen Umfangs begleitet. Folgende Daten liegen vor:

Tab. 5.7: Ausgangsdaten der Regressionsanalyse

Land	Preis (in €)	Werbung (in €)	Absatz (in Stck.)
Deutschland	16.000	1.000.000	3.400
Frankreich	15.500	900.000	3.300
Großbritannien	15.000	1.200.000	4.000
Italien	14.000	1.400.000	4.700
Niederlande	16.500	750.000	2.850
Österreich	16.000	800.000	2.900

Die mit der Analyse dieser Daten betraute Marktforscherin geht von der folgenden Markreaktionsfunktion aus, die den erzielten Absatz in Abhängigkeit von der Preishöhe und den Werbeausgaben beschreibt:

$$\text{Absatz} = K \cdot \text{Preis}^{\beta_1} \cdot \text{Werbung}^{\beta_2}$$

Um die unbekannten Parameter mittels Regressionsanalyse schätzen zu können, ist zunächst eine logarithmische Transformation vorzunehmen. Mit $y = \ln(\text{Absatz})$, $x_1 = \ln(\text{Preis})$, $x_2 = \ln(\text{Werbung})$ und $\beta_0 = \ln(K)$ ergibt sich die lineare Regressionsgleichung

$$y = \beta_0 + \beta_1 \cdot x_1 + \beta_2 \cdot x_2 .$$

Tabelle 5.8 fasst die transformierten Daten zusammen.

Tab. 5.8:   Logarithmisch transformierte Daten

Land	$x_1 = \ln(\text{Preis})$	$x_2 = \ln(\text{Werbung})$	$y = \ln(\text{Absatz})$
Deutschland	9,680	13,816	8,132
Frankreich	9,649	13,710	8,102
Großbritannien	9,616	14,000	8,294
Italien	9,547	14,152	8,455
Niederlande	9,711	13,528	7,955
Österreich	9,680	13,592	7,972

Da die Regressionsanalyse von der Grundvoraussetzung eines linearen Zusammenhangs zwischen der abhängigen Variable und den unabhängigen Variablen ausgeht, sollte diese Prämisse zunächst geprüft werden. Dies kann am besten durch den Einsatz von **Streudiagrammen** geschehen.

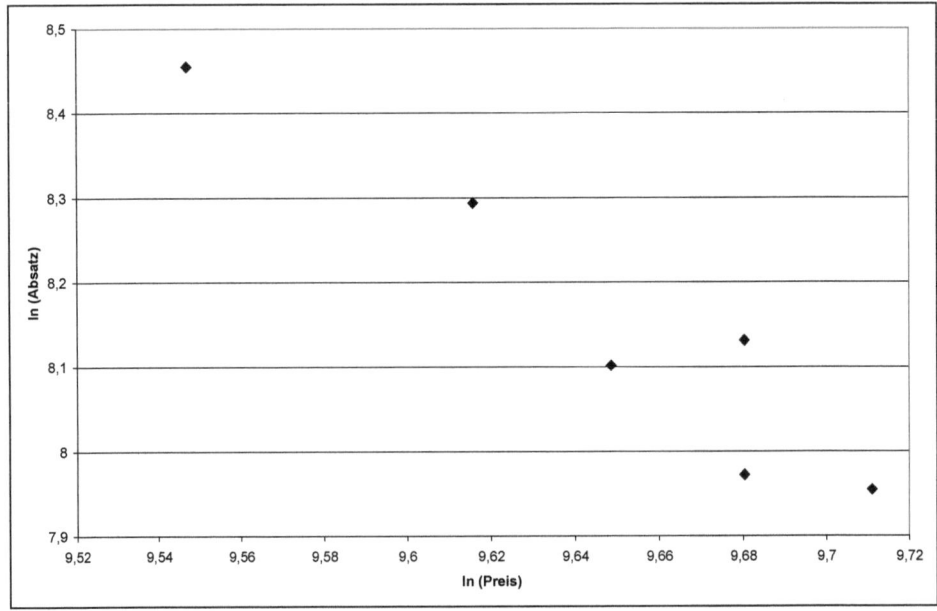

Abb. 5.7:   Streudiagramm der Daten für y und x_1

5.4 Multivariate Analyseverfahren

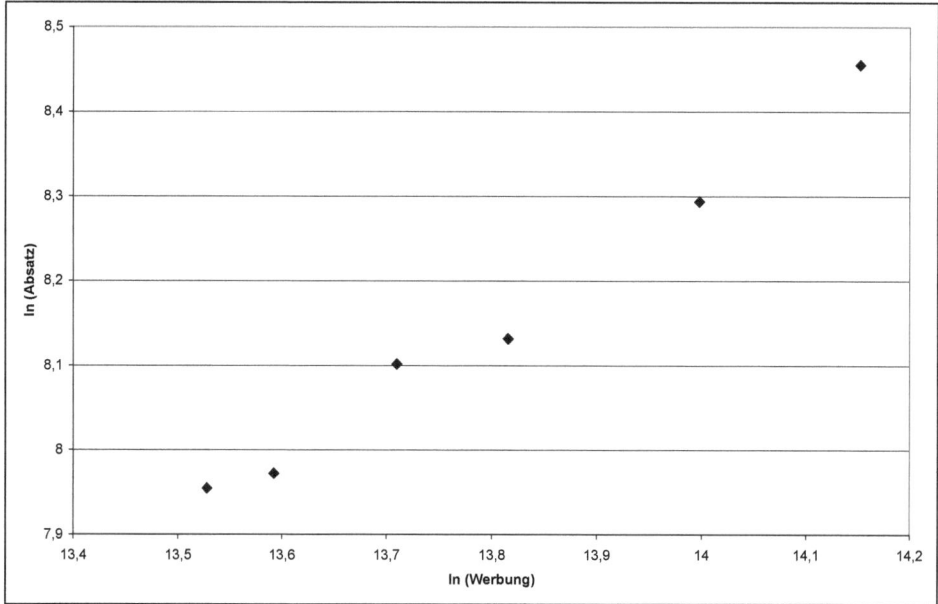

Abb. 5.8: Streudiagramm der Daten für y und x_2

Die beiden Streudiagramme (*Abbildungen 5.7* und *5.8*) zeigen, dass der Zusammenhang zwischen den logarithmisch transformierten Variablen zwar nicht exakt linear ist, sich jedoch auch keine Hinweise auf eine nicht-lineare Beziehung finden lassen.

Des Weiteren geht die Regressionsanalyse davon aus, dass die unabhängigen Variablen untereinander unkorreliert sind. Im vorliegenden Fall errechnet sich der Korrelationskoeffizient zwischen x_1 und x_2 zu r = –0,011, so dass lediglich eine sehr schwache negative Korrelation besteht, die nicht gegen die Anwendung der Regressionsanalyse spricht.

Im hier vorliegenden Fall zweier unabhängiger Variablen ergeben sich folgende Formeln zur Bestimmung der Regressionskoeffizienten (vgl. Berndt 1990, S. 163):

$$\hat{\beta}_1 = \frac{\sigma_{x1y} \cdot \sigma_{x2}^2 - \sigma_{x2y} \cdot \sigma_{x1x2}}{\sigma_{x1}^2 \cdot \sigma_{x2}^2 - (\sigma_{x1x2})^2},$$

$$\hat{\beta}_2 = \frac{\sigma_{x2y} \cdot \sigma_{x1}^2 - \sigma_{x1y} \cdot \sigma_{x1x2}}{\sigma_{x1}^2 \cdot \sigma_{x2}^2 - (\sigma_{x1x2})^2},$$

$$\hat{\beta}_0 = \bar{y} - \hat{\beta}_1 \cdot \bar{x}_1 - \hat{\beta}_2 \cdot \bar{x}_2$$

Nach Berechnung der Mittelwerte, Varianzen und Kovarianzen für die obigen Daten liefern diese Formeln die Ergebnisse $\hat{\beta}_1 = -0{,}816$, $\hat{\beta}_2 = 0{,}612$, $\hat{\beta}_0 = 7{,}582$.

Damit lautet die geschätzte Marktresponsefunktion: Absatz = $e^{7{,}582} \cdot$ Preis$^{-0{,}816} \cdot$ Werbung$^{0{,}612}$. Die Regressionskoeffizienten $\hat{\beta}_1$ und $\hat{\beta}_2$ besitzen dabei eine unmittelbare ökonomische Interpretation als **Preis**- bzw. **Werbeelastizität**: Wird der Preis des Sport-Coupés um 1%

angehoben, sinkt der Absatz um 0,816%. Steigt der Werbeetat um 1%, erhöht sich der Absatz um 0,612%.

Die Gegenüberstellung der tatsächlichen und der aus dem Regressionsmodell geschätzten Absatzzahlen (vgl. *Tabelle 5.9*) zeigt eine gute Übereinstimmung.

Tab. 5.9: Gegenüberstellung von Beobachtungs- und Schätzwerten

Land	Absatz (in Stck.)	geschätzter Absatz (in Stck.; Werte gerundet)
Deutschland	3.400	3.410
Frankreich	3.300	3.281
Großbritannien	4.000	4.019
Italien	4.700	4.672
Niederlande	2.850	2.789
Österreich	2.900	2.975

Wie im Fall der Einfachregression lässt sich die Übereinstimmung zwischen Beobachtungs- und Schätzwerten für die abhängige Variable durch das **Bestimmtheitsmaß** R^2 quantifizieren. Es dividiert die Varianz der Schätzwerte durch die Varianz der Beobachtungswerte und erfasst damit jenen Teil der Varianz der Beobachtungswerte, der durch das Regressionsmodell erklärt wird. Im obigen Fall erhält man $R^2 = 0,983$, d. h. es werden 98,3% der Varianz der Absatzzahlen durch das Modell erfasst.

Damit kann das spezifizierte Regressionsmodell durchaus auch zu **Prognosezwecken** herangezogen werden. Angenommen, der Hersteller überlegt, das Sport-Coupé in einem weiteren Land (z. B. in Schweden) anzubieten. Der Preis dort betrage 17.000 €. Für die Markteinführung möge ein Werbebudget von 850.000 € verfügbar sein. Dann kann mit einem Absatz von $e^{7,582} \cdot 17.000^{-0,816} \cdot 850.000^{0,612} \approx 2.948$ Stück gerechnet werden.

Varianzanalyse

Die **Varianzanalyse** ist ein Verfahren, das in der Marktforschung vor allem zur statistischen Auswertung experimentell gewonnener Daten herangezogen wird. Wie jedes andere Verfahren der Dependenzanalyse ist auch in der Varianzanalyse die Unterscheidung zwischen unabhängigen und abhängigen Variablen bedeutsam. Im Unterschied etwa zur Regressionsanalyse sind die unabhängigen Variablen nicht metrisch, während die abhängigen Variablen metrisches Skalenniveau aufweisen müssen. Beispielsweise könnte man sich für die Auswirkungen unterschiedlich gestalteter Werbemittel (= unabhängige Variable) auf die (etwa durch die Betrachtungslänge gemessene) Aufmerksamkeit (= abhängige Variable) interessieren. Im Rahmen der Varianzanalyse werden die unabhängigen Variablen auch als **Faktoren** und ihre Ausprägungen als **Faktorstufen** bezeichnet.

Varianzanalysen können nach der Zahl der unabhängigen bzw. der abhängigen Variablen weiter klassifiziert werden (vgl. *Tabelle 5.10*).

5.4 Multivariate Analyseverfahren

Tab. 5.10: Klassifikation der Varianzanalyse

Zahl der unabhängigen Variablen	Zahl der abhängigen Variablen	Bezeichnung
1	1	Einfaktorielle (einfache) Varianzanalyse
n > 1	1	n-faktorielle (n-fache) Varianzanalyse
≥ 1	≥ 2	Multivariate Varianzanalyse

Tabelle 5.11 zeigt Beispiele für die mit verschiedenen Varianten der Varianzanalyse untersuchten Wirkungen von unabhängigen auf abhängige Variablen.

Tab. 5.11: Beispiele für Varianzanalysen

Variante der Varianzanalyse	Unabhängige Variable(n)	Abhängige Variablen
Einfaktorielle Varianzanalyse	Werbemittelvarianten	Aufmerksamkeit
Zweifaktorielle Varianzanalyse	Werbemittelvarianten Produktname	Aufmerksamkeit
Multivariate Varianzanalyse	Werbemittelvarianten	Aufmerksamkeit Kaufbereitschaft
Multivariate Varianzanalyse	Werbmittelvarianten Produktname	Aufmerksamkeit Kaufbereitschaft

Im Folgenden sei ein **Beispiel** zur zweifachen Varianzanalyse, bei der also der Einfluss von n = 2 Faktoren auf eine abhängige Variable untersucht wird, betrachtet.

Die *Trinkgenuss GmbH* plant die Einführung eines neuen Fruchtsaftes. Im Rahmen der Neuprodukteinführung sollen zwei verschiedene Süßigkeitsgrade (Faktor 1) und drei verschiedene Farben (Faktor 2) getestet werden. Eine Restaurantkette hat sich bereit erklärt, die entsprechenden Säfte über einen Zeitraum von zwei Monaten ihren Kunden anzubieten. Jede der sechs möglichen Kombinationen aus Süßigkeitsgrad und Farbe wurde dazu in drei verschiedenen Städten angeboten. Als Ergebnis konnten die folgenden Umsätze (in €) erzielt werden (vgl. *Tabelle 5.12*).

Tab. 5.12: Ergebnisse des Experiments (Umsätze in €)

Faktor 2: Farbe	Faktor 1: Süßigkeitsgrad		Zeilensumme
	Niedrig	Hoch	
Gelb-Orange	700 750 790	910 900 870	4.920
Orange	850 880 930	940 970 930	5.500
Blut-Orange	770 810 780	870 900 900	5.030
Spaltensumme	7.260	8.190	15.450

Das Unternehmen interessiert sich für die Frage, ob die beiden getesteten Faktoren jeweils isoliert voneinander einen (statistisch signifikanten) Einfluss auf den Umsatz haben oder ob die beiden Faktoren erst in Kombination wirksam werden.

Die zur Klärung dieser Fragen heranzuziehende zweifaktorielle Varianzanalyse basiert auf dem folgenden Modell für die Daten. In jeder (i,j)-Kombination, d. h. in jeder Zelle der obigen Tabelle, ergibt sich der k-te Beobachtungswert (y_{ijk}) aus

y_{ijk} = Basiseffekt + Effekt durch i-te Ausprägung von Faktor 1 + Effekt durch j-te Ausprägung von Faktor 2 + Interaktionseffekt der beiden Faktoren + Störgröße.

Für die Störgrößen wird unterstellt, dass sie **normalverteilt** sind mit Erwartungswert Null und in allen Zellen mit derselben Varianz σ^2 streuen, d. h. die Varianz ist **homogen**.

Für eine Schätzung der einzelnen Effekte sind zunächst die einzelnen Beobachtungswerte zu Mittelwerten zusammenzufassen (vgl. *Tabelle 5.13*):

Tab. 5.13:   Gruppenmittelwerte

Faktor 2: Farbe	Faktor 1: Süßigkeitsgrad		Zeilenmittel
	Niedrig	Hoch	
Gelb-Orange	746,67	893,33	820
Orange	888,67	946,67	916,67
Blut-Orange	786,67	890	838,33
Spaltenmittel	806,67	910	858,33

Als Schätzwert für den Basiseffekt kann dann der Gesamtmittelwert (858,33) herangezogen werden. Schätzwerte für die Effekte durch die jeweiligen Ausprägungen der beiden Faktoren ergeben sich dann, indem der Gesamtmittelwert von den jeweiligen Zeilen- bzw. Spaltenmittel subtrahiert wird:

Effekt durch Farbe Gelb-Orange = 820 − 858,33 = −38,33

Effekt durch Farbe Orange = 916,67 − 858,33 = 58,33

Effekt durch Farbe Blut-Orange = 838,33 − 858,33 = −20

Effekt durch niedrigen Süßigkeitsgrad = 806,67 − 858,33 = −51,67

Effekt durch hohen Süßigkeitsgrad = 910 − 858,33 = 51,67

Es wird deutlich, dass bei den Farbausprägungen Gelb-Orange und Blut-Orange ebenso wie bei dem niedrigen Süßigkeitsgrad die Gruppenmittelwerte geringer als der Gesamtmittelwert ausfallen. Um beurteilen zu können, ob diese Mittelwertunterschiede signifikant oder lediglich zufälliger Natur sind, müssen auch die Varianzen betrachtet werden. Ausgangspunkt ist dabei die Gesamtstreuung aller Beobachtungswerte, die gemäß *Abbildung 5.9* in verschiedene Komponenten zerlegt wird.

5.4 Multivariate Analyseverfahren

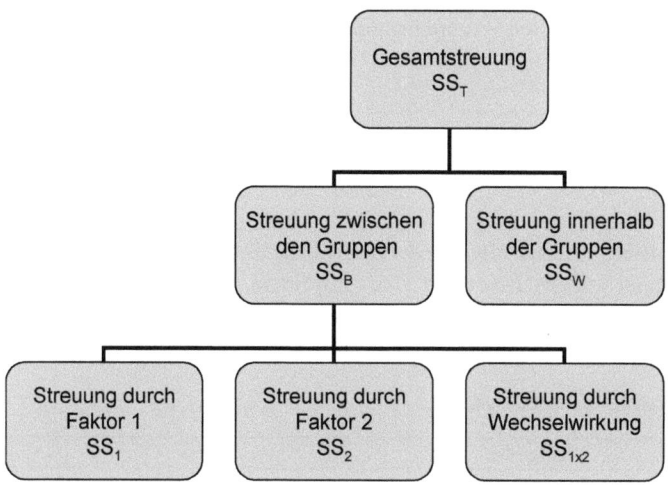

Abb. 5.9: Aufteilung der Gesamtstreuung bei zwei Faktoren

Da sich die Gruppen jeweils durch andere Ausprägungen der beiden untersuchten Faktoren voneinander unterscheiden, wird die Streuung zwischen den Gruppen auch als **erklärte Streuung**, die Streuung innerhalb der Gruppen hingegen als **nicht erklärte Streuung** bezeichnet. Die folgende Tabelle zeigt die Berechnung der Streuungskomponenten.

Tab. 5.14: Varianztabelle bei zwei Faktoren

Varianzquelle	Streuung durch	Streuung	Freiheitsgrade
Streuung zwischen den Gruppen	Faktor 1	$SS_1 = JN \sum_{i=1}^{I} (\bar{y}_{i..} - \bar{y}_{...})^2$	$(I-1)$
	Faktor 2	$SS_2 = IN \sum_{j=1}^{J} (\bar{y}_{.j.} - \bar{y}_{...})^2$	$(J-1)$
	Interaktionseffekt	$SS_{1 \times 2} = N \sum_{i=1}^{I} \sum_{j=1}^{J} (\bar{y}_{ij.} - \hat{y}_{ij.})^2$	$(I-1) \cdot (J-1)$
Streuung innerhalb der Gruppen (= Reststreuung)		$SS_W = \sum_{i=1}^{I} \sum_{j=1}^{J} \sum_{k=1}^{N} (y_{ijk} - \bar{y}_{ij.})^2$	$IJ(N-1)$

(Legende: $\bar{y}_{i..}$ = Mittelwert der Beobachtungen bei Ausprägung i von Faktor 1, $\bar{y}_{.j.}$ = Mittelwert der Beobachtungen bei Ausprägung j von Faktor 2, $\bar{y}_{...}$ = Mittelwert aller Beobachtungen (= Gesamtmittelwert), $\bar{y}_{ij.}$ = Mittelwert der Beobachtungen in Gruppe (i,j), $\hat{y}_{ij.}$ = Schätzung für den Mittelwert der Beobachtungen in Gruppe (i,j) bei Unabhängigkeit der Faktoren, I = Zahl der Ausprägungen von Faktor 1, J = Zahl der Ausprägungen von Faktor 2, N = Zahl der Beobachtungen in jeder Gruppe)

Die ebenfalls in *Tabelle 5.14* dargestellten Freiheitsgrade sind beim Test der folgenden **Hypothesen** von Bedeutung:

$H_0 1$: Es gibt keinen Effekt durch Faktor 1

$H_0 2$: Es gibt keinen Effekt durch Faktor 2

$H_0 3$: Es gibt keinen Interaktionseffekt, d. h. die beiden Faktoren wirken unabhängig voneinander

Der Test dieser Hypothesen basiert auf den folgenden Prüfgrößen, die bei unterstellter Normalverteilung der Beobachtungen jeweils **F-verteilt** sind. Zu einem vorgegebenen Signifikanzniveau sind die Hypothesen abzulehnen, wenn der empirische F-Wert größer ist als der sich aus einer Tabelle der F-Verteilung ergebende kritische Wert.

Tab. 5.15: Prüfgrößen der zweifaktoriellen Varianzanalyse

Hypothese	Prüfgröße
$H_0 1$	$F = \dfrac{SS_1/(I-1)}{SS_W/IJ(N-1)}$
$H_0 2$	$F = \dfrac{SS_2/(J-1)}{SS_W/IJ(N-1)}$
$H_0 3$	$F = \dfrac{SS_{1\times 2}/(I-1)(J-1)}{SS_W/IJ(N-1)}$

Es ist sinnvoll, zunächst mit dem Test der Unabhängigkeit der Faktoren ($H_0 3$) zu beginnen, wobei hierüber auch eine grafische Analyse Aufschluss geben kann. Dazu werden in einem **Interaktionsplot** die Gruppenmittelwerte gegen die Ausprägungen eines der beiden Faktoren (z. B. von Faktor 2) abgetragen und diejenigen Werte, die jeweils zu der gleichen Faktorstufe des anderen Faktors gehören zu einem Kurvenzug verbunden. Liegen keine Interaktionseffekte vor, so verlaufen diese Kurven parallel zueinander.

Wie *Abbildung 5.10* zeigt, verlaufen die Kurven, die zur Ausprägung Niedrig bzw. Hoch beim Süßigkeitsgrad gehören, nicht exakt parallel zueinander. Beispielsweise ist beim Übergang von der Farbe Gelb-Orange auf Orange beim niedrigen Süßigkeitsgrad ein höherer Anstieg des durchschnittlichen Umsatzes zu verzeichnen als beim hohen Süßigkeitsgrad. Die Abweichungen sind jedoch insgesamt nicht all zu stark. Von daher ist das Vorliegen einer signifikanten Interaktionswirkung nicht zu vermuten.

5.4 Multivariate Analyseverfahren

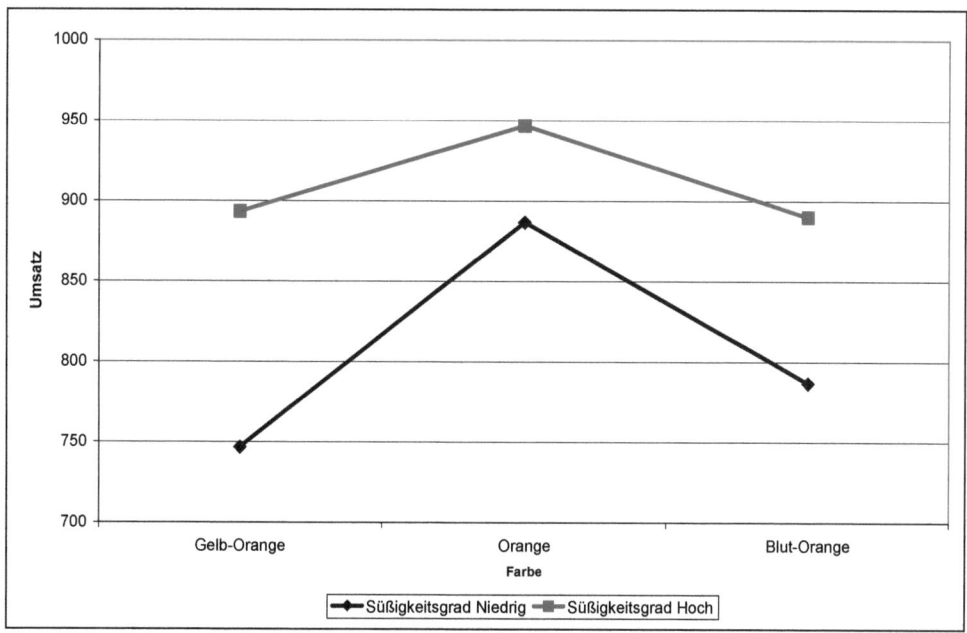

Abb. 5.10: Interaktionsplot der Faktoren Farbe und Süßigkeitsgrad

Um diese Vermutung zu prüfen, sind die (tatsächlichen) Gruppenmittelwerte jenen gegenüberzustellen, die bei Unabhängigkeit der beiden Faktoren zu erwarten wären. Betrachtet man beispielsweise die erste Gruppe (erste Zelle) in *Tabelle 5.13*, so ergibt sich der bei Unabhängigkeit zu erwartende Mittelwert gemäß

Basiseffekt + Effekt durch die Farbe Gelb-Orange + Effekt durch den niedrigen Süßigkeitsgrad

= 858,33 + (–38,33) + (–51,67) = 768,33.

Entsprechend ist für die anderen Gruppen zu verfahren. Es ergibt sich die folgende Tabelle.

Tab. 5.16: Erwartete Gruppenmittelwerte bei Unabhängigkeit der Faktoren

Faktor 2: Farbe	Faktor 1: Süßigkeitsgrad		Zeilenmittel
	Niedrig	Hoch	
Gelb-Orange	768,33	871,67	820
Orange	865	968,33	916,67
Blut-Orange	786,67	890	838,33
Spaltenmittel	806,67	910	858,33

Mit diesen Werten kann nunmehr die durch den Interaktionseffekt bedingte Streuung berechnet werden:

$$SS_{1\times 2} = N \sum_{i=1}^{I} \sum_{j=1}^{J} (\overline{y}_{ij\cdot} - \hat{y}_{ij})^2 = 3 \cdot [(746{,}67 - 768{,}33)^2 + (893{,}33 - 871{,}67)^2 + (886{,}67 - 865)^2 + (946{,}67 - 968{,}33)^2] = 5.633{,}33.$$

Zur Prüfung von H_03 ist diese Streuung ins Verhältnis zur Reststreuung zu setzen. Diese ergibt sich, indem für jede Gruppe die quadratischen Abweichungen der einzelnen Beobachtungswerte vom Gruppenmittelwert gebildet und diese dann addiert werden. Man erhält SS_W = 10.533,33. Mit der Zahl der Freiheitsgrade $(I-1)\cdot(J-1) = 1\cdot 2 = 2$ für $SS_{1\times 2}$ bzw. $I J (N-1) = 2\cdot 3\cdot 2 = 12$ für SS_W, ergibt sich als empirischer F-Wert

$$F = \frac{5.633{,}33/2}{10.533{,}33/12} = 3{,}21 \ .$$

Einer Tabelle der F-Verteilung kann entnommen werden, dass bei einer angenommenen Irrtumswahrscheinlichkeit von 5% der kritische F-Wert bei 2 bzw. 12 Freiheitsgraden 3,89 beträgt. Da der empirische F-Wert diesen Wert nicht übersteigt, kann H_03 nicht verworfen werden. Es liegen demnach keine signifikanten Interaktionseffekte zwischen den beiden Faktoren vor.

Da die Tests von H_01 und H_02 nach demselben Muster ablaufen, seien lediglich die Ergebnisse im Überblick dargestellt.

Tab. 5.17: Ergebnisse der Hypothesentests

Varianzquelle	Streuung	Freiheitsgrade	empirischer F-Wert	kritischer F-Wert
Faktor 1	SS_1 = 48.046,90	1	54,74	4,75
Faktor 2	SS_2 = 31.636,47	2	18,02	3,89

Da bei beiden Faktoren die empirischen F-Werte die kritischen F-Werte (bei einer Irrtumswahrscheinlichkeit von 5%) jeweils deutlich übersteigen, sind H_01 und H_02 zu verwerfen. Die Unterschiede in den Gruppenmittelwerten sind nicht bloß zufällig, sondern basieren auf systematischen Einflüssen der Ausprägungen der beiden Faktoren. Anders formuliert, beeinflussen sowohl die Farbe als auch der Süßigkeitsgrad den Umsatz signifikant und zwar – wie gesehen – unabhängig voneinander. Mit Blick auf *Tabelle 5.13* kann dabei dem Unternehmen empfohlen werden, als Farbe des Getränks Orange sowie den hohen Süßigkeitsgrad zu wählen.

Zum Schluss sei kurz auf Konsequenzen möglicher Prämissenverletzungen eingegangen, basiert die Verwendung der F-Verteilung für die Prüfgrößen doch auf der Annahme der Normalverteilung der Störgrößen (und damit der Beobachtungswerte) sowie der Varianzhomogenität. Sind diese Prämissen verletzt, so weisen beispielsweise *Backhaus et al.* (1996) sowie *Bortz* (1999) darauf hin, dass die Varianzanalyse bei **ausbalancierten Experimenten** (hier liegen für jede Kombination der Ausprägungen der Faktoren die gleiche Zahl von Beobachtungswerten vor) relativ robust gegenüber solchen Verletzungen reagiert. Bei hinreichend großen Stichproben ist nicht mit gravierenden Entscheidungsfehlern zu rechnen (vgl. Backhaus/Erichson/Plinke/Weiber 1996, S. 85; Bortz 1999, S. 319).

Diskriminanzanalyse

Ausgangspunkt der **Diskriminanzanalyse** ist eine vorgegebene Einteilung der Probanden in zwei (oder mehr) Gruppen. Die Probanden werden durch verschiedene Merkmale beschrieben, so dass Gruppenunterschiede in den Merkmalsausprägungen festgestellt werden können. Die Diskriminanzanalyse geht dann der Fragestellung nach, welchen Stellenwert den Merkmalen bei der Unterscheidung der Gruppen zukommt. Sind also beispielsweise bei der Gruppe der Verwender einer bestimmten Marke ebenso wie bei der Gruppe der Nicht-Verwender die Merkmale Alter und Einkommen erfasst worden, so wäre die oben formulierte Frage dahingehend zu konkretisieren, ob für die Unterscheidung zwischen den beiden Gruppen primär Alters- oder Einkommensunterschiede von Bedeutung sind.

Die Diskriminanzanalyse kann aber auch zu prognostischen Zwecken herangezogen werden. Sind bei einem (neuen) Probanden die Merkmalsausprägungen, nicht aber die Gruppenzugehörigkeit bekannt, so soll die Diskriminanzanalyse die Zuordnung dieses Probanden zu einer der Gruppen ermöglichen.

Zur Bearbeitung der genannten Fragestellungen nimmt die Diskriminanzanalyse eine **Verdichtung der Daten** vor. Die bei den Probanden erhobenen Merkmale ($x_1, \ldots, x_p$) werden durch Linearkombination zu einer neuen Variablen y, die als **Diskriminanzvariable** bezeichnet wird, zusammengefasst:

$$y = b_1 \cdot x_1 + \ldots + b_p \cdot x_p$$

Die **Diskriminanzkoeffizienten** ($b_1, \ldots, b_p$) sind dabei so zu bestimmen, dass sich die Mittelwerte der **Diskriminanzwerte** (der y-Werte) zwischen den Gruppen möglichst deutlich voneinander unterscheiden. Innerhalb der Gruppen sollen die Diskriminanzwerte hingegen möglichst wenig streuen. Beide Aspekte werden in einer (zu maximierenden) **Zielfunktion** berücksichtigt, die im Fall zweier Gruppen (A und B) folgendermaßen lautet (vgl. Berndt 1990, S. 175):

$$Z = \frac{(\overline{y}_A - \overline{y}_B)^2}{\sum_{i=1}^{n_1}(y_{Ai} - \overline{y}_A)^2 + \sum_{j=1}^{n_2}(y_{Bj} - \overline{y}_B)^2}$$

Um den Rechengang der Diskriminanzanalyse zu verdeutlichen, sei das bereits im Rahmen der bivariaten Analyse beschriebene **Beispiel** erneut aufgegriffen. Bei n = 37 Probanden wurden die Merkmale Alter und monatliches Netto-Einkommen erfasst. Zusätzlich wurde festgestellt, ob die Probanden eine bestimmte Marke verwenden (Gruppe A: Verwender) oder nicht (Gruppe B: Nicht-Verwender). Es ergaben sich die folgenden Werte.

Tab. 5.18: Ausgangsdaten der Diskriminanzanalyse

Proband-Nr.	Alter	Einkommen	Gruppe	Proband-Nr.	Alter	Einkommen	Gruppe
1	18	500	A	20	45	1.800	A
2	19	600	A	21	45	5.000	B
3	20	2.100	A	22	46	2.400	B
4	22	900	A	23	47	2.100	B
5	26	1.200	A	24	48	4.000	B
6	27	1.300	B	25	49	2.300	B
7	28	1.300	A	26	50	2.200	A
8	31	1.400	A	27	51	2.600	A
9	32	1.200	A	28	53	2.550	B
10	34	1.300	B	29	54	2.700	B
11	36	1.700	B	30	55	2.800	A
12	36	2.850	A	31	57	2.750	B
13	37	2.300	A	32	59	1.600	B
14	38	1.600	B	33	60	3.100	B
15	40	3.300	B	34	61	3.200	B
16	41	1.900	A	35	65	1.600	B
17	42	1.800	A	36	67	800	B
18	43	1.950	B	37	70	2.100	B
19	44	2.200	A				

Analog zu *Abbildung 5.4* zeigt die folgende Abbildung das **Streudiagramm** der Merkmale Alter und Einkommen, betont jetzt aber zusätzlich die Gruppenzugehörigkeit der Merkmalsträger.

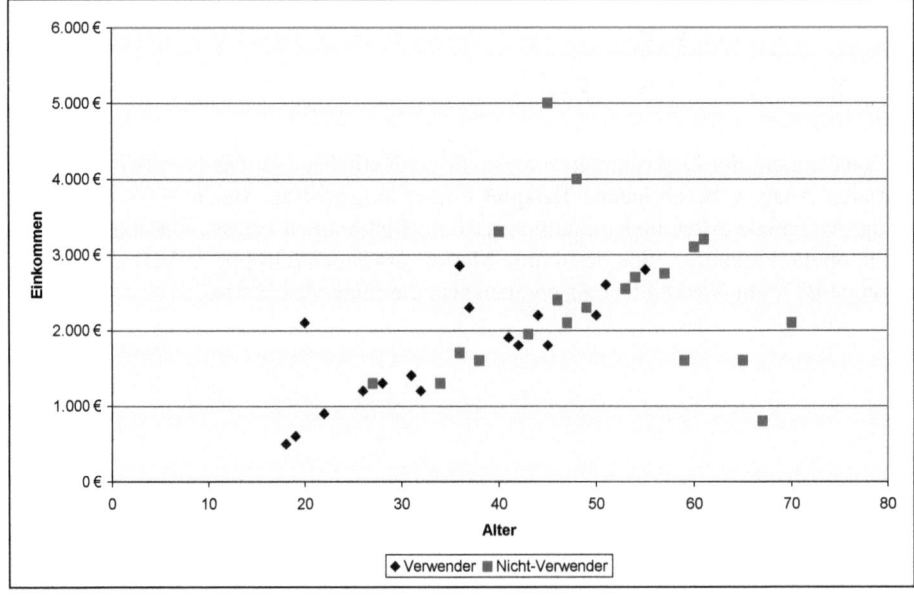

Abb. 5.11: Streudiagramm der Merkmale Alter und Einkommen bei zwei Gruppen

5.4 Multivariate Analyseverfahren

Gesucht ist nunmehr eine **Diskriminanzfunktion**, die im Sinne des oben formulierten Zielkriteriums zu einer möglichst guten Trennung der beiden Gruppen führt:

$$y = b_1 \cdot \text{Alter} + b_2 \cdot \text{Einkommen}.$$

Die Bestimmung der Diskriminanzkoeffizienten beruht auf der Auswertung der folgenden deskriptiven Statistiken:

Tab. 5.19: Deskriptive Statistiken für das Beispiel

Gruppe	Stichprobenumfang	Mittelwerte		Varianzen		Kovarianz
		Alter	Einkommen	Alter	Einkommen	
A: Verwender	$n_1 = 17$	$\bar{x}_{1A} = 35,12$	$\bar{x}_{2A} = 1.744,12$	$\sigma^2_{1A} = 140,36$	$\sigma^2_{2A} = 526.838,235$	$\sigma_{12A} = 6.622,61$
B: Nicht-Verwender	$n_2 = 20$	$\bar{x}_{1B} = 49,95$	$\bar{x}_{2B} = 2.367,50$	$\sigma^2_{1B} = 137,839$	$\sigma^2_{2B} = 1.013.493,421$	$\sigma_{12B} = 458,816$
Gesamt	$n = 37$	$\bar{x}_1 = 43,135$	$\bar{x}_2 = 2.081,08$	$\sigma^2_1 = 191,287$ Davon innerhalb der Gruppen: $\sigma^2_{1W} = 138,99$	$\sigma^2_2 = 868.243,243$ Davon innerhalb der Gruppen: $\sigma^2_{1W} = 791.022,48$	$\sigma_{12} = 5.545,68$ Davon innerhalb der Gruppen: $\sigma_{12W} = 3.276,55$

Analog der **Varianzanalyse** zerlegt die Diskriminanzanalyse die Gesamtstreuung einer Variablen in einen Teil, der auf die Streuung zwischen den Gruppen und einen Teil, der auf die Streuung innerhalb der Gruppen zurückzuführen ist. Im hier betrachteten Fall mit zwei Gruppen ist die Streuung innerhalb der Gruppen entscheidend. Der auf diese Streuung zurückzuführende Teil der Gesamtstreuung ergibt sich aus der Gleichung

$$\sigma^2_{kW} = \frac{(n_1 - 1) \cdot \sigma^2_{kA} + (n_2 - 1) \cdot \sigma^2_{kB}}{n - 2} \quad (k = 1, 2).$$

In der gleichen Weise wird auch die Kovarianz zerlegt.

Im Fall zweier Merkmale ergeben sich dann die gesuchten Diskriminanzkoeffizienten als Lösungen der Gleichungen (vgl. Schlittgen 2009, S. 346)

$$b_1 = \frac{\sigma^2_{2W} \cdot (\bar{x}_{1A} - \bar{x}_{1B}) - \sigma_{12W} \cdot (\bar{x}_{2A} - \bar{x}_{2B})}{\sigma^2_{1W} \cdot \sigma^2_{2W} - 2 \cdot \sigma_{12W}},$$

$$b_2 = \frac{\sigma^2_{1W} \cdot (\bar{x}_{2A} - \bar{x}_{2B}) - \sigma_{12W} \cdot (\bar{x}_{1A} - \bar{x}_{1B})}{\sigma^2_{1W} \cdot \sigma^2_{2W} - 2 \cdot \sigma_{12W}}.$$

Nach Einsetzen der Werte aus *Tabelle 5.19* erhält man demnach die Diskriminanzfunktion

$$y = -9{,}766 \cdot 10^{-2} \cdot \text{Alter} - 3{,}836 \cdot 10^{-4} \cdot \text{Einkommen}.$$

Für jeden Probanden können nun individuelle Diskriminanzwerte ermittelt werden. So erhält man z. B. für Proband 1 den Wert

$$y = -9{,}766 \cdot 10^{-2} \cdot 18 - 3{,}836 \cdot 10^{-4} \cdot 500 = -1{,}95 \,.$$

Anschließend können aus den individuellen Werten Mittelwerte in den beiden Gruppen berechnet werden. Diese betragen $\bar{y}_A = -4{,}1$ bzw. $\bar{y}_B = -5{,}79$ und bringen eine gewisse Unterschiedlichkeit der beiden Gruppen zum Ausdruck. Noch besser als die Mittelwerte eignet sich die Verteilung der Diskriminanzwerte dazu, einen Eindruck darüber zu gewinnen, wie gut die Trennung der beiden Gruppen gelingt. Die Verteilung ist in *Abbildung 5.12* dargestellt und verdeutlicht, dass die ermittelte Diskriminanzfunktion eine perfekte Trennung der beiden Gruppen nicht ermöglicht. Eine solche perfekte Trennung wäre dann erreicht, wenn die Verteilungen der Diskriminanzwerte der beiden Gruppen sich nicht überschneiden würden. Dies ist hier erkennbar nicht der Fall, vielmehr ergibt sich gerade im Bereich mittlerer Werte (Klasse von –6 bis –4) eine recht deutliche Überschneidung der beiden Verteilungen. Dennoch lassen sich zwischen beiden Gruppen auch (mehr oder weniger) deutliche Unterschiede ausmachen.

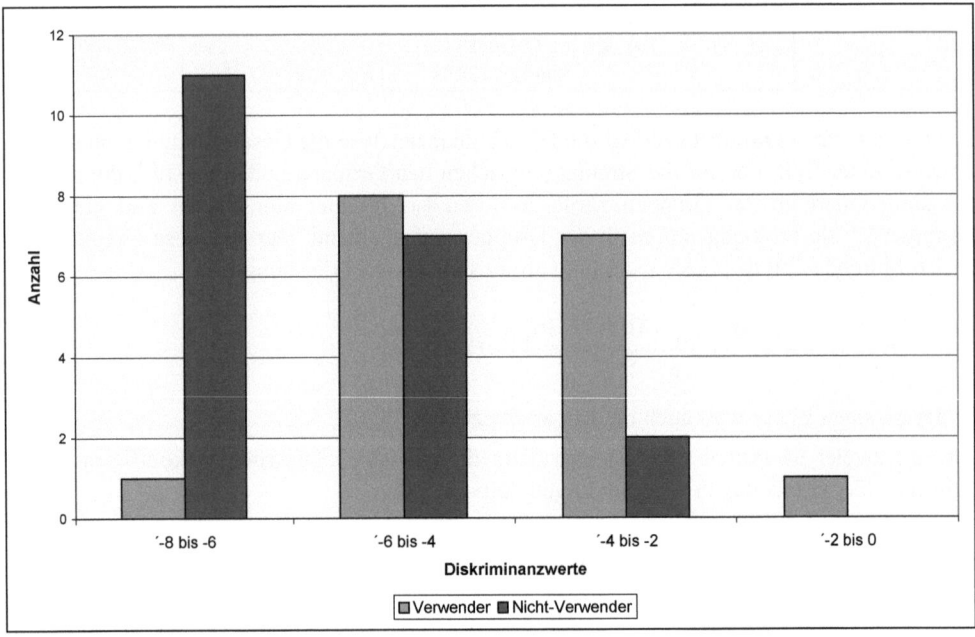

Abb. 5.12: Verteilung der Diskriminanzwerte

Es können nun auch Aussagen über den Stellenwert der beiden Merkmale für die Trennung der Gruppen abgeleitet werden. Dazu sind jedoch nicht die Diskriminanzkoeffizienten heranzuziehen, denn diese sind abhängig von den Einheiten, in denen die Merkmale gemessen werden. Es bedarf also einer **Standardisierung**, die so vorgenommen wird, dass die Diskriminanzkoeffizienten mit den Standardabweichungen der Merkmale multipliziert werden (vgl. Schlittgen 2009, S. 348). Man erhält dann

$b_{1\text{ stand.}} = -9{,}766 \cdot 10^{-2} \cdot \sqrt{138{,}99} = -1{,}151$

$b_{2\text{ stand.}} = -3{,}836 \cdot 10^{-4} \cdot \sqrt{791.022{,}48} = -0{,}341$.

Dies verdeutlicht, dass dem Merkmal Alter ungefähr das 3,4-fache an Bedeutung für die Trennung der beiden Gruppen zukommt wie dem Merkmal Einkommen ($b_{1\text{ stand.}}/b_{2\text{ stand.}} \approx 3{,}4$). Für die Trennung der beiden Gruppen ist also das Alter erheblich ausschlaggebender als das Einkommen.

Die Güte der gefundenen Diskriminanzfunktion kann auch dadurch bestimmt werden, dass im Nachhinein eine Zuordnung der Probanden zu einer der beiden Gruppen vorgenommen wird. Dazu bedarf es einer **Zuordnungsregel**, die auf den individuellen Diskriminanzwerten basiert. Dazu wird ein Schwellenwert definiert, bei dessen Überschreiten der Proband der einen und ansonsten der anderen Gruppe zugeordnet wird. Als Schwellenwert wird üblicherweise $y = (\bar{y}_A + \bar{y}_B)/2$ gesetzt. Dies bedeutet, dass ein Proband derjenigen Gruppe zugeordnet wird, deren Gruppenmittelwert den kleinsten Abstand zum Diskriminanzwert des Probanden aufweist. Anschließend kann mit der ja bekannten tatsächlichen Gruppenzugehörigkeit verglichen und der Prozentsatz der Fehlklassifikationen bestimmt werden.

Die Gleichung $y = (\bar{y}_A + \bar{y}_B)/2$ definiert eine Gerade im Merkmalsraum, deren Verlauf in *Abbildung 5.13* dargestellt ist. Alle Probanden, die eine Position oberhalb (unterhalb) dieser **Trenngeraden** einnehmen werden der Gruppe der Nicht-Verwender (Verwender) zugeordnet. Man erkennt z. B., dass alle Probanden ab einem Alter von ca. 50 Jahren unabhängig von ihrem Einkommen der Gruppe der Nicht-Verwender zugeordnet werden. Auch an diesem Umstand kommt zum Ausdruck, dass dem Merkmal Alter eine größere Bedeutung für die Trennung der beiden Gruppen zukommt, als dem Merkmal Einkommen.

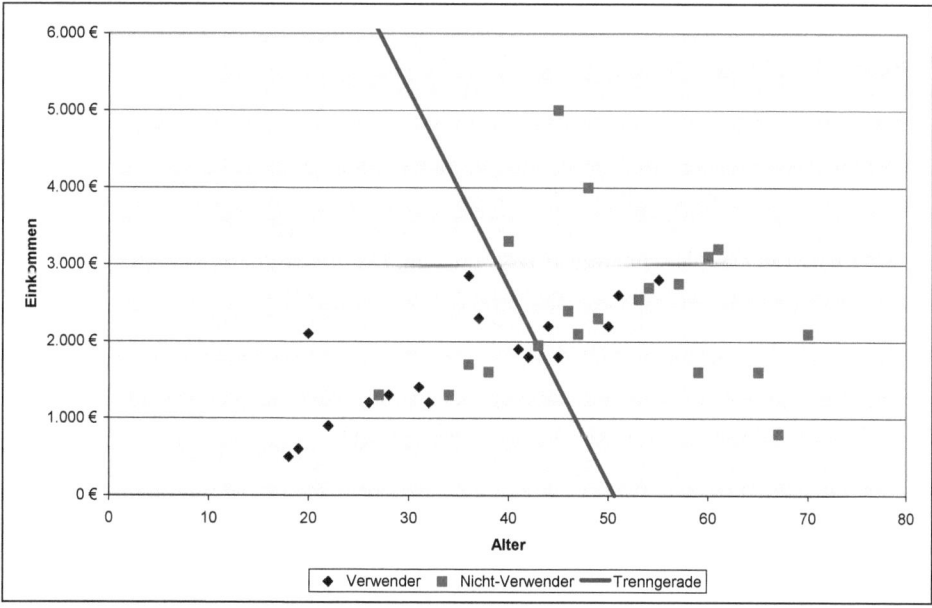

Abb. 5.13: Verlauf der Trenngeraden im Merkmalsraum

Abbildung 5.13 verdeutlicht aber auch, dass die oben formulierte Zuordnungsregel nicht in jedem Fall zu einer korrekten Klassifizierung der Probanden führt. So werden fünf Marken-Verwender, die im Merkmalsraum eine Position oberhalb der Trenngeraden einnehmen, irrtümlich als Nicht-Verwender klassifiziert. Ebenso werden vier Nicht-Verwender fälschlicherweise der Gruppe der Verwender zugeordnet. Von den 37 Probanden werden also 9 nicht korrekt klassifiziert, was einer **Fehlklassifikationsquote** von ca. 24% entspricht. Bei einem neuen Probanden, dessen Gruppenzugehörigkeit unbekannt ist, kann also eine Zuordnung, die allein auf Kenntnis der Merkmalsausprägungen für die Variablen Alter und Einkommen beruht, nicht mit Sicherheit vorgenommen werden.

Konjunkte Analyse

Die **konjunkte Analyse** (in der Literatur ist synonym auch von Conjoint Analysis, Conjoint Measurement oder Verbundmessung die Rede) bezeichnet eine Reihe von Untersuchungsansätzen, die auf Basis empirisch erhobener Präferenzurteile von Probanden über Produkte versuchen, den Beitrag einzelner Produkteigenschaften zu eben dieser Präferenz abzuleiten. Ein Produkt wird dabei als **Bündel von Eigenschaften** (Produktmerkmalen) angesehen, die einzeln zur Gesamtpräferenz beitragen. Die als Ausgangsgrößen fungierenden Globalurteile müssen dabei nicht zwingend metrischer Natur sein, d. h. bloße Präferenzrangfolgen genügen als Dateninput. Aus diesen ordinalen Urteilen werden dann metrisch skalierte Teilnutzenwerte für die einzelnen Merkmalsausprägungen abgeleitet. Aus diesen Teilnutzenwerten lässt sich dann der Stellenwert der einzelnen Merkmale aus Sicht der Nachfrager bestimmen.

Im Gegensatz zum **kompositionellen Ansatz**, bei dem (z. B. im Wege einer direkten Befragung gewonnene) merkmalsspezifische Einzelurteile zu einem Gesamturteil zusammengefasst werden, geht die konjunkte Analyse gerade den umgekehrten Weg. Sie geht vom Gesamturteil aus und filtert daraus den Beitrag einzelner Merkmalsausprägungen heraus. Der konjunkten Analyse liegt demnach ein **dekompositioneller Ansatz** zugrunde.

Der Hauptanwendungsbereich der konjunkten Analyse im Marketing ist in der **Neuproduktplanung** zu sehen. Sie spielt aber auch z. B. bei der empirischen Schätzung von **Preisabsatzfunktionen** oder bei der Messung der **Markenstärke** eine Rolle (vgl. Hempelmann/Grunwald 2008).

Im Vorfeld der eigentlichen Analyse geht es in einem ersten Schritt darum, die relevanten Eigenschaften und ihre Ausprägungen festzulegen. Die Eigenschaften sollten die folgenden Bedingungen erfüllen (vgl. Sattler 1991, S. 82): Die berücksichtigten Eigenschaften müssen für die Kaufentscheidung der Nachfrager relevant sein. Die Eigenschaften müssen durch den Hersteller beeinflussbar, die verwendeten Ausprägungen realisierbar sein. Die berücksichtigten Eigenschaften sollten untereinander unabhängig sein und in einer kompensatorischen Beziehung zueinander stehen.

Die zuletzt genannten Anforderungen erklären sich aus der Wahl des **Präferenzmodells**, das das Zustandekommen der Gesamtpräferenz formal beschreibt. Das Präferenzmodell besteht zum einen aus einer Verknüpfungsregel und zum anderen aus einer Bewertungsfunktion. Die **Verknüpfungsregel** legt fest, wie sich die Zusammenfassung der Teilpräferenzwerte zu einem Gesamtpräferenzwert vollzieht. Grundsätzlich ist dabei zwischen kompensatorischen und nichtkompensatorischen Verknüpfungsregeln zu unterscheiden (vgl. Thomas 1979, S. 199 ff.). Im Gegensatz zu den nichtkompensatorischen Verknüpfungsregeln ermöglichen kompensatorische eine Aggregation von Teilpräferenzwerten zu einem Gesamtpräferenzwert.

Dabei ist es möglich, dass ein schlechtes Abschneiden bei einer Eigenschaft durch ein entsprechend besseres Abschneiden ausgeglichen (eben kompensiert) werden kann. In der Regel wird eine additive Verknüpfung vorgenommen: Der Gesamtpräferenzwert eines Produktes ergibt sich durch Addition der Präferenzbeiträge der einzelnen Merkmale. Interaktionen zwischen den Merkmalen werden als irrelevant angesehen. Neben der Verknüpfungsregel ist auch die Auswahl einer geeigneten **Bewertungsfunktion**, die jeder Produkteigenschaft einen Teilpräferenzwert zuordnet, von Bedeutung. Üblicherweise wird hier das **Teilwertmodell** unterstellt, das im Unterschied zu anderen Bewertungsmodellen nicht von einem fest vorgegebenen Zusammenhang zwischen Merkmalsausprägung und Nutzen ausgeht. Dementsprechend weist dieses Modell eine hohe Flexibilität auf. Es kann zur Bewertung sowohl metrisch als auch nominal skalierter Merkmale herangezogen werden und erlaubt anders als etwa das **Vektormodell**, bei dem der Nutzen mit zunehmender Ausprägung eines Merkmals entweder steigt oder sinkt, die Abbildung nicht-monotoner Präferenzen. Als Spezialfall umfasst es auch das **Idealpunktmodell**, das von der Existenz einer nutzenmaximalen Merkmalsausprägung ausgeht (vgl. Green/Srinivasan 1978, S. 106). Kombiniert man die additive Verknüpfungsregel mit dem Teilwertmodell, entsteht das **linear-additive Teilwertmodell**, dem die größte praktische Bedeutung für den Einsatz der konjunkten Analyse zukommt.

Die zu bewertenden Objekte (Stimuli) erhält man durch systematische Kombination der festgelegten Merkmalsausprägungen im Rahmen eines experimentellen Designs. In der meist verwendeten **Vollprofilmethode** besteht ein Stimulus dabei in einer bestimmten Kombination der Ausprägungen aller Eigenschaften. Im Vergleich hierzu stellt die **Trade-Off-Methode** die Ausprägungen von nur zwei Eigenschaften einander gegenüber, was zwar die Bewertungsaufgabe für die Probanden vereinfacht, andererseits aber weniger realitätsnah ist.

Das weitere Vorgehen der konjunkten Analyse sei anhand des folgenden **Beispiels** illustriert. Die *Optitel GmbH* ist ein Anbieter von B2B Telemarketing-Lösungen speziell für Produkte und Dienstleistungen aus den Bereichen EDV und Technik. Mit über 1,2 Mio. Telefonkontakten hat das Unternehmen eine einzigartige Fachkompetenz aufgebaut. Die Schwerpunkte der Tätigkeit liegen bei Outbound-Telefonmarketing-Projekten zur Neukunden-Akquisition bzw. im Bereich Bedarfs- und Interessenanalysen.

Aufgrund vermehrter Nachfragen nach Komplettlösungen möchte das Unternehmen nunmehr auch mit Angeboten im Inbound-Bereich (wie etwa Auskunftsdienste, Bestell-, Buchungs- und Auftragannahmen, Notfallservice, Beschwerde- und Reklamationsmanagement) am Markt vertreten sein und hier gezielt Kunden aus den Bereichen EDV und Technik ansprechen.

Eine von *Optitel* in Auftrag gegebene Marktstudie ergab, dass für Kunden aus diesen Bereichen für die Wahl eines Call-Centers vor allem zwei (voneinander unabhängige) Merkmale von Bedeutung sind:

- Merkmal A: Technische Fachkompetenz der Mitarbeiter
- Merkmal B: Durchschnittliche Durchlaufzeit, d. h. die Zeit, die im Mittel für die Abwicklung einer Anfrage benötigt wird.

Wie bereits erwähnt sind im Rahmen einer konjunkten Analyse Ausprägungen der relevanten Merkmale festzulegen. Hier seien die folgenden Ausprägungen berücksichtigt:

Tab. 5.20: Merkmale und Merkmalsausprägungen

Merkmal	Merkmalsausprägungen
Merkmal A: Technische Fachkompetenz der Mitarbeiter	A1: hohe Kompetenztiefe, geringe Kompetenzbreite (ingenieurswissenschaftlicher Studienabschluss mit entsprechender Schwerpunktbildung)
	A2: hohe Kompetenzbreite, geringe Kompetenztiefe (breitgefächertes problembezogen geschultes Personal ohne Schwerpunktbildung)
Merkmal B: Durchschnittliche Durchlaufzeit	B1: über 2,0 [Min./Anfrage]
	B2: 1,0 bis 2,0 [Min./Anfrage]
	B3: unter 1,0 [Min./Anfrage]

Durch Kombination der genannten Merkmalsausprägungen entstehen sechs fiktive Möglichkeiten zur Auslegung des Call-Centers, von denen jede im Rahmen der Vollprofilmethode einen zu bewertenden Stimulus bildet.

Tab. 5.21: Stimuli im Rahmen der Vollprofilmethode

Stimulus	Merkmalsausprägungen	
I	A1	B1
II	A1	B2
III	A1	B3
IV	A2	B1
V	A2	B2
VI	A2	B3

Jeder Proband wird mit diesen sechs Stimuli konfrontiert. Die Aufgabe der Probanden besteht dann darin, die vorgelegten Stimuli entsprechend ihrer Präferenz in eine Rangfolge von 1 bis 6 zu bringen, wobei 1 für den am wenigsten und 6 für den am meisten präferierten Stimulus stehen soll. Die folgende Tabelle zeigt beispielhaft ein mögliches Ergebnis der Befragung.

Tab. 5.22: Mögliche Rangfolge der Stimuli

Stimulus	Rang
I	2
II	5
III	6
IV	1
V	3
VI	4

Der in *Tabelle 5.22* betrachtete Proband präferiert Stimulus III am meisten und Stimulus IV am wenigsten. Dieser Proband legt also offenbar Wert auf eine hohe Kompetenztiefe der Mitarbeiter und ist an einer möglichst raschen Abwicklung von Anfragen interessiert.

Aus den vergebenen Rangwerten werden im nächsten Schritt die **Teilpräferenzwerte** der Merkmalsausprägungen errechnet. Wie bereits erwähnt, bildet hierfür das linear-additive Teilwertmodell den Ausgangspunkt. In formaler Schreibweise lautet es:

5.4 Multivariate Analyseverfahren

$$y_n = \sum_{m=1}^{M} \sum_{j=1}^{J} \beta_{mj} \cdot x_{mj}.$$

Dabei ist y_n der geschätzte Gesamtpräferenzwert für Stimulus n. β_{mj} bezeichnet den Teilpräferenzwert für Ausprägung j von Merkmal m. x_{mj} ist eine Dummy-Variable, die anzeigt, ob bei Stimulus n das Merkmal m in Ausprägung j vorliegt ($x_{mj} = 1$) oder nicht ($x_{mj} = 0$).

Entsprechend diesem Modell würde sich beispielsweise der Gesamtpräferenzwert für Stimulus I zu

$$y_1 = \beta_{A1} + \beta_{B1}$$

errechnen.

Das Ziel der konjunkten Analyse besteht nun darin, die Teilpräferenzwerte so festzulegen, dass die sich aus den Gesamtpräferenzwerten ergebende Rangfolge der Stimuli derjenigen aus der Befragung möglichst gut entspricht. Zu diesem Zweck wird die **monotone Varianzanalyse** (eine spezielle Variante des oben dargestellten Verfahrens) herangezogen. Für jede Merkmalsausprägung wird geprüft, welche Rangwerte der betrachtete Proband in Verbindung mit dieser Merkmalsausprägung vergeben hat. Hieraus wird ein Durchschnitt gebildet, der als (Ausgangs-) Schätzung für den gesuchten Teilpräferenzwert fungiert. Beispielsweise hat der in *Tabelle 5.23* betrachtete Proband für die Merkmalsausprägung A1 (die in den Stimuli I, II und III) vorliegt, die Rangwerte 2, 5 und 6 vergeben. Als Durchschnittsrang ergibt sich hieraus (2+5+6)/3 = 4,33. Dies ist gleichzeitig der Schätzwert für den Teilpräferenzwert der Merkmalsausprägung A1. Die Ermittlung der übrigen Teilpräferenzwerte erfolgt analog.

Tab. 5.23: Ermittlung der Teilpräferenzwerte

Merkmal A	Merkmal B			Zeilenmittel
	B1	B2	B3	
A1	2	5	6	4,33
A2	1	3	4	2,67
Spaltenmittel	1,5	4	5	3,5

Aus diesen Teilpräferenzwerten ergeben sich die nachfolgend dargestellten Gesamtpräferenzwerte, die im so genannten **Shephard-Diagramm** den Rangwerten aus der Befragung gegenübergestellt werden.

Tab. 5.24: Gegenüberstellung von Gesamtpräferenz- und Rangwerten

Stimulus	Gesamtpräferenzwert	Rang
I	5,83 (= 4,33 + 1,5)	2
II	8,33 (= 4,33 + 4)	5
III	9,33 (= 4,33 + 5)	6
IV	4,17 (= 2,67 + 1,5)	1
V	6,67 (= 2,67 + 4)	3
VI	7,67 (= 2,67 + 5)	4

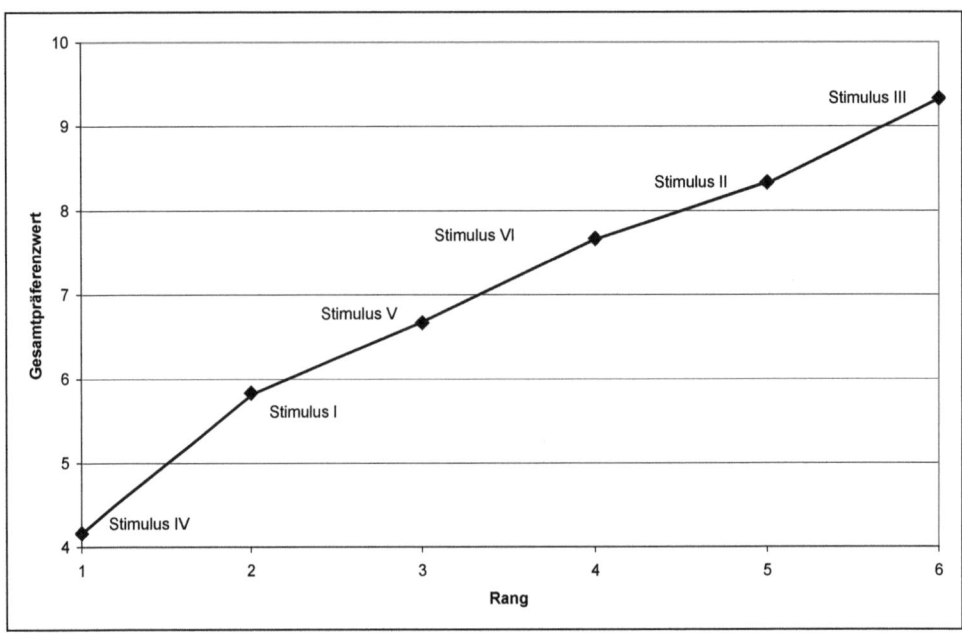

Abb. 5.14: Shephard-Diagramm

Wie aus *Abbildung 5.14* ersichtlich wird, entsteht ein monoton steigender Kurvenverlauf. Inhaltlich bedeutet dies, dass die sich aus dem Gesamtpräferenzwert ergebende Rangfolge der Stimuli mit der von dem Probanden im Rahmen der Befragung genannten Rangfolge exakt übereinstimmt. Es liegt damit die bestmögliche Schätzung der Teilpräferenzwerte vor.

Die Verhältnisse sind allerdings keineswegs zwingend immer so ideal wie im hier betrachteten Beispiel. Insbesondere wenn eine größere Zahl von Merkmalen und/oder Merkmalsausprägungen zu verarbeiten ist, kann eine Verletzung der oben formulierten **Monotoniebedingung** nicht ausgeschlossen werden. Gilt für ein Stimulipaar k und l, dass $\text{Rang}_k > \text{Rang}_l$, aber $y_k \leq y_l$, so ergeben sich im Shephard-Diagramm nicht monoton steigende Kurvenabschnitte. Obwohl der Proband eigentlich den Stimulus k gegenüber l vorzieht, würde man anhand der geschätzten Gesamtpräferenzwerte zu einer anderen Einschätzung kommen. Bei Verletzung der Monotoniebedingung ist offenbar eine perfekte Rekonstruktion der Präferenzen des Probanden nicht möglich. Der Umfang, mit dem die gefundene Schätzung der Teilpräferenzwerte zu einer Verletzung der Monotoniebedingung führt ist offenbar ein geeigneter Maßstab, um die Güte der Schätzung zu beurteilen. Tatsächlich verwendet die konjunkte Analyse ein darauf basierendes Gütekriterium, den so genannten **Stress**. Dieser ist formal definiert als

$$S = \sqrt{\frac{\sum_{j=1}^{J}(z_j - y_j)^2}{\sum_{j=1}^{J}(y_j - \overline{y})^2}} \, .$$

Hierbei ist $\overline{y}$ der Mittelwert aller Gesamtpräferenzwerte und J die Anzahl der Stimuli. Während der Nenner des Bruchs unter der Wurzel lediglich zu Normierungszwecken dient (er bewirkt, dass S nur Werte zwischen 0 und 1 annehmen kann), „bestraft" der Zähler Verletzungen der Monotoniebedingung. Solange die Monotoniebedingung erfüllt ist, wird $z_j = y_j$ gesetzt. Erfüllen alle möglichen Stimulipaare die Monotoniebedingung, so nimmt S seinen minimalen Wert Null an. Es ist dann eine ideale Anpassung der Gesamtpräferenzwerte an die vorgegebenen Rangwerte erreicht. Verletzt ein Stimulipaar k und l die Monotoniebedingung, so wird $z_k = z_l = (y_k + y_l)/2$ gesetzt. Der Nenner und damit auch S wird jetzt größer als Null, die Anpassung ist nicht mehr perfekt. Je häufiger die Monotoniebedingung verletzt ist, desto größer wird der Stress und umso geringer ist die Anpassungsgüte. Die Anpassung wird üblicherweise dann als ausreichend angesehen, wenn $S \leq 0,1$. Ist diese Bedingung nicht erfüllt, wird in einem iterativen Prozess versucht, eine Neuschätzung der Teilpräferenzwerte vorzunehmen, bei der der Stress sinkt.

Liegt eine hinreichend gute Anpassung vor, können aus den geschätzten Teilpräferenzwerten weitere Informationen gewonnen werden. Zunächst zeigt *Tabelle 5.23*, dass der betrachtete Proband eine hohe Kompetenztiefe der Mitarbeiter gegenüber einer hohen Kompetenzbreite vorzieht ($\beta_{A1} > \beta_{A2}$). Ferner erhöht sich seine Präferenz mit sinkender Durchlaufzeit ($\beta_{B3} > \beta_{B2} > \beta_{B1}$). Um die **relative Bedeutung der einzelnen Merkmale** festzustellen, wird die Differenz zwischen dem größten und kleinsten Teilpräferenzwert je Merkmal herangezogen: $w_A = 4,33 - 1,67 = 1,66$, $w_B = 5 - 1,5 = 3,5$. Diese sind Indikatoren für die Sensitivität, mit der der geschätzte Gesamtpräferenzwert auf eine Änderung der Merkmalsausprägung reagiert. Offenbar kommt der Durchlaufzeit ein deutlich größerer Stellenwert für die Präferenzbildung zu als der Fachkompetenz der Mitarbeiter. Sollen über die rein ordinale Feststellung $w_B > w_A$ hinaus Aussagen darüber angestellt werden, zu welchem Prozentsatz die einzelnen Merkmale die Präferenz des Probanden beeinflussen, muss eine **Normierung der geschätzten Teilpräferenzwerte** vorgenommen werden. Da diese intervallskaliert sind, können Nullpunkt und Skaleneinheit beliebig gewählt werden. Die Normierung erfolgt daher in zwei Schritten. Im ersten Schritt wird der **Nullpunkt der Skala** so festgelegt, dass derjenigen Merkmalsausprägung mit dem geringsten Teilnutzenwert der Wert Null zugewiesen wird. Im zweiten Schritt wird die **Skaleneinheit** so gewählt, dass der am stärksten präferierte Stimulus (im Beispiel also Stimulus III) der Gesamtpräferenzwert 1 zugeordnet wird. Im Ergebnis bewirkt die Normierung, dass alle normierten Teilpräferenzwerte im Intervall zwischen 0 und 1 liegen.

Tab. 5.25: Normierung der Teilpräferenzwerte

Merkmalsausprägung	(nicht-normierte) Teilpräferenzwerte	Teilpräferenzwerte (nach Festlegung des Nullpunktes)	Teilpräferenzwerte (nach Festlegung der Skaleneinheit)
A1	4,33	4,33 − 2,67 = 1,67	1,67/(1,67 + 3,5) = 0,323
A2	2,67	2,67 − 2,67 = 0	0/(1,67 + 3,5) = 0
B1	1,5	1,5 − 1,5 = 0	0/(1,67 + 3,5) = 0
B2	4	4 − 1,5 = 2,5	2,5/(1,67 + 3,5) = 0,484
B3	5	5 − 1,5 = 3,5	3,5/(1,67 + 3,5) = 0,677

Wird nunmehr die relative Wichtigkeit der Merkmale an den normierten Teilpräferenzwerten gemessen, zeigt sich, dass die Präferenz des betrachteten Probanden zu ca. 68% von der Durchlaufzeit beeinflusst wird ($w_B = 0,677$). Lediglich ca. 32% entfallen auf die Fachkompetenz der Mitarbeiter ($w_A = 0,323$).

Die konjunkte Analyse ist zunächst eine **Individualanalyse**. Sollen die Ergebnisse für verschiedene Probanden miteinander verglichen oder diese zu einem Gesamtergebnis aggregiert werden, so ist auch in diesen Fällen die oben dargestellte Normierung von Bedeutung. Erst durch die Normierung ist eine Vergleichbarkeit der verschiedenen Individualanalysen sichergestellt. Dies ist wiederum gleichzeitig Voraussetzung zur Gewinnung aggregierter Ergebnisse.

Die bisherige Darstellung betraf die **traditionelle konjunkte Analyse**. In jüngerer Zeit wurden zum Teil als Reaktion auf Mängel der traditionellen Analyse verschiedene Varianten entwickelt, die hier nur kurz im Überblick dargestellt werden. Für eine detaillierte Darstellung sei auf die Literatur (z. B. Hermann/Huber/Regier 2009, S. 113 ff.; Balderjahn/Hedergott/Peyer 2009, S. 129 ff.) verwiesen.

Die **Adaptive Conjoint Analysis** (ACA) ist ein hybrides Verfahren, das Elemente der traditionellen konjunkten Analyse mit dem so genannten **Self-Explicated-Ansatz**, bei dem die Wichtigkeiten von Produktmerkmalen direkt abgefragt werden, verbindet. Die Erhebung der Daten erfolgt durch eine PC-gestützte interaktive Befragungstechnik auf der Grundlage individuell wichtiger Merkmale. Anders als in der traditionellen konjunkten Analyse, werden dabei für jeden Probanden spezifische Erhebungsdesigns erstellt.

Als besonders zu erwähnender Kritikpunkt wird gegen die traditionelle konjunkte Analyse vorgebracht, dass diese nur eine begrenzte Anzahl von Merkmalen verarbeiten kann, um den Befragungsaufwand für die Probanden in vertretbaren Grenzen zu halten. Dieser Kritikpunkt wird von der **Hybrid Conjoint Analysis** aufgegriffen, wobei auch dieses Verfahren Elemente der traditionellen konjunkten Analyse mit dem Self-Explicated-Ansatz verbindet. Auf der Basis individuell wichtiger Merkmale werden homogene Gruppen gebildet, die umfangreiche Conjoint-Designs beurteilen sollen. Jedes Gruppenmitglied bewertet dabei Stimuli, die durch eine Teilauswahl der Merkmale definiert sind. Hierdurch kann eine größere Zahl von Merkmalen verarbeitet werden, wobei sich die Analyse allerdings von vornherein auf aggregiertem Niveau bewegt.

Schließlich verarbeitet die **Choice-Based Conjoint Analysis** Präferenzinformationen, die in Form von Auswahlentscheidungen erhoben werden. Den Probanden stellt sich hierbei die Aufgabe, einen Stimulus aus einem vorgelegten Alternativen-Set auszuwählen. Die methodische Grundlage dieser Variante liefert die so genannte **Logit-Analyse**, eine Methode zur Analyse und zur Prognose diskreter Auswahlentscheidungen. Ein Vorteil gegenüber der traditionellen konjunkten Analyse ist darin zu sehen, dass die geschätzten Parameter des zugrunde gelegten Präferenzmodells einer inferenzstatistischen Analyse zugänglich sind. Wie bei der Hybrid Conjoint Analysis erfolgt die Analyse auf aggregiertem Niveau. Es können also lediglich aggregierte Präferenzstrukturen erfasst werden. Mit der traditionellen konjunkten Analyse teilt die Choice-Based Conjoint Analysis den Nachteil, dass nur eine relativ geringe Anzahl von Merkmalen verarbeitet werden kann. Nach einer Untersuchung von *Hartmann/Sattler* (2004) ergeben sich bei diesem Verfahren unter Validitätsaspekten jedoch Vorteile gegenüber den anderen Verfahrensvarianten.

Kennzeichen von **Dependenzanalysen** ist die Aufteilung des gesamten Variablensatzes in abhängige und unabhängige Variablen. Welche Variablen dabei als abhängig und welche als unabhängig angesehen werden, hängt von der jeweiligen Zielsetzung der Analyse ab. Die einzelnen Verfahren der Dependenzanalyse eignen sich zur Analyse unterschiedlicher Fragestellungen.

Die **multiple Regressionsanalyse** untersucht lineare Zusammenhänge zwischen einer abhängigen und mehreren unabhängigen Variablen, die sämtlich metrisch skaliert sein müssen. Sie wird im Rahmen der Marktforschung u. a. bei Wirkungsanalysen eingesetzt.

Die **Varianzanalyse** wird zur Auswertung von Experimenten eingesetzt. Im Unterschied zur Regressionsanalyse sind die unabhängigen Variablen hier nominal skaliert und beschreiben die im Rahmen des Experimentaufbaus variierten Größen. Diese definieren gleichzeitig verschiedene Untersuchungsgruppen, deren beobachtete Mittelwertunterschiede auf statistische Signifikanz geprüft werden.

Auch die **Diskriminanzanalyse** geht von vorgegebenen Untersuchungsgruppen aus. Sie fragt danach, welche Kombination der unabhängigen Variablen zu einer bestmöglichen Trennung dieser Gruppen führt. Die unabhängigen Variablen müssen dabei sämtlich metrisch skaliert sein. In der Marktforschung wird die Diskriminanzanalyse u. a. zur Prognose der Gruppenzugehörigkeit einer Untersuchungseinheit verwendet.

Die **Conjoint-Analyse** untersucht den Beitrag einzelner Produktmerkmale zum Gesamtnutzen/Präferenz des Produktes. Die Produktmerkmale bzw. ihre Ausprägungen stellen die metrisch oder nicht-metrisch skalierten unabhängigen Variablen, der Gesamtnutzen bzw. die Präferenz die abhängige Variable dar. Aufgrund ihres Anliegens ist der Hauptanwendungsbereich der Conjoint-Analyse in der Neuproduktplanung zu sehen.

5.4.2 Verfahren der Interdependenzanalyse

Im Gegensatz zu den bisher betrachteten Dependenzanalysen erfolgt bei **Interdependenzanalysen** keine Unterteilung in abhängige und unabhängige Variablen. Es werden vielmehr Zusammenhänge zwischen „gleichberechtigten" Variablen analysiert (vgl. *Abbildung 5.15*).

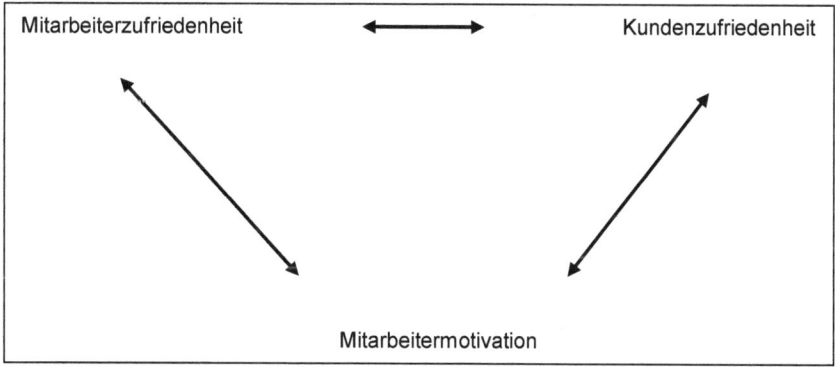

Abb. 5.15: Prinzip der Interdependenzanalyse (Quelle: Homburg/Krohmer 2003, S. 273.)

Die folgende Tabelle vermittelt anhand der Faktorenanalyse, Clusteranalyse sowie der Multidimensionalen Skalierung mögliche Zielsetzungen dieser Verfahren und illustriert diese jeweils anhand eines typischen Marktforschungsproblems.

Tab. 5.26: Zielsetzung von Verfahren der Interdependenzanalyse (Quelle: In Anlehnung an Backhaus/Erichson/Plinke/Weiber 1996, S. XXIII)

Verfahren	Zielsetzung	Typisches Marktforschungsproblem
Faktorenanalyse	Verdichtung hoch korrelierter metrisch skalierter Variablen zu möglichst wenigen unabhängigen Faktoren	Lässt sich die Vielzahl von Eigenschaften, die Käufer von Automobilen als wichtig empfinden, auf wenige (komplexe) Faktoren reduzieren?
Clusteranalyse	Einteilung von Untersuchungsobjekten in möglichst homogene Gruppen	Gibt es unterschiedliche Typen von Automobilkäufern?
Multidimensionale Skalierung	Anordnung von Objekten in einem Wahrnehmungsraum, so dass die räumlichen Abstände zwischen den Objekten empfundenen (Un-)Ähnlichkeiten möglichst exakt entsprechen	Wie sieht die Positionierung unterschiedlicher Automobilmarken in einem Wahrnehmungsraum aus?

Diese Verfahren der Interdependenzanalyse werden im Folgenden anhand von Beispielen vorgestellt.

Faktorenanalyse

Die im Rahmen eines Marktforschungsprojekts erhobenen Variablen weisen typischerweise eine mehr oder weniger stark ausgeprägte Korrelation untereinander auf. Die Grundidee der **Faktorenanalyse** besteht darin, hoch korrelierte Variablen zu (latenten) Variablen, die Faktoren genannt werden, zusammenzufassen. Die ursprünglichen Variablen werden also zu einer geringeren Anzahl von Faktoren, die untereinander unabhängig sind, verdichtet. Diese Verdichtung erfolgt mit der Überlegung, dass die ursprünglichen Variablen deshalb untereinander korrelieren, weil sie einen gewissen Anteil einer fundamentaleren Größe darstellen (vgl. *Berndt* 1990, S. 180). Diese fundamentaleren Größen, Faktoren genannt, sind latenter Natur, also nicht direkt erhebbar. Sie müssen aus den vorliegenden Korrelationen zwischen den Variablen bestimmt (in der Sprechweise der Faktorenanalyse extrahiert) werden. Allerdings ist eine Faktorenanalyse nur dann sinnvoll, wenn die zwischen den Variablen bestehenden Korrelationen ausgeprägt genug sind. Vorab ist daher zu klären, ob die erhobenen Daten grundsätzlich für eine Faktorenanalyse geeignet sind. Ein hierfür gängiges Kriterium ist das Maß der Stichprobeneignung nach *Kaiser-Meyer-Olkin* (KMO). Dieser Index variiert zwischen 0 und 1, wobei KMO = 1 besagt, dass jede Variable perfekt durch die anderen Variablen erklärt werden kann. Es sollte mindestens ein KMO von 0,5 erreicht werden.

Als Verfahrensvarianten ist zunächst die explorative von der konfirmatorischen Faktorenanalyse abzugrenzen. Bei einer **explorativen Faktorenanalyse** ist dem Marktforscher die Faktorenstruktur, d. h. die Anzahl der Faktoren und ihre Zuordnung zu den erhobenen Variablen zunächst unbekannt. Diese wird quasi im Rahmen des Verfahrens entdeckt. Bei einer **konfirmatorischen Faktorenanalyse** hat der Marktforscher hingegen vorab Vermutungen über die Faktorenstruktur, die er auf Konsistenz mit den erhobenen Daten überprüfen möchte.

5.4 Multivariate Analyseverfahren

Das grundsätzliche Vorgehen der (explorativen) Faktorenanalyse sei anhand des folgenden **Beispiels** illustriert. Ein Marktforschungsinstitut soll eine **Positionierungsanalyse** für die konkurrierenden Automobilmarken Flocke, Lepo, Tiger, Sesam und Donner durchführen. Zu diesem Zweck wurden 100 repräsentativ ausgewählte Probanden gebeten, die Marken hinsichtlich der Merkmale Aggressivität, Repräsentativität, Preis, Folgekosten, Exklusivität und Sportlichkeit zu beurteilen. Diese Merkmale wurden jeweils über eine 7-stufige Rating-Skala (1 = niedrig/wenig bis 7 = hoch/viel) erfasst. Wird ein gleichbleibender Abstand auf der Skala unterstellt, sind die erhobenen Merkmale intervallskaliert. Dies ist Grundvoraussetzung für die Anwendung einer Faktorenanalyse.

Die Beurteilungen dieser Merkmale durch die Probanden führen zu Korrelationen zwischen den Variablen, die in der folgenden **Korrelationsmatrix** dargestellt sind.

Tab. 5.27: Korrelationsmatrix der Merkmale

Variable	Aggressivität	Repräsentativität	Preis	Folgekosten	Exklusivität	Sportlichkeit
Aggressivität	1,0					
Repräsentativität	0,202	1,0				
Preis	0,566	0,906	1,0			
Folgekosten	0,472	0,892	0,869	1,0		
Exklusivität	0,224	0,905	0,87	0,74	1,0	
Sportlichkeit	0,962	0,232	0,534	0,571	0,154	1,0

Zunächst fällt auf, dass alle Merkmale untereinander positiv korreliert sind, wobei teilweise sehr hohe Korrelationen bestehen (so etwa zwischen Aggressivität und Sportlichkeit), teilweise aber auch nur geringfügige Korrelationen vorliegen (so etwa zwischen Exklusivität und Sportlichkeit). Die Faktorenanalyse führt im Ergebnis zu der nachfolgend dargestellten Umgruppierung der Merkmale.

Tab. 5.28: Korrelationsmatrix nach Umgruppierung der Merkmale

Variable	Repräsentativität	Preis	Folgekosten	Exklusivität	Aggressivität	Sportlichkeit
Repräsentativität	1,0					
Preis	0,906	1,0				
Folgekosten	0,892	0,869	1,0			
Exklusivität	0,905	0,87	0,74	1,0		
Aggressivität	0,202	0,566	0,472	0,224	1,0	
Sportlichkeit	0,232	0,543	0,571	0,154	0,962	1,0

Der erste Merkmalsblock (Repräsentativität, Preis Folgekosten und Exklusivität) weist hohe Korrelationen untereinander auf, ist aber mit den übrigen beiden Merkmalen (Aggressivität und Sportlichkeit) nur schwach bis mäßig korreliert.

Bei der Extraktion der Faktoren ist zwischen der **Hauptkomponenten-** und der **Hauptfaktorenmethode** zu differenzieren. Beide unterscheiden sich weniger im Rechengang, wohl aber im zugrunde gelegten faktorenanalytischen Modell. Für eine Darstellung sei z. B. auf *Hüttner/Schwarting* 2002, S. 196 ff. verwiesen. Beide Methoden nutzen die Korrelationsmatrix, um aus ihr **Faktorladungen** zu gewinnen. Diese sind interpretierbar als Korrelationen zwischen dem Faktor und den ursprünglichen Variablen. *Tabelle 5.29* zeigt die sich mittels Hauptkomponentenmethode aus der Korrelationsmatrix in *Tabelle 5.28* ergebenden Faktorladungen.

Tab. 5.29: Matrix der Faktorladungen

Variable	Faktor 1	Faktor 2	Kommunalität
Aggressivität	0,161	**0,970**	0,967
Repräsentativität	**0,989**	0,065	0,982
Preis	**0,89**	0,413	0,963
Folgekosten	**0,809**	0,472	0,877
Exklusivität	**0,952**	0,022	0,907
Sportlichkeit	0,162	**0,982**	0,99
Eigenwert	3,383	2,303	5,686
Anteil an Gesamtvarianz	56,38%	38,38%	94,77%

Die spaltenweise gebildete Summe der quadrierten Faktorladungen ergibt den **Eigenwert** des Faktors. Dieser bestimmt, welchen Anteil an der Gesamtvarianz aller Variablen durch den Faktor erfasst wird. Da die Faktorenanalyse von standardisierten Variablen ausgeht, entfällt auf jede Variable die Varianz 1. Die Gesamtvarianz aller Variablen ist somit identisch mit der Gesamtzahl der Variablen. Im obigen Beispiel erklärt Faktor 1 3,83/6 = 56,38% der Gesamtvarianz. Beide Faktoren gemeinsam erfassen knapp 95% der Gesamtvarianz. Berechnet man zeilenweise die Summe der quadrierten Faktorladungen, ergeben sich die **Kommunalitäten** der Variablen. Diese geben an, welchen Anteil der Varianz der Variablen durch die Faktoren erklärt wird. Beispielsweise erfassen die beiden Faktoren gemeinsam 96,7% der Varianz des Merkmals Aggressivität. Die verbleibenden 3,3% sind als Informationsverlust durch die Verdichtung auf zwei Faktoren anzusehen.

Die Faktorladungen liefern auch den Schlüssel für eine inhaltliche **Interpretation der Faktoren**. Einer Konvention folgend werden zur Interpretation eines Faktors nur Variablen mit einer Faktorladung > 0,5 herangezogen. Diese sind in *Tabelle 5.29* fett markiert. Faktor 1 lädt also auf den Variablen Repräsentativität, Preis, Folgekosten und Exklusivität und könnte etwa mit (wirtschaftlicher) Eleganz umschrieben werden. Faktor 2 lädt hingegen auf den Variablen Aggressivität und Sportlichkeit, was durch die Bezeichnung Dynamik ausgedrückt werden könnte. Die Idee der Bündelung der ursprünglich 6 Merkmale zu zwei Faktoren wird in *Abbildung 5.16* visualisiert.

5.4 Multivariate Analyseverfahren

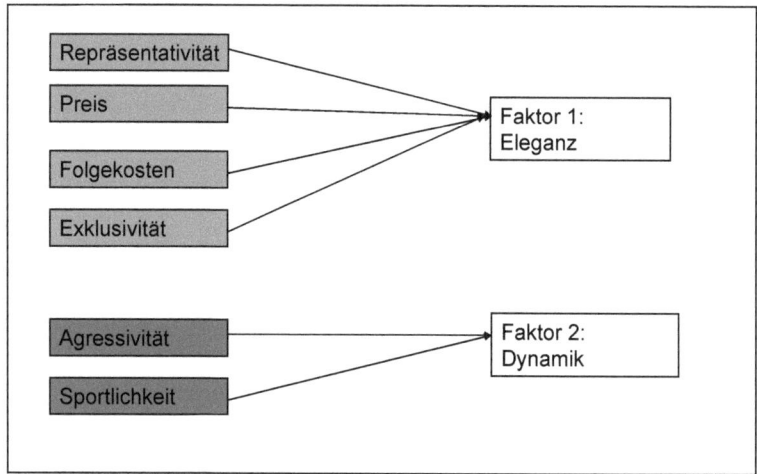

Abb. 5.16: Bündelung von Merkmalen zu Faktoren

Die Interpretation der Faktoren kann sich im Einzelfall als schwierig darstellen. In solchen Fällen ist es oft nützlich, die gefundenen Faktoren einer Rotation zu unterwerfen. Beispielsweise ist es Ziel der **VARIMAX-Rotation**, die Faktorladungen so zu verändern, dass die Faktoren bei einer geringen Zahl von Variablen möglichst hohe Ladungen, bei den restlichen Variablen hingegen möglichst geringe Ladungen aufweisen. Liegt eine solche **Einfachstruktur** vor, ergibt sich eine eindeutige Zuordnung der Variablen zu Faktoren, die einen besseren Aufschluss über deren inhaltliche Interpretation gibt. Durch die vorgenommene Rotation ändern sich zwar die Eigenwerte der Faktoren, nicht aber die Kommunalitäten der Variablen. Mithin bleibt auch der Anteil der von den Faktoren erklärten Gesamtvarianz von der Rotation unbeeinflusst.

Die Zahl der zu extrahierenden Faktoren stellt ein eigenständiges Entscheidungsproblem im Rahmen einer Faktorenanalyse dar. In der Regel wird hierzu das **Kaiser-Kriterium** herangezogen, welches besagt, dass nur Faktoren mit einem Eigenwert > 1 extrahiert werden sollen. Faktoren, die dieses Kriterium nicht erfüllen, erklären weniger Varianz als jede Variable für sich, was der Idee der Datenverdichtung zuwider läuft.

Gerade für Positionierungsanalysen möchte man nicht nur den (durch die Faktorladungen beschriebenen) Zusammenhang zwischen Faktoren und Merkmalen kennen. Man ist auch daran interessiert, wie die zu beurteilenden Objekte im Hinblick auf die extrahierten Faktoren abschneiden. Die gemeinten Ausprägungen der Faktoren, die so genannten **Faktorwerte**, sind zunächst unbekannt, da für die Faktoren ja keine Beobachtungswerte vorliegen. Sie müssen deshalb aus den Ausprägungen der ursprünglichen Merkmale sowie aus den Faktorladungen geschätzt werden. Hierfür wird eine lineare Regression herangezogen. Sind die Faktorwerte geschätzt, können die zu beurteilenden Objekte im durch die Faktoren aufgespannten Raum positioniert werden. Da die Faktoren statistisch unabhängig voneinander sind, stehen diese geometrisch gesehen senkrecht aufeinander.

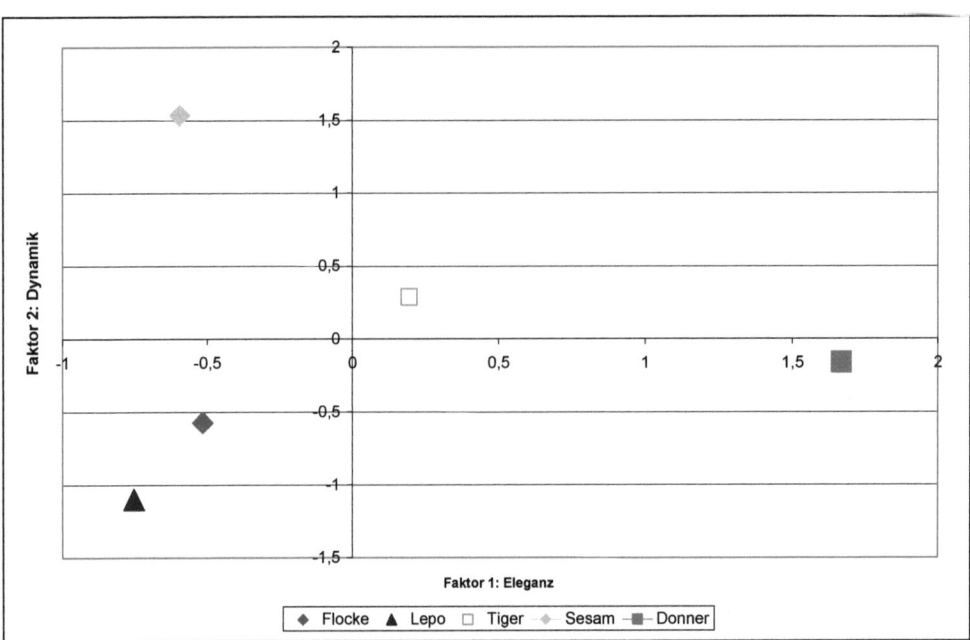

Abb. 5.17: Positionierung der Objekte im Raum der Faktoren

In *Abbildung 5.17* ist der Ursprung des Diagramms als durchschnittliche Ausprägung zu interpretieren, d. h. die Marken Tiger und Sesam weisen – in der Wahrnehmung der befragten Probanden – eine überdurchschnittliche Dynamik auf. Die Marken Donner und ebenfalls Tiger werden als überdurchschnittlich elegant wahrgenommen. Die Marken Flocke und ebenso Lepo werden hingegen von den Befragten sowohl als unterdurchschnittlich elegant als auch unterdurchschnittlich dynamisch wahrgenommen.

Clusteranalyse

Gemäß *Tabelle 5.26* besteht die Zielsetzung der **Clusteranalyse** darin, eine heterogene Grundgesamtheit von Objekten (z. B. Konsumenten) zu homogenen Teilmengen/Gruppen (z. B. Marktsegmente) zusammenzufassen. Die Objekte werden dazu anhand mehrerer Merkmale beschrieben. Die Gruppenbildung erfolgt so, dass die Gruppen hinsichtlich dieser Merkmale möglichst homogen sind, zwischen den Gruppen aber deutliche Unterschiede bestehen. *Abbildung 5.18* verdeutlicht diese Idee für einen zweidimensionalen Eigenschaftsraum. Während Segment I Objekte mit hohen Ausprägungen bei Eigenschaft 1 und geringen Ausprägungen bei Eigenschaft 2 umfasst, sind die Verhältnisse in Segment II gerade umgekehrt.

5.4 Multivariate Analyseverfahren

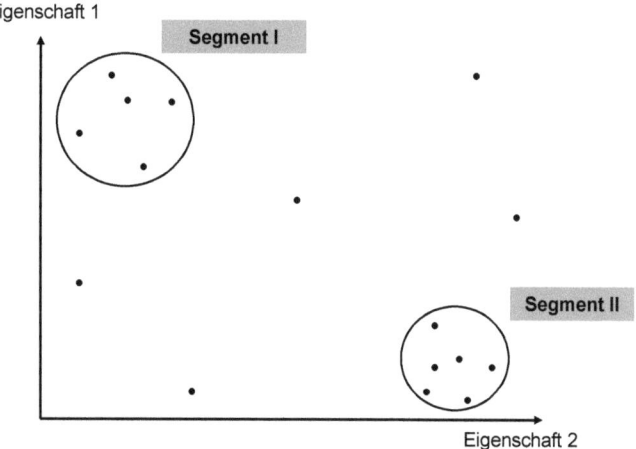

Abb. 5.18: Gruppenbildung in einem zweidimensionalen Eigenschaftsraum (Quelle: Kleine-Doepke/Standop/Wirth 2001, S. 103).

Der grundsätzliche Ablauf der Clusteranalyse besteht aus zwei Schritten: Zunächst werden (Un-) **Ähnlichkeiten** zwischen den betrachteten Objekten auf Basis der erhobenen Merkmale bestimmt. Danach werden die Objekte anhand der bestimmten Ähnlichkeiten in Gruppen (Clustern) zusammengefasst. Objekte mit ähnlichen Merkmalsausprägungen werden dabei derselben Gruppe zugeordnet.

Die Clusteranalyse kann sowohl nominal als auch metrisch skalierte Merkmale verarbeiten, wobei die Messung der Ähnlichkeiten zwischen zwei Objekten vom Skalenniveau der Merkmale abhängig ist. Im Fall nominal skalierter (und insbesondere dichotomer) Merkmale bildet die folgende **Kontingenztabelle**, bei der festgestellt wird, wie viele der berücksichtigten Eigenschaften bei den zu vergleichenden Objekten vorhanden bzw. nicht vorhanden sind, den Ausgangspunkt:

Tab. 5.30: Kontingenztabelle zur Feststellung der Ähnlichkeit bei nominal skalierten Merkmalen

Objekt A	Objekt B		Zeilensumme
	Eigenschaft vorhanden (1)	Eigenschaft nicht vorhanden (0)	
Eigenschaft vorhanden (1)	a = Summe der bei den Objekten übereinstimmend vorhandenen Eigenschaften	c = Summe der bei Objekt A, *nicht* aber bei Objekt B vorhandenen Eigenschaften	a + c
Eigenschaft nicht vorhanden (0)	b = Summe der bei Objekt B, *nicht* aber bei Objekt A vorhandenen Eigenschaften	d = Summe der bei beiden Objekten *nicht* vorhandenen Eigenschaften	b + d
Spaltensumme	a + b	c + d	M

Gängige **Ähnlichkeitsmaße** beruhen auf einer Auswertung der obigen Kontingenztabelle. Beim **Tanimoto-Koeffizienten** (auch Jaccard-Koeffizient genannt) wird die Summe der übereinstimmenden Merkmale ins Verhältnis gesetzt zur Summe der bei mindestens einem der beiden Objekten vorhandenen Eigenschaften, d. h. $s_{AB} = a/(a + b + c)$. Der **RR-**

Koeffizient geht ebenfalls von der Summe der übereinstimmenden Merkmale aus, setzt diese aber ins Verhältnis zur Gesamtzahl m der Eigenschaften: $s_{AB} = a/m$. Schließlich erblickt der **M-Koeffizient** auch dann eine Übereinstimmung zwischen den beiden Objekten, wenn eine Eigenschaft bei beiden Objekten nicht vorhanden ist: $s_{AB} = (a + d)/m$. Darüber hinaus finden sich in der Literatur weitere Ähnlichkeitsmaße, die allerdings seltener genutzt werden. Zu Einzelheiten sei auf *Bacher/Pöge/Wenzig* 2010, S. 197 f. verwiesen. Die drei genannten Ähnlichkeitsmaße kommen im Fall d = 0 alle zum selben Ergebnis. Ansonsten liefert der RR-Koeffizient den geringsten und der M-Koeffizient den höchsten Ähnlichkeitswert.

Das Vorgehen sei anhand des folgenden **Beispiels** illustriert. Es sollen zwei Automobilmarken im Hinblick auf die folgenden Merkmale verglichen werden:

- Merkmal 1: Motorleistung über 80 PS
- Merkmal 2: Höchstgeschwindigkeit über 130 km/h
- Merkmal 3: Benzinverbrauch auf 100 km unter 7 l
- Merkmal 4: Navigationssystem serienmäßig
- Merkmal 5: Anschaffungspreis über 20.000 €

In der folgenden die Merkmalsausprägungen bei zwei Automobilmarken A und B gegenüberstellenden Tabelle bedeutet der Eintrag 1 (0), dass die entsprechende Eigenschaft vorhanden (nicht vorhanden) ist.

Tab. 5.31: Merkmalsausprägungen bei zwei Automobilmarken

	Merkmal 1	Merkmal 2	Merkmal 3	Merkmal 4	Merkmal 5
Marke A	1	1	1	0	1
Marke B	0	0	1	0	0

Tab. 5.32: Kontingenztabelle für das Beispiel

Marke A	Marke B		
	Eigenschaft vorhanden (1)	Eigenschaft nicht vorhanden (0)	Zeilensumme
Eigenschaft vorhanden (1)	a = 1	c = 3	a + c = 4
Eigenschaft nicht vorhanden (0)	b = 0	d = 1	b + d = 1
Spaltensumme	a + b = 1	c + d = 4	m = 5

Es ergeben sich die folgenden Ähnlichkeitswerte:

- Tanimoto-Koeffizient: $s_{AB} = 1/(1+0+3) = 1/4 = 0{,}25$
- RR-Koeffizient: $s_{AB} = 1/5 = 0{,}20$
- M-Koeffizient: $s_{AB} = (1+1)/5 = 2/5 = 0{,}40$

Für sich genommen sind diese Werte nur bedingt von Interesse. Sie werden aber im nächsten Schritt der Clusteranalyse bedeutsam, wenn es darum geht festzustellen, welches der verglichenen Objektpaare die höchste Ähnlichkeit zueinander aufweist.

Im Fall metrisch skalierter Merkmale werden nicht direkt Ähnlichkeiten, sondern **Distanzen** zwischen den zu vergleichenden Objekten bestimmt. Mit der so genannten City-Block-Metrik sowie der Euklidischen Distanz stehen hierfür zwei gängige Distanzkonzepte zur Verfügung. Bei der **City-Block-Metrik** werden für jedes Merkmal die absolut genommene Differenz der Merkmalsausprägungen bestimmt und diese anschließend addiert. In *Abbil-*

dung 5.19 entspricht die City-Block-Distanz der Länge der dunkleren Linie. Ausgangspunkt der **Euklidischen Distanz** ist ebenfalls die Differenz der Merkmalsausprägungen, die jedoch zunächst quadriert und dann für alle Merkmale addiert werden. Zum Schluss wird aus dieser Summe die Quadratwurzel gezogen. Wie *Abbildung 5.19* illustriert, entspricht die Euklidische Distanz der Länge der Verbindungslinie („Luftlinie") zwischen den beiden zu vergleichenden Objekten im Eigenschaftsraum. Generell liefert die Euklidische Distanz dabei einen geringeren Wert als die City-Block-Distanz.

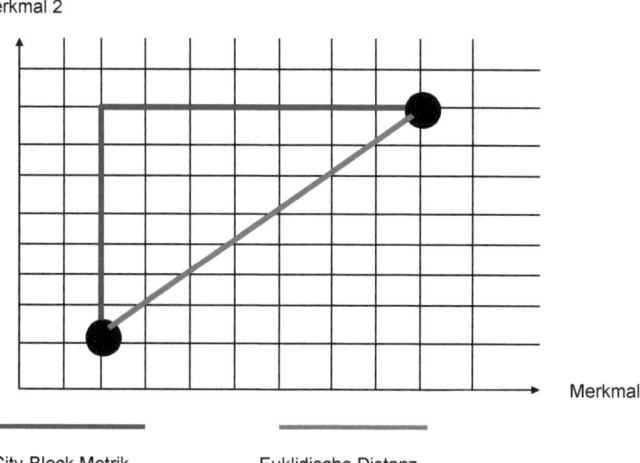

Abb. 5.19: Distanzkonzepte bei metrisch skalierten Merkmalen

Die Berechnung von Distanzen sei wieder am **Beispiel** des Vergleichs zweier Automobilmarken verdeutlicht. Diese seien nunmehr anhand der folgenden Merkmale verglichen:

- Merkmal 1: Motorleistung (in PS)
- Merkmal 2: Höchstgeschwindigkeit (in km/h)
- Merkmal 3: Benzinverbrauch auf 100 km (in l)
- Merkmal 4: Anschaffungspreis (in 1.000 €)

Die Merkmalsausprägungen sind aus *Abbildung 4.7* ersichtlich. Für die City-Block-Distanz erhält man hieraus den Wert

$$d_{AB} = (90 - 60) + (180 - 130) + (6 - 4) + (25 - 18) = 89.$$

Als Wert für die Euklidsche Distanz ergibt sich

$$d_{AB} = \sqrt{(90 - 60)^2 + (180 - 130)^2 + (6 - 4)^2 + (25 - 18)^2} = \sqrt{3.453} = 58{,}76.$$

Ein genereller Nachteil der beiden Distanzkonzepte ist darin zu sehen, dass sie von der Maßeinheit, in der die Merkmalsausprägungen gemessen werden, abhängen. Bezogen auf das obige Beispiel macht es inhaltlich keinen Unterschied ob etwa der Anschaffungspreis (Merkmal 4) in 1.000 € oder in € ausgedrückt wird. Die ausgewiesenen Distanzwerte unterscheiden sich hingegen sehr wohl. Um derartige Probleme zu umgehen, ist es bei heterogenen Merkmalen, also bei Merkmalen, die in verschiedenen Maßeinheiten gemessen werden, hilfreich, die Ausprägungen im Vorfeld zu standardisieren.

Der zweite Schritt der Clusteranalyse besteht in der eigentlichen Gruppenbildung, wofür eine Vielzahl von möglichen Clusteranalyse-Verfahren herangezogen werden können. Ein Überblick findet sich z. B. bei *Bacher/Pöge/Wenzig* 2010, S. 147 f. Im Folgenden konzentriert sich die Darstellung auf Verfahren der klassischen Clusteranalyse, die eine Zuordnung von Objekten zu Clustern vornehmen, so dass jedes Objekt genau einem Cluster zugeordnet wird und die Cluster überschneidungsfrei sind. Eine solche Zuordnung wird auch als **Partition** bezeichnet.

Zur Erzeugung von Partitionen ist zwischen partitionierenden und hierarchischen Verfahren zu unterscheiden. **Partitionierende Verfahren** gehen von einer vorgegebenen Startpartition aus und versuchen, durch Verlagerung einzelner Objekte in andere Cluster zu einer besseren Lösung zu gelangen. Liegen der Beschreibung der Objekte metrisch skalierte Merkmale zugrunde, kann die Güte einer Partition z. B. anhand der Merkmalsvarianz in den Clustern beschrieben werden. Je geringer diese ist, desto homogener ist das Cluster bezüglich des betreffenden Merkmals. Im Gegensatz zu den partitionierenden Verfahren lösen **hierarchische Verfahren** ein einmal gebildetes Cluster nicht wieder auf. Hier ist zwischen zwei Varianten zu unterscheiden. **Divisive Verfahren** starten mit der gröbsten Partition (d. h. alle Objekte bilden *ein* Cluster) und zerlegen die Cluster sukzessive in homogenere Teilcluster. **Agglomerative Verfahren** starten umgekehrt mit der feinsten Partition, d. h. jedes Objekt bildet ein eigenes Cluster. Im Laufe des Verfahrens werden sukzessive früher gebildete Cluster fusioniert, bis alle Objekte in einem Cluster vereint sind.

In jedem Verfahrensschritt werden dabei diejenigen Cluster fusioniert, die die geringste Distanz zueinander aufweisen. Die Berechnung der Distanz zwischen Clustern, d. h. zwischen Gruppen von Objekten, kann wiederum auf unterschiedliche Weise erfolgen. Beim **Single-Linkage-Verfahren** ergibt sich die Distanz zwischen zwei Clustern aus der geringsten Distanz zwischen je zwei Objekten aus beiden Clustern. Umgekehrt wird beim **Complete-Linkage-Verfahren** die größte der paarweisen Distanzen zwischen je zwei Objekten aus beiden Clustern herangezogen, um die Distanz zwischen den Clustern zu definieren. *Abbildung 5.20* illustriert dies grafisch.

5.4 Multivariate Analyseverfahren

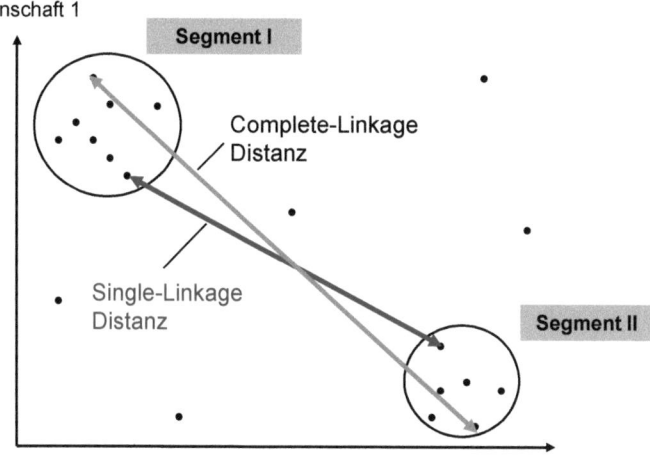

Abb. 5.20: Distanzen zwischen Clustern

Nachfolgend wird der Ablauf des Single-Linkage-Verfahrens anhand eines **Beispiels** erläutert, bei dem es um die Klassifikation von 10 Probanden geht, die anhand der folgenden Merkmale beschrieben werden:

- Merkmal 1: Geschlecht (0 = männlich, 1 = weiblich)
- Merkmal 2: Schulbildung (1 = mittlere Reife, 2 = Abitur, 3 = Hochschulabschluss)
- Merkmal 3: Altersgruppe (1 = 20 – 29, 2 = 30 – 39, 3 = 40 – 49, 4 = über 50)
- Merkmal 4: Lebensfreude
- Merkmal 5: Interesse an Innovationen
- Merkmal 6: Risikobereitschaft

Bei den Merkmalen 1 bis 3 handelt es sich um **soziodemografische Merkmale**. Diese sind jeweils nominal skaliert. Die Merkmale 4 bis 6 sind **psychografische Merkmale**, die jeweils über eine Ratingskala (1 = sehr wenig bis 7 = sehr viel) erhoben wurden. Diese Merkmale werden als metrisch skaliert unterstellt. *Tabelle 5.33* zeigt die jeweiligen Merkmalsausprägungen.

Tab. 5.33: Ausprägungen der Merkmale

Person	Merkmal 1	Merkmal 2	Merkmal 3	Merkmal 4	Merkmal 5	Merkmal 6
A	0	1	1	1	2	2
B	0	1	1	1	3	3
C	1	2	2	2	4	2
D	0	3	2	5	4	3
E	1	3	4	5	4	4
F	1	1	2	7	6	7
G	0	1	3	3	2	1
H	1	2	1	4	3	2
I	1	3	4	2	1	1
J	0	3	3	3	3	2

Ausgangspunkt für die Gruppenbildung ist die Berechnung der paarweisen Distanzen zwischen den Personen, die zunächst für die nominal skalierten und die metrisch skalierten Merkmale getrennt voneinander vorgenommen wird. Für die nominal skalierten Merkmale 1 bis 3 sei der Grundidee des oben skizzierten RR-Koeffizienten folgend, ein Ähnlichkeitsmaß einfach dadurch festgelegt, dass der Anteil dieser Merkmale bestimmt wird, bei denen die zu vergleichenden Personen identische Merkmalsausprägungen aufweisen. Anschließend wird der Ähnlichkeitswert gemäß der Transformationsvorschrift d = 1 – s in einen Distanzwert umgerechnet. Betrachtet man beispielsweise das Objektpaar A/D, so ergibt sich $s_{AD} = 1/3$, da beide Personen bei den nominal skalierten Merkmalen nur bei Merkmal 1 identische Merkmalsausprägungen aufweisen (beide sind männlich). Hieraus ergibt sich $d_{AD} = 2/3$.

Bei den metrisch skalierten Merkmalen 4 bis 6 wird der Distanzberechnung die Euklidische Distanz zugrunde gelegt. Für das Objektpaar A/D folgt

$$d_{AD} = \sqrt{(1-5)^2 + (2-4)^2 + (2-3)^2} = 4{,}583.$$

Im letzten Schritt werden beide Teildistanzen zu einer Gesamtdistanz aggregiert, indem ein gewichteter Durchschnitt gebildet wird:

$$d_{AD} = (2/3 + 4{,}583)/2 = 2{,}625.$$

Auf diese Weise werden die Distanzen zwischen sämtlichen Objektpaaren gebildet und man erhält die **Distanzmatrix** in *Tabelle 5.34*. Da die Distanzmatrix symmetrisch ist, ist nur die untere Hälfte explizit ausgefüllt.

Tab. 5.34: Distanzmatrix der 10 Probanden

Person	A	B	C	D	E	F	G	H	I	J
A	0									
B	**0,707**	0								
C	1,618	1,366	0							
D	2,625	2,395	1,914	0						
E	2,949	2,621	2,136	0,833	0					
F	4,721	4,238	3,841	2,783	2,395	0				
G	1,285	1,667	1,725	2,065	2,526	4,456	0			
H	1,914	1,914	1,285	1,366	1,366	3,612	1,366	0		
I	1,366	2,0	1,914	2,679	2,679	4,970	1,207	1,833	0	
J	1,451	1,415	1,207	1,391	1,391	4,036	0,874	1,0	1,558	0

Betrachtet man die Distanzmatrix so fällt auf, dass das Objektpaar A/B die geringste Distanz zueinander aufweist. Der zugehörige Distanzwert (0,707) ist deshalb fett markiert. Im ersten Schritt des Single-Linkage-Verfahrens werden daher die Personen A und B in einem Cluster vereint.

Für das so gebildete Cluster {A, B} sind dann die Distanzen zu den übrigen Personen neu zu berechnen. Beispielsweise ist entsprechend der beim Single-Linkage-Verfahren verfolgten

5.4 Multivariate Analyseverfahren

Grundidee der Distanzberechnung zwischen Clustern die Distanz des Clusters {A, B} zu Person C (die noch ein eigenes Cluster bildet) durch

$$d_{\{A,B\},C} = \min\{d_{AC}, d_{BC}\} = \min\{1{,}618; 1{,}366\} = 1{,}366$$

gegeben. Auf diese Weise gelangt man zu einer **reduzierten Distanzmatrix**, mit der das Verfahren im nächsten Schritt fortzusetzen ist.

Die fortgesetzte Fusionierung von Clustern und damit die einzelnen Verfahrensschritte lassen sich grafisch in einem Diagramm darstellen, das **Dendrogramm** genannt wird und für das betrachtete Beispiel in *Abbildung 5.21* dargestellt ist.

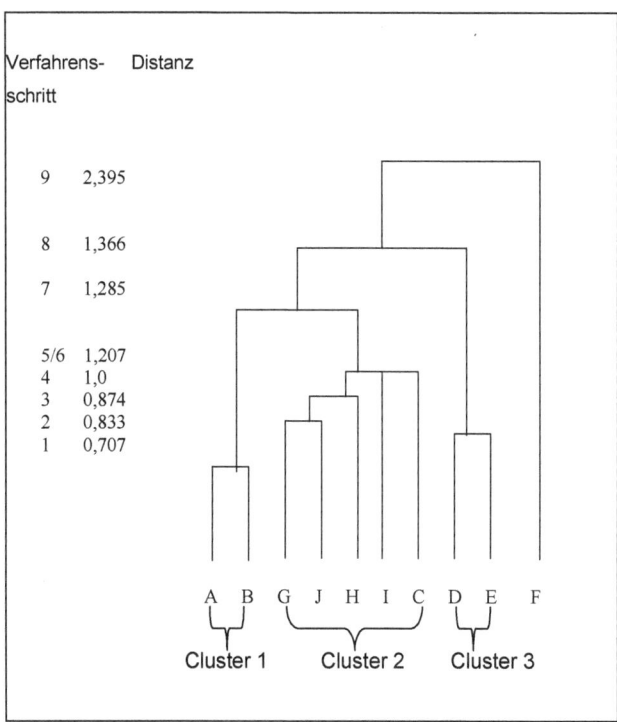

Abb. 5.21: Dendrogramm

Beispielsweise ist dem Dendrogramm zu entnehmen, dass im nächsten Verfahrensschritt die Personen D und E zu einem Cluster zusammengefügt werden. Dieses Cluster bleibt lange erhalten, da es erst relativ spät (im vorletzten Verfahrensschritt) mit anderen Clustern fusioniert wird. Ähnliches gilt auch für das Cluster, das sich aus den Personen A und B zusammensetzt. Man erkennt darüber hinaus, dass sich mehr oder weniger deutlich drei Cluster voneinander unterscheiden lassen. Dabei umfasst Cluster 1 die Personen A und B, Cluster 2 die Personen C, G, H, I und J und Cluster 3 die Personen D und E. Person F ist als „Ausreißer" anzusehen, der keinem der drei Cluster zugeordnet werden kann. Erst im letzten Verfahrensschritt erfolgt die Vereinigung von Person F mit den übrigen Personen.

Nachdem das Verfahren also eine Klassifikation der Personen in drei Clustern nahelegt, stellt sich die Frage, wie die gefundenen Cluster inhaltlich zu interpretieren sind. Um diese Frage zu klären ist es zweckmäßig, die Häufigkeitsverteilung der Merkmalsausprägungen (bzw. die Mittelwerte bei den psychografischen Merkmalen) in den Clustern denen in der Erhebungsgesamtheit gegenüberzustellen.

Tab. 5.35: Vergleich der gefundenen Cluster mit der Erhebungsgesamtheit

Merkmal	Erhebungs-gesamtheit	Cluster 1 {A, B}	Cluster 2 {C, G, H, I, J}	Cluster 3 {D, E}
Merkmal 1				
– männlich	50 %	100 %	40 %	50 %
– weiblich	50 %	0 %	60 %	50 %
Merkmal 2				
– mittlere Reife	40 %	100 %	20 %	0 %
– Abitur	20 %	0 %	40 %	0 %
– Hochschulabschl.	40 %	0 %	40 %	100 %
Merkmal 3				
– 20–29	30 %	100 %	20 %	0 %
– 30–39	30 %	0 %	20 %	50 %
– 40–49	20 %	0 %	40 %	0 %
– über 50	20 %	0 %	20 %	50 %
Merkmale 4–6				
– Lebensfreude	3,3	1,0	2,8	5,0
– Interesse an Innovationen	3,2	2,5	2,6	4,0
– Risikobereitschaft	2,7	2,5	1,6	3,5

Die Gegenüberstellung in *Tabelle 5.35* legt nahe, Cluster 1 als Gruppe junger, wenig gebildeter und mit Blick auf die extrem geringen Werte beim Merkmal Lebensfreude auch frustrierte Männer zu bezeichnen. Cluster 2 umfasst gebildete Personen mittleren Alters, die bei den psychografischen Merkmalen unterdurchschnittliche Ausprägungen aufweisen. Schließlich umfasst Cluster 3 hoch gebildete Personen mit überdurchschnittlichen Ausprägungen bei den psychografischen Merkmalen.

Multidimensionale Skalierung

Mit Hilfe der Multidimensionalen Skalierung (MDS) können Objekte (z. B. Produktmarken) auf Basis ihrer Ähnlichkeit zueinander in einem (möglichst niedrig dimensionierten) Raum dargestellt werden. In diesem Sinne kann die MDS als Datenreduktionstechnik analog zur Faktorenanalyse verstanden werden. Sie wird daher auch als Ähnlichkeitsstrukturanalyse (similarity structure analyses, kurz: SSA) bezeichnet.

Objekte haben eine Position im Wahrnehmungsraum einer Person. Die Gesamtheit aller Objektpositionen wird **Konfiguration** genannt. In den meisten multivariaten Verfahren (etwa Cluster- oder Faktorenanalyse) geht man bei der Beurteilung von Objekten von explizit formulierten Kriterien (Produktmerkmalen) aus. Den Ausgangspunkt der MDS stellen dagegen **globale Urteile** der Probanden über Ähnlichkeiten oder Präferenzen bezüglich der Objekte dar. Die Dimensionen des Wahrnehmungsraums sind also nicht vorgegeben, sondern sind ein Ergebnis der Analyse. Die MDS versucht nun, aus empirisch ermittelten Ähnlichkeits- oder Präferenzurteilen eine Konfiguration der Objekte in einem in der Regel zwei- oder dreidimensionalen Raum abzuleiten, so dass die räumliche Distanz zwischen den Objekten möglichst gut die empirischen Daten widerspiegelt: **Als ähnlich empfundene Objekte sollen nah beieinander liegen, als unähnlich empfundene Objekte weiter entfernt sein.**

Die beiden folgenden Abbildungen illustrieren am Beispiel des Waschmittelmarktes (vgl. *Abbildung 5.22*) bzw. am Beispiel der Positionierung von Fluggesellschaften (vgl. *Abbildung 5.23*) ein mögliches Ergebnis der MDS.

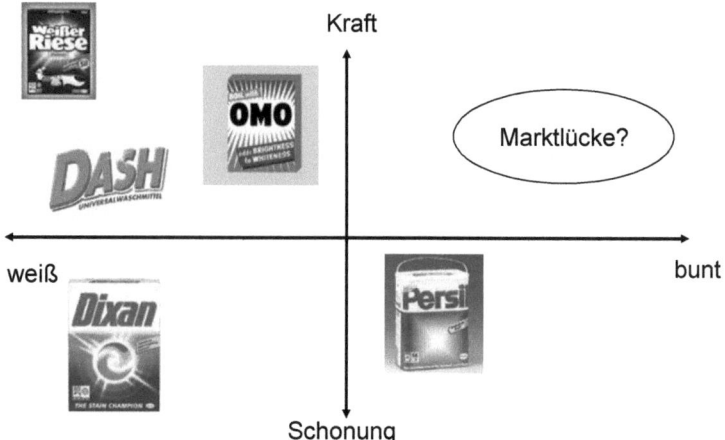

Abb. 5.22: Zweidimensionales Modell des Waschmittelmarktes (Quelle: In Anlehnung an Dichtl 1973, S. 43)

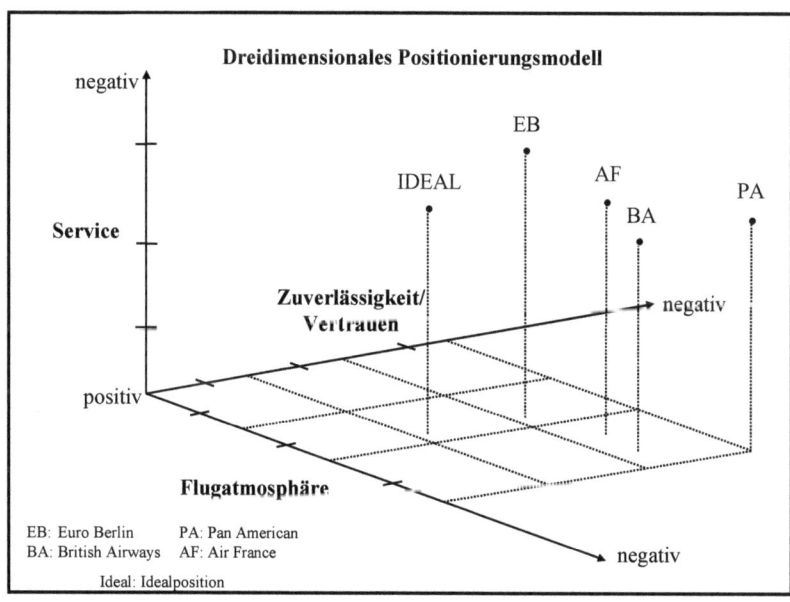

Abb. 5.23: Dreidimensionales Positionierungsmodell für Fluggesellschaften (Quelle: Trommsdorff 1992, S. 330)

Der **Ablauf der MDS** gliedert sich grob in drei Schritte: Im *ersten Schritt*, der Phase der **Datenerhebung**, sind Ähnlichkeitsdaten unter Anwendung der bereits oben erörterten komparativen Skalierungsverfahren zu erheben, durch welche sich eine Beurteilung eines Objekts aus dem Vergleich mit anderen Objekten ergibt.

So kann beispielsweise mit Hilfe der **Methode des Rangordnens** eine stufenweise Einordnung von Markenpaaren in eine lückenlose Rangfolge der Ähnlichkeit erfolgen. Man bildet zunächst zwei Gruppen, nämlich ähnliche Paare und unähnliche Paare, welche im nächsten Schritt in jeweils zwei Untergruppen (sehr ähnliche und weniger ähnliche bzw. unähnliche Paare) geteilt werden (vgl. *Abbildung 5.24*).

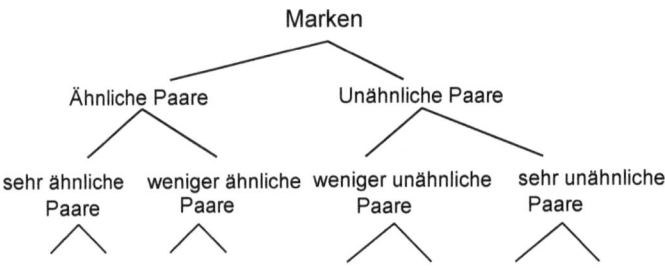

Abb. 5.24: Methode des Rangordnens

Das Verfahren ist beendet, wenn eine vollständige Rangordnung vorliegt. Bei einer größeren Zahl von Objekten ist diese Methode jedoch zu aufwendig.

Bei der **Ankerpunktmethode** fungiert jede Marke einmal als Vergleichsobjekt für alle restlichen Marken. Die Marken werden jeweils in eine Rangfolge der Ähnlichkeit zu dem Ankerpunkt gebracht. Bei K Marken werden K · (K–1) Paarvergleiche durchgeführt. Die Rangwerte können in einer (KxK)-Matrix dargestellt werden.

Beim **Ratingverfahren** werden Markenpaare mittels einer zweipoligen Ratingskala beurteilt (Marke A und B sind vollkommen ähnlich ... vollkommen unähnlich). Die Urteile werden als konsistent angenommen, so dass bei K Marken K · (K–1)/2 Paarvergleiche durchgeführt werden müssen. Als Ergebnis erhält man eine symmetrische Dreiecksmatrix der Ähnlichkeiten.

Nachdem nun über eine der genannten Methoden Ähnlichkeitsdaten von Probanden erhoben wurden, werden diese im *zweiten Schritt* weiter zu **Distanzen** verarbeitet. Zur Bestimmung der Abstände zwischen Objekten in einem höher dimensionalen Raum greift man auf die bereits im Rahmen der Vorstellung der Clusteranalyse erläuterten Metriken, etwa die City-Block-Metrik oder die Euklidische Distanz, zurück.

Im *dritten Schritt* wird eine **Konfiguration** nach dem Verfahren von *Kruskal* (vgl. Hammann/Erichson 1994, S. 293 ff.) abgeleitet. Ausgangspunkt sind hierbei die empirisch gegebenen Ähnlichkeitsdaten s_{ij} zwischen den Paaren i und j. Ziel ist es, eine Konfiguration in einem Raum von gegebener Dimension abzuleiten, so dass gilt: je unähnlicher zwei Objekte sind, desto größer ist ihre Distanz d. Formal lässt sich dies wie folgt ausdrücken:

$$s_{ij} \leq s_{kl} \Rightarrow d_{ij} \leq d_{kl}$$

5.4 Multivariate Analyseverfahren

Werden K Marken verglichen, so können die Marken stets so in einem (K–1)-dimensionalen Raum positioniert werden, dass ihre Distanzen einer beliebig vorgegebenen Rangfolge der Ähnlichkeiten entsprechen. Das Verfahren von *Kruskal* startet mit einer zufällig gewählten Ausgangslösung. Für diese Lösung werden die Distanzen d_{ij} mittels einer gegebenen Metrik berechnet und mit den empirischen Ähnlichkeiten s_{ij} verglichen (vgl. *Abbildung 5.25*).

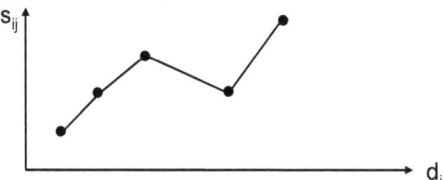

Abb. 5.25: Streudiagramm von fünf Objektpaaren

Ergibt die Verbindung der Punkte (d_{ij}, s_{ij}) eine monotone Kurve, so hat man eine exakte Anpassung der Distanzen an die Ähnlichkeiten gefunden. Im Allgemeinen wird das jedoch nicht der Fall sein. Man bestimmt dann monotone Transformationen der Distanzen, die sogenannten **Disparitäten** (δ), die der Monotoniebedingung

$$s_{ij} \leq s_{kl} \Rightarrow \delta_{ij} \leq \delta_{kl}$$

für alle möglichen Markenpaare genügen.

Ein Maß für die Abweichung von der exakten monotonen Anpassung ist das oben bereits erläuterte Stress-Maß S:

$$S = \sqrt{\frac{\sum_{i<j}(d_{ij}-\delta_j)^2}{\sum_{i<j}(d_{ij}-\overline{d})^2}}$$

Hierbei bezeichnet $\overline{d}$ den Mittelwert der Distanzen, der sich wie folgt berechnet:

$$\overline{d} = \frac{2}{K(K-1)} \sum_{i<j} d_{ij} .$$

Das Verfahren von *Kruskal* ist darauf gerichtet, eine stressminimale Konfiguration abzuleiten. Zwecks Ermittlung der Disparitäten ordnet man alle Objektpaare nach abnehmenden Ähnlichkeiten und vergleicht diese mit den empirischen Distanzen. Ist die Monotoniebedingung erfüllt, so setzt man die Disparitäten gleich den Distanzen. Andernfalls setzt man die Disparitäten gleich dem Mittelwert zweier Distanzen. Mit den Disparitäten lässt sich nun der Stress S ermitteln. Der Stress S ist eine auf das Intervall [0, 1] beschränkte Größe. S = 0 bedeutet, dass eine exakte Anpassung gelungen ist. Die Beurteilung des Stress nach *Kruskal* kann dabei anhand folgender Tabelle erfolgen:

Tab. 5.36: Beurteilung des Stress nach *Kruskal*

Stress S	Anpassungsgüte
0,4	gering
0,2	ausreichend
0,1	gut
0,05	ausgezeichnet
0	perfekt

Das Vorgehen der MDS soll nun an einem Beispiel veranschaulicht werden (vgl. Bühl/Zöfel 2005, S. 589 f.): Mehrere Beurteiler wurden gebeten, die Ähnlichkeiten von insgesamt 11 Automarken einzuschätzen, wobei sie bei einem Paarvergleich jeweils einen Punktwert auf einer Skala von 0 (große Ähnlichkeit) bis 10 (große Unähnlichkeit) vergeben konnten. Die Bewertungen aller Beurteiler wurden gemittelt und die mittleren Distanzwerte in Matrizenform in SPSS eingegeben (vgl. *Abbildung 5.26*).

	audi	bmw	ford	honda	mercedes	opel	porsche	rolls	seat	skoda	vw
1	,00										
2	3,00	,00									
3	5,10	5,10	,00								
4	3,10	3,10	4,20	,00							
5	3,20	4,80	3,20	6,00	,00						
6	4,90	4,90	,50	3,70	3,50	,00					
7	5,00	1,90	6,80	5,00	5,00	6,70	,00				
8	5,20	6,50	5,20	8,00	2,10	5,50	7,40	,00			
9	7,50	7,50	2,50	6,50	5,50	3,00	8,80	6,60	,00		
10	8,80	8,80	3,70	7,20	6,60	4,10	9,00	8,00	1,20	,00	
11	1,70	4,00	1,30	3,50	2,50	1,60	5,50	4,40	4,30	5,20	,00

Abb. 5.26: Matrix der Distanzen (SPSS-Dateneditor)

Abbildung 5.26 lässt sich beispielsweise entnehmen, dass die Marken Ford (Nr. 3) und Opel (Nr. 6) als sehr ähnlich beurteilt werden (mittlerer Distanzwert = 0,5), während die Marken Porsche (Nr. 7) und Skoda (Nr. 10) als sehr unterschiedlich wahrgenommen werden (mittlerer Distanzwert = 9,0). Im nächsten Schritt werden nun die Ähnlichkeitsdaten mit Hilfe der MDS analysiert. Ziel ist es, in einem möglichst geringdimensionalen Raum die von den Probanden wahrgenommenen Ähnlichkeiten realitätsgetreu abzubilden. Folgendes Ergebnis der Datenanalyse wird in SPSS ausgegeben, wobei den Berechnungen das Euklidische Distanzmaß zugrunde gelegt wurde (vgl. *Abbildung 5.27*).

5.4 Multivariate Analyseverfahren

```
                    For   matrix
        Stress  =   ,10260      RSQ =   ,93723

                Configuration derived in 2 dimensions


                        Stimulus Coordinates

                               Dimension

    Stimulus    Stimulus       1          2
    Number      Name

        1       audi         1,2215     -,3709
        2       bmw          1,3591      ,4367
        3       ford         -,7398      ,0613
        4       honda         ,5818     1,2776
        5       mercedes      ,1825     -,9509
        6       opel         -,6551      ,2174
        7       porsche      1,7956      ,6041
        8       rolls         ,0537    -1,8485
        9       seat        -1,6931      ,1388
       10       skoda       -2,0427      ,5570
       11       vw           -,0635     -,1227
```

Abb. 5.27: MDS-Analyseergebnisse in SPSS

Im oberen Teil von *Abbildung 5.27* werden mit dem Stress (0,10260) und dem RSQ (0,93723) zwei Maßzahlen für die Güte der Anpassung der berechneten Konfiguration angegeben. RSQ ist der quadrierte Korrelationskoeffizient zwischen den beobachteten Distanzen und den monoton angepassten Distanzen (Disparitäten). Für RSQ ist also ein Wert nahe bei 1 erstrebenswert. Unter Berücksichtigung der in *Tabelle 5.36* gegebenen Interpretation des Stress-Maßes lässt sich die Anpassungsgüte im vorliegenden Fall also insgesamt als gut beurteilen. Auch dem Streudiagramm (mit linearer Anpassung), in dem die beobachteten Distanzen gegen die Disparitäten abgetragen sind, lässt sich die gute Anpassung entnehmen: Die Punktwolke verläuft relativ nah entlang einer Geraden, was für eine gute Anpassung spricht (vgl. *Abbildung 5.28*).

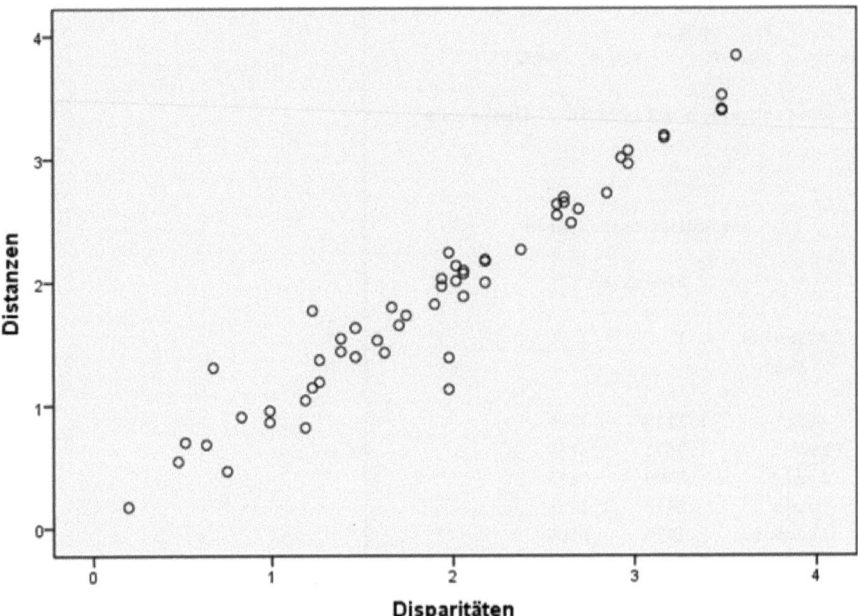

Abb. 5.28: Streudiagramm (mit linearer Anpassung)

Im unteren Teil des SPSS-Analyseergebnisses in *Abbildung 5.27* sind die Koordinaten zur grafischen Darstellung der zweidimensionalen Konfiguration wiedergegeben. Diese Konfiguration ist in *Abbildung 5.29* wiedergegeben.

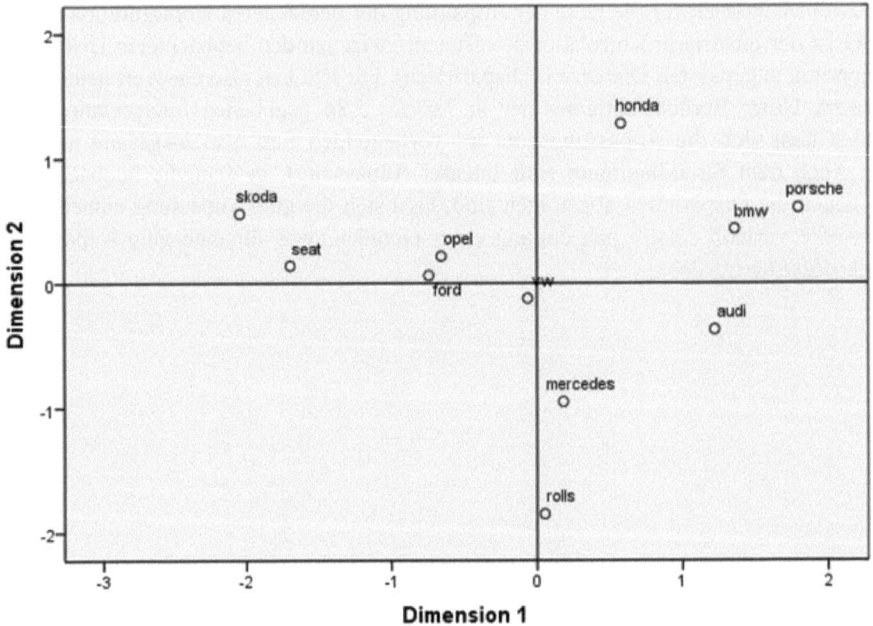

Abb. 5.29: Zweidimensionale Konfiguration

Die dargestellte zweidimensionale Konfiguration der Automarken ist nunmehr noch in Bezug auf die Dimensionen zu interpretieren. Wie eingangs erwähnt, werden bei der MDS die Beurteilungsdimensionen nicht vorgegeben, sondern sind ein Ergebnis der Analyse. Aus der Abbildung lässt sich ableiten, dass offenbar die Beurteiler die Automarken nach den beiden Eigenschaften „Sportlichkeit" (horizontale Achse) und „Prestige" (vertikale Achse) eingeschätzt haben.

> Die für Dependenzanalysen typische Unterscheidung zwischen abhängigen und unabhängigen Variablen ist den Verfahren der **Interdependenzanalyse** fremd.
> Das primäre Anliegen der **Faktorenanalyse** ist in der Datenverdichtung zu sehen: Eine größere Zahl untereinander hoch korrelierter Variablen soll auf wenige unabhängige Faktoren verdichtet werden, die dann u. a. dazu Verwendung finden, die Untersuchungsobjekte im durch die gefundenen Faktoren aufgespannten Raum zu positionieren.
> Auch das Anliegen der **Clusteranalyse** kann in der Datenverdichtung gesehen werden. Im Unterschied zur Faktorenanalyse sollen jedoch nicht Variablen/Merkmale, sondern die Untersuchungsobjekte/Merkmalsträger gebündelt werden: Eine heterogene Gesamtheit von Untersuchungsobjekten soll zu möglichst homogenen Gruppen (Clustern) verdichtet werden. Ein Hauptanwendungsbereich der Clusteranalyse im Rahmen der Marktforschung ist in der Marktsegmentierung zu sehen.
> Die Positionierung von Untersuchungsobjekten in einem Wahrnehmungsraum von möglichst geringer Dimension ist das Anliegen der **Multidimensionalen Skalierung**. Im Gegensatz zur Faktorenanalyse bilden dabei nicht erhobene Merkmale der Untersuchungsobjekte, sondern die zwischen ihnen wahrgenommenen Ähnlichkeiten bzw. Unähnlichkeiten den Ausgangspunkt. Diese Urteile werden so in räumliche Positionen übersetzt, dass als ähnlich wahrgenommene Objekte nah beieinander liegen. Eine besondere Herausforderung für den praktischen Einsatz besteht dann darin, die von der MDS erzeugten Raumdimensionen inhaltlich zu interpretieren.

5.4.3 Zusammenfassendes Beispiel

Mit den oben behandelten multivariaten Analyseverfahren lassen sich offenbar unterschiedliche Fragestellungen beantworten, die abschließend zu diesem Kapitel nochmals an einem zusammenhängenden Beispielfall demonstriert werden sollen.

Das Unternehmen *SEA-WORLD* stellt Luxusyachten für einen exklusiven Kundenkreis her. Seit einiger Zeit ist die Auftragslage rückläufig und man fragt sich nach den hierfür vorliegenden Gründen. Da angesichts der üblicherweise recht zahlungskräftigen Kunden wirtschaftliche Gründe weitgehend ausgeschlossen werden können, entschied sich das Unternehmen dazu, aktuelle und potenzielle Kunden zu ihrer Einstellung zu Yachten im Allgemeinen, zu ihrem Verhalten beim Yachtkauf sowie speziell zum Image von *SEA-WORLD* zu befragen.

Dem Unternehmen ging es u. a. darum, seine Zielgruppe besser einschätzen zu können. Mittels einer **Clusteranalyse** wurde untersucht, ob sich die Befragten entsprechend ihrer Einstellung zum Kauf von Luxusyachten in homogene Segmente einteilen lassen. Die Befragten sollten dazu ihre Zustimmung oder Ablehnung zu verschiedenen Aussagen wie z. B. Luxusyachten wirken protzig, schädigen die Umwelt, sind ein geeigneter Ort für Geschäftsverhandlungen etc. kundtun. Im Ergebnis wurde u. a. ein relativ junges, zahlungskräftiges Segment identifiziert, das eine starke ökologische Orientierung aufwies und Luxusyachten gegenüber eine deutliche negative Einstellung aufwies. Die Neudefinition der Zielgruppe verlangte die Ausklammerung dieses Segments.

Eine andere Frage war, inwieweit Privatvermögen und Alter einen Einfluss darauf nehmen, ob jemand eine Luxusyacht besitzt oder nicht. Diese Frage konnte mittels **Diskriminanzanalyse**, die generell den Einfluss metrisch skalierter Variablen (wie Alter und Vermögen) auf die Gruppenzugehörigkeit (Besitzer vs. Nicht-Besitzer einer Luxusyacht) untersucht, geklärt werden. Nicht überraschend war, dass die Wahrscheinlichkeit, eine Luxusyacht zu besitzen mit steigendem Vermögen und steigenden Alter zunimmt. Eher war es überraschend, dass den beiden Variablen für die Trennung von Besitzer und Nicht-Besitzer einer Luxusyacht annähernd die gleiche Bedeutung zukam. Auch Personen, die nicht unbedingt der höchsten Vermögensgruppe zuzurechnen waren, schienen sich den Lebensabend mit einer Luxusyacht „versüßen" zu wollen. Hier tat sich für *SEA-WORLD* ein neues Segment auf, das bislang vernachlässigt wurde.

Ferner wurde untersucht, wie verschiedene Hersteller von Luxusyachten relativ zueinander wahrgenommen werden. Mittels einer **Faktorenanalyse** wurden dazu die verschiedenen Hersteller im Wahrnehmungsraum der befragten Konsumenten positioniert. Es zeigte sich, dass die Hersteller in der Gruppe der Befragten als recht ähnlich angesehen wurden. *SEA-WORLD* war es demnach bislang nicht ausreichend gelungen, sich von seinen Wettbewerbern zu differenzieren.

Um eine solche Differenzierung künftig zu erreichen, sollte das Produktangebot besser an bestehende Kundenwünsche angepasst werden. In diesem Zusammenhang war es für *SEA-WORLD* von Interesse, wie wichtig die Merkmale Marke, Preis und Ausstattung bei der Wahl einer Luxusyacht sind. Diese Frage wurde im Rahmen einer **konjunkten Analyse**, die den Stellenwert einzelner Produktmerkmale für die Gesamtpräferenz ermittelt, analysiert. Es zeigte sich, dass von den drei Merkmalen die Ausstattung klar den größten Stellenwert einnahm. Marke und Preis waren hingegen weniger wichtig. Vor diesem Hintergrund erschien eine im Unternehmen bereits vorhandene Überlegung, sich als besonders preisgünstiger Anbieter von Luxusyachten zu positionieren, weniger Erfolg versprechend.

Im letzten Komplex ging es um die Klärung der Frage, ob Männer mit dem Produktangebot von *SEA-WORLD* insgesamt zufriedener sind als Frauen. Mittels **Varianzanalyse** wurde daher der Einfluss der nominal skalierten Variablen Geschlecht auf die als metrisch skaliert unterstellte Globalzufriedenheit untersucht. Es konnte nachgewiesen werden, dass Frauen statistisch signifikant höhere Zufriedenheitswerte aufwiesen als Männer. Den Gründen für die unterschiedliche Zufriedenheit von Männern und Frauen sollte in weiteren Untersuchungen genauer nachgegangen werden.

5.5 Kombination von Analyseverfahren

5.5.1 Kombination quantitativer Analyseverfahren

Oftmals erfordert die Bearbeitung praktischer Probleme nicht nur den isolierten Einsatz eines einzelnen Analyseverfahrens, sondern den kombinierten Einsatz mehrerer Verfahren. So könnten beispielsweise Datensätze in einem ersten Schritt mit Hilfe der Verfahren der Interdependenzanalyse (z. B. der Faktorenanalyse) untersucht werden, um Datenstrukturen in Form von abgrenzbaren Variablen aufzudecken. In einem zweiten Schritt werden sodann diese Variablen näher mit Verfahren der Dependenzanalyse (z. B. der Regressionsanalyse) auf Zusammenhänge untersucht. Auch Kombinationen von Verfahren innerhalb der Gruppen der Interdependenzanalyse und der Dependenzanalyse mögen angezeigt sein. *Tabelle 5.37* zeigt Beispiele für solche Verfahrenskombinationen.

Tab. 5.37: Kombinationsmöglichkeiten von Analyseverfahren

Verfahrenskombination	Anwendungsbeispiele
Faktorenanalyse und Clusteranalyse	Verdichtung einer großen Zahl möglicher Segmentierungsmerkmale auf wenige Faktoren im Vorfeld einer Clusterbildung mittels Clusteranalyse
Clusteranalyse und Varianzanalyse	Um zu überprüfen, bei welchen Merkmalen signifikante Mittelwertunterschiede zwischen den Clustern vorliegen, kann eine Varianzanalyse durchgeführt werden.
Diskriminanzanalyse und Clusteranalyse	Anwendung der Diskriminanzanalyse zur Überprüfung der Ergebnisse einer Clusteranalyse, indem durch sie analysiert wird, inwieweit bestimmte Variablen die durch die Clusteranalyse aufgedeckten Gruppen (Cluster) erklären können.
Varianzanalyse und Regressionsanalyse	Untersuchung des Einflusses sowohl metrisch als auch nominal skalierter unabhängiger Variablen auf eine metrisch skalierte abhängige Variable. Der Varianzanteil der metrisch skalierten unabhängigen Variablen wird durch eine vorgeschaltete Regressionsanalyse bestimmt.
Faktorenanalyse und Regressionsanalyse	Verdichtung einer Vielzahl käuferbezogener Variablen auf einige wenige überschneidungsfreie Faktoren mit Hilfe der Faktorenanalyse; anschließend Ermittlung des Einflusses dieser unterschiedlichen zentralen Käufereigenschaften (Faktoren) als unabhängige Variablen auf z. B. die Kaufneigung als abhängige Variable mittels Regressionsanalyse

An einer von *Hempelmann/Grunwald* (2005) durchgeführten **Zufriedenheitsstudie** soll nun exemplarisch die **Kombination von Faktorenanalyse und Regressionsanalyse** veranschaulicht werden. Zugleich können an diesem Beispiel auch die einzelnen Ablaufschritte einer Marktforschungsstudie nachvollzogen werden.

In dieser Studie wird die Zufriedenheit der Franchisenehmer mit ihrer Beziehung zum Franchisegeber betrachtet. **Untersuchungsziel** ist es, Ansatzpunkte für die Verbesserung der Franchisenehmerzufriedenheit durch den Franchisegeber zu identifizieren. Um Quellen (Determinanten) der Franchisenehmerzufriedenheit aufzudecken und damit Beeinflussungsmöglichkeiten der Franchisenehmerzufriedenheit durch den Franchisegeber aufzuzeigen, wurden im Rahmen der durchgeführten **Erhebung** Franchisenehmer der Region Weser-Ems sowohl im Hinblick auf ihre Zufriedenheit mit einzelnen Teilaspekten ihrer Beziehung zum Franchisegeber als auch insgesamt (Gesamtzufriedenheit) befragt (vgl. Hempelmann/Grunwald 2005, S. 82 ff.). Auf der Grundlage einer Zusammenstellung aller in der Bundesrepublik Deutschland tätigen Franchisegeber wurden 141 Franchise-Systeme identifiziert, die mit Franchisenehmern in der Region Weser-Ems zusammenarbeiten. Mittels einer Internet-

Recherche und Befragungen konnten insgesamt 380 Franchisenehmer aus der Region Weser-Ems ausfindig gemacht werden, die sodann im Wege einer Vollerhebung schriftlich zu ihrer Zufriedenheit befragt wurden. Durch Nachfassaktionen konnte eine bereinigte Rücklaufquote von 21,16 Prozent erzielt werden. Die Gesamtzahl der zurückgesandten Fragebögen belief sich auf 73.

Durch die Zerlegung des Konstrukts Franchisenehmerzufriedenheit in mehrere Zufriedenheitsdimensionen bzw. Teilzufriedenheiten (TZ) als potentielle Zufriedenheitsquellen ist es möglich, statistisch den Stellenwert einzelner Teilzufriedenheiten zum Zustandekommen der Gesamtzufriedenheit zu ermitteln. Die in *Tabelle 5.38* dargestellte **Operationalisierung** des Konstrukts Franchisenehmerzufriedenheit zeigt im Überblick die in der Untersuchung betrachteten Dimensionen der Franchisenehmerzufriedenheit, die den Franchisenehmern im Rahmen eines standardisierten Fragebogens zur Bewertung präsentiert wurden.

Tab. 5.38: Teilzufriedenheiten im Überblick

Unterstützungsleistungen des Franchisegebers (TZ 1):	Standortwahl/Einrichtungsgestaltung Know-how-Transfer (Handbuch, Schulungen) Betriebsführung (Rechnungswesen/Controlling, Finanzierung, technische Unterstützung) Warenversorgung/Logistik
Laufende Betreuung der Franchisenehmer (TZ 2 und 3):	Während die Unterstützungsleistungen durch den Franchisegeber bzw. die Systemzentrale für alle Franchisenehmer standardisiert erbracht werden, basiert die laufende Betreuung auf der *individuellen Interaktion* der Franchisenehmer mit Mitarbeitern der Systemzentralen oder Außendienstmitarbeitern des Franchisegebers.
Gebühren und Warenpreise (TZ 4):	Eintrittsgebühr Laufende Franchisegebühr Werbegebühr und sonstige Gebühren
Marktauftritt des Franchise-Systems (TZ 5):	Hierbei handelt es sich um Leistungen des Franchisegebers, die das Erscheinungsbild des Franchise-Systems gegenüber Endkunden bestimmen. Hierzu zählen z. B. Maßnahmen zur Sicherstellung der Systemstandards, Qualität und Umfang der vom Franchisegeber durchgeführten Werbung, Attraktivität des Produktprogramms im Vergleich zur Konkurrenz etc.
Sozio-emotionale Aspekte der Kooperation (TZ 6 und 7):	Diese Aspekte beziehen sich auf die Qualität der Beziehung zum Franchisegeber (Handhabung von Konflikten, Anerkennung der Franchisenehmer-Leistungen, Beteiligung an der langfristigen Systemplanung etc.) bzw. auf die Qualität der Beziehungen zu anderen Franchisenehmern (Häufigkeit von Treffen, Kommunikationsmöglichkeiten, Unterstützung etc.).
Tägliche Arbeit (TZ 8):	Als Motivatoren zur Steigerung der Arbeitszufriedenheit werden der Grad der Abwechslung, die Gestaltungsfreiheit des täglichen Arbeitsablaufs/der täglichen Arbeitszeit, aber auch das im Franchisenehmer-Betrieb herrschende Klima herangezogen.
Regelungen des Franchisevertrags (TZ 9):	Betrachtet werden hier z. B. die Mitspracherechtsmöglichkeiten der Franchisenehmer bei der Festlegung der Vertragskonditionen, die Vertragslaufzeit, das Verhältnis vertraglicher Rechte und Pflichten sowie Möglichkeiten der Vertragsanpassung an veränderte Marktbedingungen.

5.5 Kombination von Analyseverfahren

Jeder Zufriedenheitsdimension werden im Fragebogen die oben bereits erwähnten und zum Teil weitere Items zugeordnet, die von den Franchisenehmern auf einer siebenstufigen Ratingskala (von 1 = sehr zufrieden ... bis ... 7 = sehr unzufrieden) zu bewerten sind.

Die zentralen Ergebnisse der **deskriptiven Analyse** können *Tabelle 5.39* sowie *Abbildung 5.30* entnommen werden.

Tab. 5.39: Ausgewählte Ergebnisse – Durchschnittswerte der Global- und Teilzufriedenheit

Branche	Global-zufrie-denheit	Teilzufriedenheiten								
		Leistung des FG	Betreuung SZ	Betreuung AD	Preise/ Gebühren	Marktauftritt	Beziehung zum FG	Beziehung zu anderen FN	tägl. Arbeit	Franchisevertrag/ Verhandlungen
	(GZ)	(TZ 1)	(TZ 2)	(TZ 3)	(TZ 4)	(TZ 5)	(TZ 6)	(TZ 7)	(TZ 8)	(TZ 9)
Dienstleistung	3,46 [1,74]	3,71 [1,63]	3,54 [1,59]	3,57 [1,66]	4,43 [1,73]	3,42 [2,00]	3,08 [1,61]	2,92 [1,53]	2,12 [0,85]	3,87 [1,48]
Gastronomie	2,40 [1,34]	3,40 [1,14]	3,60 [1,52]	3,40 [1,67]	3,80 [1,30]	2,80 [1,48]	3,00 [1,23]	3,00 [1,87]	2,20 [0,84]	3,80 [0,84]
Handel	2,60 [1,08]	3,04 [1,28]	2,83 [1,44]	3,27 [1,71]	3,52 [1,58]	2,96 [1,46]	2,81 [1,02]	2,69 [1,52]	1,92 [0,69]	3,09 [1,44]
Handwerk	2,40 [0,89]	2,60 [0,89]	2,40 [1,52]	3,20 [1,30]	4,00 [1,23]	2,20 [0,45]	2,20 [0,45]	2,00 [0,71]	2,80 [0,84]	3,60 [2,07]
Reise/ Freizeit	2,38 [1,19]	2,62 [1,19]	2,46 [1,45]	2,31 [1,25]	3,08 [1,38]	2,62 [1,12]	2,23 [0,93]	2,54 [1,05]	2,15 [0,90]	2,77 [1,01]
Gesamt	2,82 [1,41]	3,18 [1,40]	3,03 [1,53]	3,19 [1,61]	3,79 [1,60]	3,03 [1,56]	2,77 [1,24]	2,71 [1,42]	2,11 [0,81]	3,39 [1,44]

Legende: GZ = Globalzufriedenheit, TZ = Teilzufriedenheit, FG = Franchisegeber, FN = Franchisenehmer, SZ = Systemzentrale, AD = Außendienst; *Standardabweichung in eckigen Klammern*

Insgesamt zeigt sich eine relativ hohe Globalzufriedenheit der Franchisenehmer in der Stichprobe. So verneinten ca. 55% der befragten Franchisenehmer, schon einmal ernsthaft erwogen zu haben, den Franchisevertrag vorzeitig zu beenden. 64% der Franchisenehmer würden ihrem System noch einmal beitreten. Allerdings sind Unterschiede zwischen den Branchen nicht zu übersehen: Während die Franchisenehmer in den Bereichen Gastronomie, Handel, Handwerk und Reise/Freizeit überdurchschnittlich zufrieden sind, fällt die deutlich unterdurchschnittliche Zufriedenheit im Dienstleistungsbereich auf. Unterschiede ergeben sich auch zwischen den einzelnen Teilzufriedenheiten. Während die Zufriedenheit mit der täglichen Arbeit (TZ 8) am höchsten ausfällt, ist sie mit der Höhe von Preisen und Gebühren (TZ 4) am geringsten.

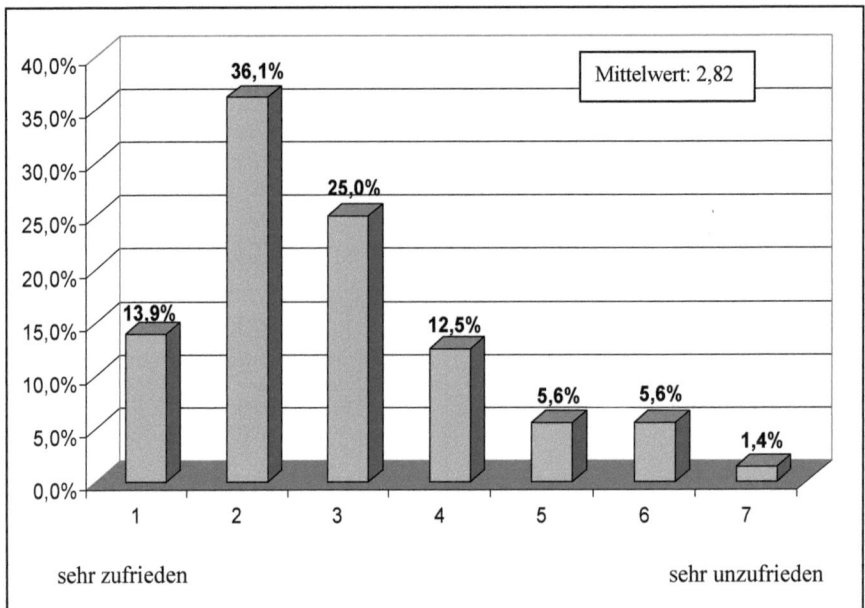

Abb. 5.30: Globalzufriedenheit der Franchisenehmer – Relative Häufigkeiten

Die Zufriedenheit von Franchisenehmern beschreibt einen komplexen Sachverhalt, dessen Messung die Erfassung einer Vielzahl von Variablen (Items) erforderlich macht. Theoretischen Überlegungen folgend wurde das Zufriedenheits-Konstrukt in mehrere Dimensionen (Teilzufriedenheiten) zerlegt, die eine strukturierte Abfrage der individuellen Zufriedenheiten ermöglicht hat. Zur Messung der Teilzufriedenheiten wurden insgesamt 58 Items, zwischen denen mehr oder weniger ausgeprägte Korrelationen bestehen, abgefragt.

Die **Faktorenanalyse** wurde eingesetzt mit dem Ziel, diese Vielzahl von Items auf wenige, voneinander unabhängige Zufriedenheitsfaktoren zu verdichten. Dabei wird von der Annahme ausgegangen, dass die zwischen den Items bestehenden Korrelationen auf im Hintergrund stehende Faktoren zurückgeführt werden können. Die Faktoren sind dabei nicht unmittelbar beobachtbare hypothetische Größen, die erst aus den erhobenen Daten herauszufiltern sind. Im Gegensatz zu den im Fragebogen verwendeten Teilzufriedenheiten, bei denen man Unabhängigkeit nur spekulativ vermuten kann, beschreiben die Zufriedenheitsfaktoren statistisch fundiert jene voneinander unabhängigen Aspekte, auf die sich die individuellen Zufriedenheitsurteile zurückführen lassen. Ziel ist es dabei, mit möglichst wenigen Faktoren möglichst viel der ursprünglichen Varianz in den Daten zu erfassen.

Vorab ist aber zu prüfen, ob die erhobenen Daten grundsätzlich für eine Faktorenanalyse geeignet sind. Für die erhobenen Daten errechnet sich das *Kaiser-Meyer-Olkin*-Maß zu KMO = 0,634, so dass die Anwendung einer Faktorenanalyse gerechtfertigt ist.

5.5 Kombination von Analyseverfahren

Unter Einsatz von SPSS wurde eine Haupt-Faktorenanalyse mit anschließender VARIMAX-Rotation gerechnet. Auf Grundlage des *Kaiser-Kriteriums* wurden insgesamt 13 Faktoren extrahiert. Die Kommunalitäten der Items zeigen, dass die 13 Faktoren gemeinsam zwischen 40,9% (Zufriedenheit mit der privat verfügbaren Zeit) und 87,4% (Zufriedenheit mit der Einsatzbereitschaft des Außendienstes) der Varianz der Items erklären. Die Eigenwerte der Faktoren, die einen Maßstab für den Beitrag eines Faktors zur Erklärung der Varianz *aller* Items darstellen, variieren zwischen 12,15% für Faktor 1 und 1,95% für Faktor 13. Insgesamt werden von den 13 Faktoren zusammen 71,65% der gesamten Varianz erfasst (vgl. *Tabelle 5.40*).

Tab. 5.40: Erklärte Gesamtvarianz

Faktor	Anfängliche Eigenwerte			Summen von quadrierten Faktorladungen für Extraktion			Rotierte Summe der quadrierten Ladungen		
	Gesamt	% der Varianz	Kumulierte %	Gesamt	% der Varianz	Kumulierte %	Gesamt	% der Varianz	Kumulierte %
1	18,923	32,626	32,626	18,668	32,186	32,186	7,048	12,151	12,151
2	4,180	7,208	39,834	3,866	6,666	38,852	5,000	8,620	20,771
3	3,727	6,425	46,259	3,454	5,955	44,807	4,944	8,524	29,295
4	3,349	5,775	52,034	3,114	5,369	50,176	4,697	8,097	37,393
5	2,903	5,006	57,040	2,604	4,490	54,667	4,372	7,537	44,930
6	2,397	4,133	61,173	2,127	3,667	58,334	2,632	4,539	49,469
7	1,920	3,310	64,483	1,610	2,775	61,109	2,629	4,533	54,002
8	1,633	2,815	67,298	1,322	2,280	63,389	2,083	3,591	57,594
9	1,489	2,568	69,866	1,193	2,056	65,445	2,073	3,574	61,167
10	1,323	2,281	72,147	1,036	1,787	67,232	1,845	3,181	64,348
11	1,227	2,115	74,262	,931	1,606	68,838	1,788	3,082	67,431
12	1,165	2,008	76,270	,885	1,525	70,363	1,316	2,269	69,700
13	1,051	1,813	78,083	,748	1,290	71,653	1,133	1,953	71,653
14	,999	1,722	79,805						
15	,942	1,625	81,430						
...	...	...	...						

Die inhaltliche Interpretation der Faktoren basiert auf den (rotierten) Faktorladungen, die die Korrelation zwischen Faktor und Item angeben. Der im Rahmen der Darstellung der Faktorenanalyse bereits erwähnten Konvention folgend, werden dabei zur Interpretation eines Faktors nur solche Items mit Faktorladungen größer als 0,5 herangezogen. *Tabellen 5.41* und *5.42* zeigen die sich so ergebende Zuordnung der Items zu Faktoren.

Tab. 5.41: Zuordnung der Items zu Faktoren

Item	Faktor												
	1	2	3	4	5	6	7	8	9	10	11	12	13
Hilfe Standortwahl								x					
Rechtsberatung													
Handbuch		x											
Schulungen		x											
RW/Controlling													
technische Hilfe													
Einrichtungsgestaltung								x					
Finanzhilfen					x								
Warenversorgung/Logistik													
Freundlichkeit Systemzentrale									x				
Erreichbarkeit Systemzentrale									x				
Einsatzbereitschaft Systemzentrale	x												
Problemlösungskompetenz Systemzentrale	x												
Bearbeitungsdauer Systemzentrale	x												
Kontakthäufigkeit Systemzentrale	x												
Freundlichkeit Außendienst	x												
Erreichbarkeit Außendienst	x												
Einsatzbereitschaft Außendienst	x												
Problemlösungskompetenz Außendienst	x												
Bearbeitungsdauer Außendienst	x												
Besuchshäufigkeit Außendienst	x												
Eintrittsgebühr											x		
laufende Franchisegebühr											x		
Warenpreise					x								
Werbegebühren													
Gebühren für sonstige Leistungen											x		
einheitlicher Systemstandard													
Qualität der FG-Werbung			x										
Umfang der FG-Werbung			x										
Aktionen zur Verkaufsförderung			x										
Bekanntheitsgrad beim Verbraucher			x										
Ruf beim Verbraucher			x										
Produktprogramm im Vergleich zur Konkurrenz													X
Anpassung an veränderte Marktbedingungen		x											

5.5 Kombination von Analyseverfahren

Tab. 5.42: Zuordnung der Items zu Faktoren (Forts.)

Item	Faktor 1	2	3	4	5	6	7	8	9	10	11	12	13
Konflikt-/Krisenbewältigung													
Leistungsanerkennung													
Beteiligung an Planungen					x								
Selbstständigkeit				x									
Berücksichtigung meiner Ideen													
Art zu erfüllender Vorgaben					x								
Anzahl zu erfüllender Vorgaben					x								
Häufigkeit von Treffen mit anderen FN		x											
Kommunikationsmöglichkeiten mit anderen FN		x											
Unterstützung durch andere FN		x											
Zusammenhalt der FN		x											
Abwechslung bei der täglichen Arbeit							x						
Gestaltungsfreiheit des täglichen Arbeitsablaufs							x			x			
Gestaltungsfreiheit bei Wahl der täglichen Arbeitszeit							x						
private Zeit							x						
täglicher Arbeitseinsatz der Mitarbeiter										x			
Betriebsklima										x			
Zufriedenheit nach einer Kontrolle												X	
Mitsprachemöglichkeiten bei Festlegung der Vertragskonditionen						x							
Vertragslaufzeit				x									
Möglichkeiten der Vertragsanpassung						x							
Verhältnis vertraglicher Rechte und Pflichten				x									
vertraglich geregelte Kontrollmöglichkeiten des FG				x									
vertraglich geregelte Sanktionen des FG bei Vertragsverletzungen				x									

Diese Zuordnung gestattet den folgenden Interpretationsversuch für die gefundenen Faktoren (vgl. *Tabelle 5.43*):

Tab. 5.43: Interpretation der Faktoren

Faktor	Interpretation
1	Beziehung zur Systemzentrale und zum Außendienst
2	Know-how-Transfer/Erfahrungsaustausch
3	Marktauftritt des Systems
4	Vertragskonditionen
5	Unternehmerische Selbstständigkeit
6	Mitsprachemöglichkeiten
7	Tägliche Arbeit
8	Hilfe bei Standortwahl/Einrichtungsgestaltung
9	Freundlichkeit/Erreichbarkeit der Systemzentralen
10	Beziehung zu Mitarbeitern
11	Gebühren
12	Zufriedenheit nach einer Kontrolle
13	Wettbewerbsvorteil gegenüber der Konkurrenz

Vergleicht man die gefundenen Zufriedenheitsfaktoren mit den im Fragebogen verwendeten Zufriedenheitsdimensionen so zeigen sich weitgehende Übereinstimmungen, aber auch Unterschiede im Detail. So entspricht etwa Faktor 1 weitgehend den Teilzufriedenheiten 2 und 3 (laufende Betreuung der Franchisenehmer durch Systemzentrale und Außendienst). Faktor 2 entspricht in Teilen der Teilzufriedenheit 7 (Qualität der Beziehung zu anderen Franchisenehmern). Faktor 3 ist (weitgehend) identisch mit Teilzufriedenheit 5, Faktor 4 mit Teilzufriedenheit 9 (Regelungen des Franchisevertrags). Des Weiteren entsprechen sich Faktor 7 und Teilzufriedenheit 8 (Tägliche Arbeit), wobei hier die Beziehung zu Mitarbeitern in einem eigenständigen Faktor (Faktor 10) „ausgelagert" werden, und (von den Warenpreisen abgesehen) auch Faktor 11 und Teilzufriedenheit 4 (Gebühren und Warenpreise). Auffällig ist, dass die Unterstützungsleistungen des Franchisegebers (Teilzufriedenheit 1) keinen eigenständigen Faktor bilden. Die unter dieser Teilzufriedenheit subsumierten Items werden vielmehr verschiedenen Faktoren zugeordnet. So bilden etwa die Hilfen bei Standortwahl und Einrichtungsgestaltung nunmehr einen eigenständigen Faktor (Faktor 8), während z. B. Schulungen und Handbuch Faktor 2 (Know-how-Transfer/Erfahrungsaustausch) und Finanzierungshilfen Faktor 5 (Unternehmerische Selbstständigkeit) zugeordnet werden.

Ziel der sich anschließenden **multiplen Regressionsanalyse** ist es, den Stellenwert der gefundenen Faktoren für die globale Zufriedenheit der befragten Franchisenehmer zu bestimmen. Aufgrund der Unkorreliertheit der Faktoren wird dazu von dem folgenden linear-additiven Modell ausgegangen, das die Globalzufriedenheit in Abhängigkeit von den Ausprägungen der Faktoren (Faktorwerte) erklärt:

$$\text{Globalzufriedenheit} = \text{Konstante} + \text{Beta}_1 \times \text{Faktorwert}_1 + \ldots + \text{Beta}_{13} \times \text{Faktorwert}_{13} + \text{Störgröße}$$

Da die Faktoren hypothetische Variablen sind, für die keine Beobachtungsdaten vorliegen, sind die Faktorwerte, die hier als Zufriedenheitsurteile mit den einzelnen Faktoren zu interpretieren sind, im Rahmen einer Faktorenanalyse zu ermitteln. Dies geschieht im Allgemeinen über eine lineare Regression. Die Ermittlung der Beta-Werte (Regressionskoeffizienten) erfolgt ebenfalls mit Hilfe einer linearen Regression, bei der die Faktorwerte als unabhängige und das globale Zufriedenheitsurteil als abhängige Variable verwendet werden. Unter An-

5.5 Kombination von Analyseverfahren

wendung der schrittweisen Regressionsanalyse wurden durch SPSS insgesamt 7 alternative Regressionsmodelle geschätzt, die grundsätzlich geeignet sind, die vorhandenen Daten abzubilden. Bei einer schrittweisen Regression werden im Gegensatz zu einer blockweisen Regression die unabhängigen Variablen (hier die Faktorwerte) einzeln nacheinander in die Regressionsgleichung einbezogen. Die Reihenfolge, mit der die unabhängigen Variablen aufgenommen werden, stellt dabei einen Indikator für die statistische Wichtigkeit der Variablen dar (vgl. Backhaus/Erichson/Plinke/Weiber 2003, S. 105).

Die folgenden Ausführungen beziehen sich auf Modell 7, da dieses Regressionsmodell das höchste Bestimmtheitsmaß ($R^2 = 0,766$) aufweist und damit die Varianz in der Beurteilung der Globalzufriedenheit am besten erklärt. Das Modell erklärt ca. 77% der Varianz der Globalzufriedenheit. Das Modell ist in *Tabelle 5.44* dargestellt.

Tab. 5.44: Regressionsmodell zur Erklärung der Globalzufriedenheit

Modell		Nicht standardisierte Koeffizienten		Standardisierte Koeffizienten	T	Signifikanz
		B	Standardfehler	Beta		
7	(Konstante)	2,827	,085		33,426	,000
	REGR factor score 5 for analysis 1	,619	,090	,417	6,885	,000
	REGR factor score 3 for analysis 1	,589	,087	,409	6,751	,000
	REGR factor score 4 for analysis 1	,554	,089	,377	6,226	,000
	REGR factor score 1 for analysis 1	,502	,087	,350	5,780	,000
	REGR factor score 2 for analysis 1	,353	,091	,236	3,895	,000
	REGR factor score 6 for analysis 1	,312	,090	,210	3,476	,001
	REGR factor score 10 for analysis 1	,195	,093	,127	2,103	,039
Abhängige Variable: Zufriedenheit als Franchisenehmer insgesamt (Globalzufriedenheit)						

Laut *Tabelle 5.44* ist das Modell durch die Regressionsgleichung

Globalzufriedenheit = 2,827 + 0,619 × Faktorwert 5 + 0,589 × Faktorwert 3 + 0,554 × Faktorwert 4 + 0,502 × Faktorwert 1 + 0,353 × Faktorwert 2 + 0,312 × Faktorwert 6 + 0,195 × Faktorwert 10

gegeben. Von den insgesamt 13 Faktorwerten werden also nur 7 zur Erklärung der Globalzufriedenheit herangezogen. Die größte Bedeutung kommt dabei der unternehmerischen Selbstständigkeit (Faktor 5) zu. In der Reihenfolge der Wichtigkeit folgen der Marktauftritt des Systems (Faktor 3), die Vertragskonditionen (Faktor 4), die Beziehung zur Systemzentrale und zum Außendienst (Faktor 1), Know-how-Transfer/Erfahrungsaustausch (Faktor 2), Mitsprachemöglichkeiten (Faktor 6) und die Beziehung zu Mitarbeitern (Faktor 10). Im Vergleich zu den anderen Faktoren weist Faktor 10 allerdings nur noch eine sehr geringe statistische Signifikanz auf. Keinen signifikanten Beitrag zur Erklärung der Globalzufriedenheit tragen hingegen die Faktoren Tägliche Arbeit (Faktor 7), Hilfe bei Standortwahl/Einrichtungsgestaltung (Faktor 8), Freundlichkeit/Erreichbarkeit der Systemzentralen (Faktor 9), Gebühren (Faktor 11), Zufriedenheit nach einer Kontrolle (Faktor 12) und Wettbewerbsvorteil gegenüber der Konkurrenz (Faktor 13) bei.

Anhand der standardisierten Regressionskoeffizienten lassen sich auch quantitative Aussagen über die Bedeutung der Faktoren machen. So kommt z. B. der Zufriedenheit mit der unternehmerischen Selbstständigkeit (Faktor 5) ein fasst doppelt so hoher Stellenwert für die Globalzufriedenheit zu wie der Zufriedenheit mit den Mitsprachemöglichkeiten bei Festlegung oder Änderung der Vertragskonditionen (Faktor 6).

Der Stellenwert der Items für die Zufriedenheitsfaktoren wurde in ähnlicher Weise ebenfalls regressionsanalytisch ermittelt. Auch auf der Ebene der identifizierten Faktoren dürfte den einzelnen Items, die gemäß *Tabellen 5.41* und *5.42* dem jeweiligen Faktor zugeordnet sind, ein unterschiedlicher Stellenwert zukommen, der wiederum mittels schrittweiser Regressionsanalyse bestimmt wurde. Dabei dienen die Faktorwerte der jeweiligen Zufriedenheitsfaktoren als zu erklärende Variable. Jene Faktoren, denen jeweils nur ein Item zugeordnet ist, nämlich Faktoren 12 und 13, bleiben dabei außerhalb der Betrachtung. Zu beachten ist dabei, dass die Reihenfolge, in der die Items in das Regressionsmodell aufgenommen werden, zwar qualitative Rückschlüsse auf deren Wichtigkeit zulässt. Aufgrund der zwischen den Items bestehenden Korrelationen sind allerdings quantitative Aussagen über ihren Stellenwert anhand der standardisierten Regressionskoeffizienten nicht verlässlich möglich. *Tabelle 5.45* zeigt beispielhaft das Regressionsmodell zur Erklärung der Zufriedenheit mit Faktor 1.

Tab. 5.45: Regressionsmodell zur Erklärung der Zufriedenheit mit Faktor 1 (Beziehung zur Systemzentrale und zum Außendienst)

Modell		Nicht standardisierte Koeffizienten		Standardisierte Koeffizienten	T	Signifikanz
		B	Standardfehler	Beta		
3	(Konstante)	−2,041	,103		−20	,000
	Einsatzbereitschaft Außendienst	,391	,055	,495	7,13	,000
	Problemlösungskompetenz Außendienst	,221	,048	,328	4,62	,000
	Bearbeitungsdauer Außendienst	,146	,052	,209	2,79	,007
Abhängige Variable: REGR factor score 1 for analysis 1						

Hier liefert die Einsatzbereitschaft des Außendienstes gefolgt von dessen Problemlösungskompetenz und der Bearbeitungsdauer von Anfragen den größten Beitrag zur Zufriedenheit mit diesem Faktor. Überraschend liefern hingegen die auf die Beziehung zur Systemzentrale abstellenden Items keinen signifikanten Beitrag zur Zufriedenheit mit diesem Faktor.

5.5.2 Kombination qualitativer und quantitativer Analyseverfahren

Am Beispiel der von *Beinke/Grunwald* (2008) untersuchten **Inhaltsanalyse (Content-Analyse)** für Weblogs soll nachfolgend die Kombination eines qualitativen Analyseverfahrens (Content-Analyse) mit einem quantitativen Analyseverfahren (**Faktorenanalyse**) veranschaulicht werden.

Hintergrund der Analyse ist die Beobachtung, dass sich viele Unternehmen aus unterschiedlichen Branchen mit steigenden Kundenabwanderungsraten konfrontiert sehen, wobei Abwanderungsraten von bis zu 30% durchaus keine Seltenheit sind. Untersuchungen haben gezeigt, dass in etlichen Branchen die Neukundengewinnung etwa vier- bis sechsmal teurer ist als die Kundenbindung, worunter im weiteren Sinne die Einstellung eines Kunden zur Geschäftsbeziehung mit einem Anbieter verstanden werden kann (vgl. Diller 1996, S. 83).

Auf die steigenden Kundenabwanderungen reagiert die Unternehmenspraxis immer häufiger mit der Implementierung umfangreicher und aufwendiger Kundenbindungsprogramme. Als praktisches Marktforschungsproblem stellt sich jedoch bereits im Vorfeld für Unternehmer die Frage, ob und wie Kundenabwanderungstendenzen frühzeitig erkannt werden können. Oftmals wird hierbei auf kostspielige Kundenbefragungen im Feld zurückgegriffen, was insbesondere für kleine und mittelständische Unternehmungen häufig einen sehr großen Aufwand darstellt. Zudem erfordert die Ermittlung von Abwanderungstendenzen auch, dass die Determinanten der Kundenbindung in zeitlich nah aufeinander folgenden Abständen überprüft werden, was den durch Befragungen entstehenden Aufwand noch vergrößert. Es stellt sich somit die Frage, mit welchen möglichst einfachen, kostengünstigen und praktikablen Mitteln Unternehmen Informationen darüber erhalten, wie stark ausgeprägt ihre Fähigkeit, Kunden zu binden, ist. Ein solches Mittel kann die Content-Analyse von Weblogs sein.

Weblogs, ein Kunstwort aus ‚Web' und ‚Logbuch', sind ein in Deutschland vergleichsweise junges Kommunikationsphänomen. Dabei handelt es sich um regelmäßig aktualisierte Webseiten, deren Einträge in umgekehrt chronologischer Reihenfolge sortiert sind. Neue Einträge stehen an oberster Stelle, ältere folgen in umgekehrt chronologischer Reihenfolge. Die Tätigkeit selbst, Einträge in einem Weblog vorzunehmen, wird als Weblogging bezeichnet. Die Parallele des Weblogging zur klassischen persönlichen Kommunikation kann darin gesehen werden, dass sich über sie relativ schnell Konsumerfahrungen an eine Vielzahl von Empfänger verbreiten lassen. Die Beeinflussungswirkung der Webloginhalte auf die Empfänger ist infolge der hohen Flexibilität und Glaubwürdigkeit der Kommunikation im Vergleich zur anonymen Massenkommunikation als relativ hoch einzustufen.

Um Rückschlüsse von Weblog-Einträgen auf kundenbindungsrelevante Größen ziehen zu können, steht dem Marktforscher unter anderem die Content- bzw. Inhaltsanalyse zur Verfügung. Hierunter wird ein Bündel von Ansätzen gefasst, deren Kern aus Heuristiken zur Textinterpretation besteht (vgl. Herrmann 1998, S. 380). Eine solche Analyse von Textinhalten stellt mittlerweile in der qualitativen Marktforschung eine wohl etablierte Methode dar. Zumeist wird die Content Analyse dabei zur Auswertung tiefenpsychologischer Interviews eingesetzt. Ein idealtypisches Vorgehen bei Content-Analysen ist in *Abbildung 5.31* dargestellt.

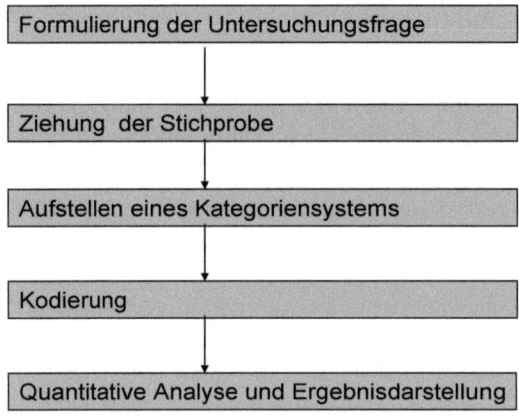

Abb. 5.31: Idealtypischer Ablauf von Content-Analysen

Nachdem im ersten Schritt die in der Analyse zu untersuchende Fragestellung festgelegt und klar umrissen wurde, muss der Forscher die zu untersuchende Stichprobe festlegen. Ziel der Stichprobenziehung muss sein, eine zufällig gezogene Textbasis aus einer Grundgesamtheit von Weblogeinträgen zu erhalten, die für den Forscher praktikabel ist. Alle der in Abschnitt 4.1.2 dargestellten Verfahren der Stichprobenziehung können dabei angewandt werden.

Im Anschluss an die Stichprobenziehung stellt der Forscher im ersten Schritt in der Durchführungsphase ein **Kategoriensystem** auf, in welches die analysierten Textelemente während der Kodierungsphase eingeordnet werden können. Das Kategoriensystem repräsentiert die zu untersuchenden Hypothesen und somit den Grundgedanken der Analyse. Das Aufstellen des Kategoriensystems kann auf zwei Arten erfolgen. Zum einen können im Sinne der Deduktion die Kategorien aus bestehenden Theorien und empirischen Arbeiten abgeleitet werden. Zum anderen können die Kategorien anhand von Verallgemeinerungen mit Hilfe der bestehenden Texte abgeleitet werden, was einer induktiven Vorgehensweise entspricht.

In der **Kodierungsphase** untersucht der Forscher die vorliegenden Texte und überprüft sie dabei auf Stichworte oder Schlüsselabsätze (Kodiereinheiten). Anhand dieser Schlüssel ordnet er die Textinhalte den erstellten Kategorien zu. Diese Zuordnung muss strikten Regeln gehorchen, die ihrerseits in einem Kodierplan festgehalten werden sollten. Im Anschluss an die Kodierung können die Ergebnisse mittels statistischer Verfahren weiterverarbeitet, aufbereitet und die Ergebnisse präsentiert werden.

An inhaltsanalytische Verfahren werden drei **methodische Anforderungen** gestellt. Die Analyse von Textinhalten soll objektiv, systematisch und quantitativ sein. Die Forderung nach Objektivität bezieht sich auf das Kategoriensystem und die Regeln der Zuordnung in der Kodierphase. Beide müssen so präzise definiert sein, dass ein zweiter Forscher, der die Studie anhand des gleichen Kategoriensystems und des gleichen Textkorpus durchführt, auch zu denselben Ergebnissen kommt. Die Forderung nach einer systematischen Analyse soll sicherstellen, dass der Forscher einheitliche und nachvollziehbare Regeln aufstellt, nach denen Textinhalte und Analysekategorien in die Studie mit einbezogen oder ausgeschlossen werden. Die erstellten Regeln sollen gewährleisten, dass der Forscher nicht nur diejenigen Textpassagen auswählt, die seine Thesen stützen. Die dritte Forderung nach einem quantitativen Element in der Analyse von Textinhalten wird in der Literatur heftig kritisiert. Es soll hier aber die These von *Kassarjian* (1977, S. 9) vertreten werden, dass das quantitative Element der inhaltsanalytischen Verfahren diese von einem einfachen kritischen Lesen unterscheidet.

In der hier vorgestellten beispielhaften Anwendung der Inhaltsanalyse wird das contentanalytische Verfahren der **Bewertungsanalyse** genutzt. Im Rahmen einer Bewertungsanalyse werden zusätzlich zu der einfachen Einordnung von Texten zu den Un-tersuchungskategorien auch Bewertungen, die der Rezipient in den Texten bezüglich der Kategorien abgibt, analysiert. Dabei bedient man sich der Trichotomie „positiv" (+), „negativ" (–) oder „neutral" (0). Durch diese Bewertungen ist die Bewertungsanalyse einerseits anfälliger für subjektive Urteile des Forschers, die der Forderung nach Objektivität widersprechen. Andererseits ist die Aussagekraft von Bewertungsanalysen jedoch auch wesentlich höher als die von **Frequenzanalysen**, bei denen die Häufigkeit, mit der bestimmte Untersuchungskategorien vorkommen, gezählt wird.

Das Vorgehen der Content-Messung soll am Beispiel der Bewertungsanalyse verdeutlicht werden. Anhand der Einträge in einem Weblog zum Thema Elektrogeräte möchte sich der Elektromarkt A einen Überblick darüber verschaffen, wie das Verhältnis von positiven zu neutralen bzw. negativen kundenbindungsrelevanten Äußerungen ausfällt. Dazu zieht er eine Stichprobe aus einer Grundgesamtheit von 380 Weblog-Einträgen. Im Anschluss erfolgt die Festlegung der Merkmale und der Merkmalsausprägungen, mit denen das Untersuchungsmaterial beschrieben wird.

Als mögliche Kategorien zur Erfassung des Konstrukts Kundenbindung konnte *Giering* (2000) im Rahmen einer explorativen Faktorenanalyse die Faktoren Wiederkaufabsicht, Weiterempfehlungsabsicht und Zusatzkaufabsicht aufdecken (vgl. Giering 2000, S. 161). Die inhaltliche Interpretation der Faktoren basiert auf den (rotierten) Faktorladungen, die die Korrelation zwischen Faktor und Item (Indikator) angeben. Auch hier wurde von der gebräuchlichen Konvention Gebrauch gemacht, zur Interpretation eines Faktors nur solche Items mit Faktorladungen größer als 0,5 heranzuziehen. Nach diesen Merkmalen, die den theoretisch-begrifflich zu erfassenden Sachverhalt abbilden, lässt sich im weiteren Verlauf der Analyse das Untersuchungsmaterial kodieren.

Tabelle 5.46 zeigt die sich so ergebende Zuordnung der Items zu Faktoren als Grundlage für die Kategorienbildung. Die formulierten Items stellen typische Beispiele dar, die signalisieren, ob ein Wort oder Satz zu einer bestimmten Kategorie gehört.

Tab. 5.46: Ergebnisse der explorativen Faktorenanalyse für das Konstrukt Kundenbindung als Grundlage zur Kategorienbildung (Quelle: Giering 2000, S. 161)

Faktor	Item (Indikator)	Faktorladung (nach schiefwinkliger Rotation)		
Wiederkaufabsicht	Es ist sehr wahrscheinlich, dass ich das nächste Mal wieder dieselbe Marke kaufe.	0,83	0,21	0,04
	Ich beabsichtige nicht, eine andere Marke zu kaufen.	0,82	0,11	0,11
	Ich habe die Absicht, dieser Marke treu zu bleiben.	0,87	0,21	0,16
	Ich denke nicht, dass ich beim nächsten Mal eine andere Marke ausprobieren werde.	0,81	0,06	0,12
Weiterempfehlungsabsicht	Ich werde meinen Freunden und Bekannten von den Vorzügen dieser Marke erzählen.	0,13	0,16	0,94
	Von meinen guten Erfahrungen mit der Marke sollen auch andere erfahren.	0,11	0,16	0,95
	Ich habe die Absicht, diese Marke anderen Personen weiterzuempfehlen.	0,16	0,16	0,94
Zusatzkaufabsicht	Ich denke, dass ich auch andere Produkte dieses Markenanbieters ausprobieren werde.	0,17	0,75	0,17
	Ich habe die Absicht, noch zusätzliche Produkte desselben Markenanbieters zu kaufen.	0,12	0,89	0,07
	Ich beabsichtige, meine Einkäufe bei diesem Markenanbieter auszudehnen.	0,20	0,88	0,11
	Wahrscheinlich werde ich häufiger als bisher Produkte bei diesem Markenanbieter kaufen.	0,10	0,78	0,17

Im vorliegenden Beispiel hat der Marktforscher sich also dazu entschieden, die Kategorien der Inhaltsanalyse aus einer bestehenden empirischen Untersuchung abzuleiten. Diese gewählte Vorgehensweise entspricht damit der deduktiven Kategorienbildung.

Die gezogene Stichprobe besteht aus insgesamt 90 Weblog-Einträgen, in welchen sich Kunden über den Anbieter A äußern. In *Tabelle 5.47* sind beispielhaft markante Äußerungen aufgeführt, die gemäß den in Zeile 1 angeführten Kodieranweisungen den drei deduzierten Kundenbindungskategorien zugeordnet werden können.

5.5 Kombination von Analyseverfahren

Tab. 5.47: Ergebnisse der Kodierung (Quelle: Beinke/Grunwald 2008, S. 7)

	Kategorien					
Weblog-Eintrag	**Wiederkaufabsicht** Bewertungen beziehen sich auf mögliche Wiederkäufe des Produktes bei einem Anbieter.	Weblog-Eintrag	**Weiterempfehlungsabsicht** Bewertungen beziehen sich auf die Verbreitung von Konsumerfahrungen.	Weblog-Eintrag	**Zusatzkaufabsicht** Bewertungen beziehen sich auf mögliche Käufe anderer Produkte eines Anbieters.
Nr. 1	Ich werde zur Abwechselung einmal nicht das Produkt von A kaufen. -1	Nr. 31	Ich kann nur allen raten, keine Produkte von A zu kaufen. -1	Nr. 61	Außer dem PC könnte ich mir auch vorstellen, noch den Drucker bei A zu kaufen. +1
Nr. 2	Ich werde auch mein nächstes Handy bei A einkaufen. +1	Nr. 32	Die PC-Zeitschrift empfiehlt, mit dem Kauf der Produkte von A zu warten. 0	Nr. 62	Wahrscheinlich werde ich noch öfter als bisher Produkte bei A kaufen. +1
...	...	...	...	...	...
Nr. 30	Ich bleibe bei dem Unternehmen A. +1	Nr. 60	Die Produkte von A sollten kein Geheimtipp bleiben. +1	Nr. 90	Ich weiß noch nicht, ob ich auch meinen Fernseher bei A kaufen werde. 0
Summe	22 x (+1) 4 x (0) 4 x (−1)		24 x (+1) 2 x (0) 4 x (−1)		13 x (+1) 7 x (0) 10 x (−1)
Punktzahl	22 − 4 = 18		24 − 4 = 20		13 − 10 = 3

Jeder Weblog-Eintrag wird gemäß seiner Bewertungsrichtung mit +1, −1 bzw. 0 bewertet, je nachdem, ob die jeweilige Äußerung eine positive, negative oder neutrale Einstellung der Kunden zu der Geschäftsbeziehung mit Anbieter A repräsentiert. Die Anzahl der positiven, neutralen und negativen Bewertungen werden aufsummiert und so zu einer Gesamtpunktzahl je untersuchter Kategorie verrechnet, die in der letzten Zeile in *Tabelle 5.47* dargestellt sind. Je näher die Gesamtpunktzahl an der Anzahl der für die Kategorie untersuchten Weblogeinträge in der Stichprobe liegt, desto höher ist die Kundenbindung des Unternehmens zu beurteilen. Aus *Tabelle 5.47* geht klar hervor, dass dem hier exemplarisch betrachteten Anbieter A ein hohes Kundenbindungspotenzial in den Kategorien „Wiederkaufabsicht" und „Weiterempfehlungsabsicht" zugesprochen werden kann. Das Potenzial zur Kundenbindung, das von der Kategorie „Zusatzkaufabsicht" ausgeht, ist jedoch nur vergleichsweise gering.

Die am Beispiel gezeigten Ablaufschritte sollten in regelmäßigen Abständen wiederholt und die so ermittelten Gesamtpunktzahlen dokumentiert werden. Auf diese Weise ist es möglich, ein Monitoring-System aufzubauen, das Kundenabwanderungstendenzen, die sich durch im Zeitablauf fallende Punktzahlen bemerkbar machen, frühzeitig aufdeckt.

Die Content-Analyse bietet dem praktischen Marktforscher eine Reihe von Vorteilen. Mit ihrer Hilfe ist es möglich, einfach, schnell und kostengünstig Aussagen von Kunden zu unterschiedlichen Themengebieten zielgerichtet auszuwerten. So lassen sich, wie im Beispiel gezeigt, Weblog-Einträge von Kunden auf ihren kundenbindungsrelevanten Gehalt untersuchen und aktuelle Stimmungslagen einfangen. Der Forscher erhält so einen ersten Eindruck über Themen, die die Kunden derzeit bewegen und kann näherungsweise Kundenbewertungen etwa hinsichtlich ihrer Wiederkauf-, Weiterempfehlungs- und Zusatzkaufabsicht, ableiten. Eine zentrale Anwendungsvoraussetzung der Content-Analyse ist ein geeignetes Kategoriensystem, das im Anwendungsbeispiel aus dem Ergebnis einer vorgeschalteten explorativen Faktorenanalyse abgeleitet wird. Stellt man jedoch im Nachhinein fest, dass das Kategoriensystem nicht angemessen war, also z. B. wesentliche Dimensionen fehlten, dann kann man die Inhalte problemlos erneut auswerten. Dies ist ein wesentlicher Vorteil der Content-Analyse gegenüber der Beobachtung oder der Befragung. Die praktischen Probleme der Content-Analyse betreffen im Wesentlichen die **Reliabilität**. Es ist sowohl damit zu rechnen, dass ein und dasselbe zu kodierende Textelement von verschiedenen Personen verschieden beurteilt wird, als auch damit, dass ein und dasselbe Element von derselben Person zu verschiedenen Zeitpunkten unterschiedlich beurteilt wird. Wie groß die beiden Fehlerarten sind, kann anhand verschiedener Kennziffern bestimmt werden (vgl. dazu Merten 1995, S. 304 f.; Mayring 2010, S. 118 f.).

Insgesamt kann festgehalten werden, dass aus Weblogs für Unternehmen wertvolle Informationen abgeleitet werden können. Aufgrund ihrer ständigen Aktualisierung bieten sie Unternehmen die Möglichkeit, Trends und Tendenzen früh erkennen zu können. Es bietet sich daher an, mittels qualitativer Verfahren, wie beispielsweise der Content-Analyse, Weblogs auszuwerten, um einen Überblick über die momentane Stimmungslage der Konsumenten zu erhalten. Sollte sich die Stimmungslage im Zeitablauf ändern, so sollten Unternehmen weitere Marktforschungsanstrengungen unternehmen, um Gründe und Motive für einen solchen Stimmungswandel zu ermitteln. Die Content-Analyse von Weblogs sollte daher eher als Ergänzung statt als Ersatz zu traditionellen Marktforschungsinstrumenten angesehen werden.

> Die **Auswahl von Analyseverfahren** orientiert sich in der Marktforschung vor allem an
> - dem Untersuchungsziel (z. B. Beschreibung, Erklärung, Prognose),
> - den aus diesem Ziel abgeleiteten Hypothesen (z. B. Unterschieds- oder Wirkungshypothesen),
> - der Anzahl der simultan zu untersuchenden Variablen (eine, zwei oder mehr als zwei Variablen),
> - dem relativen Stellenwert der zu untersuchenden Variablen (gleichberechtigte Variablen vs. Einteilung in unabhängige und abhängige Variablen) sowie
> - dem Skalenniveau der Variablen (nominal, ordinal, metrisch).

Bereits in der Phase der Datenerhebung (etwa bei der Fragebogengestaltung und der Operationalisierung von Variablen) sollte der Marktforscher eine relativ präzise Vorstellung davon entwickelt haben, welche Verfahren bei der sich anschließenden Datenanalyse zum Einsatz kommen sollen. Nur so können bestimmte Auswertungen überhaupt ermöglicht werden und es werden nicht unnötig Analyse- bzw. Testmöglichkeiten durch ein unpassendes Erhebungsdesign von vornherein eingeschränkt. Insofern sollten die Phasen der Datenerhebung und der Datenanalyse eng miteinander verzahnt sein.

Für die Analyse der Daten mögen sowohl ein einzelnes Analyseverfahren (z. B. nur die Regressionsanalyse) als **isolierte Anwendung** als auch die **kombinierte Anwendung** mehrerer Analyseverfahren (z. B. Faktorenanalyse und Regressionsanalyse) in Betracht kommen oder sogar angezeigt sein. Im Falle kombinierter Anwendungen mag es sich um Kombinationen verschiedener quantitativer Analyseverfahren handeln (etwa aus den Gruppen der Dependenz- und/oder der Interdependenzanalysen) oder auch um die kombinierte Anwendung qualitativer und quantitativer Analyseverfahren (z. B. Inhaltsanalyse und Faktorenanalyse).

6 Qualitätsbeurteilung

6.1 Gütekriterien

Eine Beurteilung der **Gesamtgüte einer Marktforschung** ist nicht nur wichtig bei selbst durchgeführten Primärforschungen, sondern auch bei Sekundärforschungen und insbesondere bei der Beurteilung einer von externen Instituten beschafften Studie. Schließlich hängt (oder vielmehr sollte) der Preis von der Qualität der Studie abhängen. Die nachfolgenden Ausführungen könnten insofern auch auf eine kritische Diskussion mit Marktforschungsinstituten über die Qualität einer in Auftrag gegebenen Studie, etwa im Rahmen einer Abschlusspräsentation, vorbereiten. Die Überprüfung der Qualität einer Marktforschungsstudie kann an den auch als Hauptgütekriterien bezeichneten Größen **Validität, Reliabilität und Objektivität** ansetzen (vgl. Heidenreich 1984, S. 364). Zu den hieraus abgeleiteten und im Weiteren nicht behandelten Nebengütekriterien zählen insbesondere die Normiertheit, Vergleichbarkeit, Ökonomie und Nützlichkeit.

Da die Brauchbarkeit der auf Basis einer Marktforschungsstudie zu treffenden Entscheidungen maßgeblich von der Güte der Ergebnisse abhängt, kommt den Ausführungen dieses Kapitels für alle zu durchlaufenden Schritte einer empirischen Untersuchung ein richtungweisender Charakter zu. Auf Aspekte der Erfüllung oder Nichterfüllung dieser Gütekriterien sollte also bei den konkret zu treffenden Entscheidungen im Hinblick auf die Wahl der eingesetzten Messinstrumente respektive Operationalisierungen eingegangen werden. In einem Berichtsband der Ergebnisse einer Marktforschungsstudie sollte stets ein Kapitel mit dem Inhalt der Gütebeurteilung vorhanden sein. Annahmen sowie Grenzen der Analyse sollten darin transparent dokumentiert werden.

Die Eignung der Operationalisierungen der Konstrukte respektive der zugrunde gelegten Messinstrumente wird konkret über die Gütekriterien der Reliabilität und Validität erfasst (vgl. Heidenreich 1984, S. 364 ff.; Hüttner 1988, S. 13 ff.; Hammann/Erichson 1994, S. 75 ff). **Validität** oder Gültigkeit einer Messung betrifft die Frage, ob die Indikatoren überhaupt dasjenige Konstrukt messen, das zu messen beabsichtigt ist. Sie liegt in dem Maße vor, in dem die Messungen frei sind von systematischen (konstanten) Fehlern (vgl. Hüttner 1988, S. 13; Hammann/Erichson 1994, S. 75).

Reliabilität oder Zuverlässigkeit einer Messung betrifft die Frage der Genauigkeit (formalen Exaktheit) einer Messung, gleichgültig, ob der Sachverhalt gemessen wird, der zu messen vorgegeben ist. Sie liegt in dem Maße vor, in dem die Messungen frei sind von unsystematischen (variablen) bzw. zufälligen Fehlern (vgl. Hüttner 1988, S. 13; Hammann/Erichson 1994, S. 75). Reliabilität wird im Allgemeinen als notwendige, aber noch nicht hinreichende Bedingung für das Vorhandensein von Validität erachtet (vgl. Hüttner 1988, S. 14). Auf verschiedene Arten von Validität und Reliabilität wird im Folgenden näher eingegangen.

Objektivität betrifft die Frage, inwieweit die Ergebnisse der Marktforschung durch intersubjektiv nachprüfbare Methoden der Datenerhebung und Datenanalyse nachvollziehbar abgeleitet wurden. Sie lässt sich präziser als Unabhängigkeit der Untersuchungsergebnisse von dem jeweiligen Anwender definieren. Objektivität bedeutet jedoch nicht, das Ermessen des Anwenders völlig auszuschalten, sondern es zu begrenzen bzw. die Ergebnisse zumindest intersubjektiv nachprüfbar zu machen.

Die konkrete Erfassung der Reliabilität setzt zumeist an der Korrelation der Ergebnisse zweier Messungen an, wobei hohe Korrelationen im Allgemeinen auf hohe Reliabilität hindeuten (vgl. Bühner 2004, S. 117 ff.; Hüttner 1988, S. 14). Im Wesentlichen werden drei **Formen zur Reliabilitätserfassung** unterschieden:

- Im Falle der **Wiederholungsreliabilität (test-retest-reliability)** erfolgt ein Vergleich der Ergebnisse von zeitlich aufeinander folgenden Messungen an ein und derselben Stichprobe mit demselben Messinstrument. Hierbei gilt es zu beachten, dass sich der gewählte Zeitabstand auf die Höhe des Korrelationskoeffizienten auswirken kann, etwa durch Übungs- und Lerneffekte oder zwischenzeitlich auftretende Ereignisse, so dass die Wiederholungsreliabilität in der Regel geringer ausfällt, je weiter die Messzeitpunkte auseinander liegen (vgl. Bühner 2004, S. 118). Außerdem sollten die Durchführungsbedingungen zu beiden Messzeitpunkten möglichst einheitlich sein. Die Berechnung erfolgt durch die Korrelation der Messwertepaare zwischen der ersten und zweiten Messung.
- Im Falle der **Paralleltestreliabilität (alternative forms reliability)** erfolgt die Vergleichsmessung mit einem zweiten, äquivalenten, Messinstrument wiederum an ein und derselben Stichprobe (vgl. Hüttner 1988, S. 14). Die Berechnung erfolgt durch die Korrelation der mit beiden Messinstrumenten generierten Messwertepaare. Auch hier ergibt sich, analog zur Anwendung der Wiederholungsreliabilität, eine mögliche Verzerrung durch etwaiges Auftreten von Übungseffekten, die sich jedoch durch Variationen der Reihenfolge der Anwendung der Messinstrumente (cross over design) kontrollieren lassen (vgl. Bühner 2004, S. 119). Vergleichsweise schwerer wiegt das Problem der Entwicklung zweier äquivalenter, möglichst ähnlicher Messinstrumente (vgl. Peter 1979, S. 9 f.).
- Als Dritte Methode zur Erfassung der Reliabilität steht die **Halbierungsreliabilität (split-half reliability)** bzw. deren Verallgemeinerung als **Interne-Konsistenz-Reliabilität** (interitem consistency) zur Verfügung. Hierbei handelt es sich um eine einmalige Anwendung eines Messinstrumentes, bestehend aus mehreren Indikatoren, das auf zwei (‚split half') oder mehrere (‚interitem') Teile aufgeteilt wird, an einer Stichprobe (vgl. Bühner 2004, S. 117). Die Berechnung erfolgt durch die Korrelation zwischen den Messwertepaaren der Teile des Messinstruments (vgl. Hüttner 1988, S. 14). Der **Chronbach-alpha-Koeffizient** gilt heute als Standardmethode zur Schätzung der internen (inneren) Konsistenz (vgl. Bühner 2004, S. 122). Geprüft wird hiermit die Einheitlichkeit eines in zwei oder mehrere Teile geteilten Messinstruments. Im Unterschied zu den anderen beiden Verfahren setzt die Anwendung der Halbierungs- bzw. Internen-Konsistenz-Methode also voraus, dass mehrere Indikatoren pro Konstrukt zur Verfügung stehen. Der Chronbach-alpha-Koeffizient kann Werte zwischen Null und Eins annehmen, wobei ein hoher Wert auf eine hohe Reliabilität hindeutet. Als Faustregel kann gelten, dass bei Skalen ab alpha = 0,75 eine befriedigende und ab alpha = 0,85 eine gute Skalenqualität vorliegt (vgl. Nunnally 1967, S. 226; Bühner 2004, S. 122 f.). Fällt der Chronbach-alpha-Koeffizient einer Skala kleiner aus als der Schwellenwert (etwa 0,7), empfiehlt sich eine Betrachtung der so genannten **Item-to-Total-Korrelationen** (Trenn-

schärfen) der Kriterien. Die Item-to-Total-Korrelation misst den Zusammenhang zwischen einem Kriterium und der Summe aller übrigen Kriterien, die dieselbe Variable messen. Auch dieser Koeffizient nimmt Werte zwischen Null und Eins an. Je höher der Koeffizient ausfällt, desto stärker ist der betrachtete Zusammenhang (vgl. Homburg/Werner 1999, S. 920). Grundsätzlich sind laut *Bortz/Döring* hohe Trennschärfen erstrebenswert, wobei Werte zwischen 0,3 und 0,5 als mittelmäßig und Werte größer 0,5 als hoch einzustufen sind (vgl. Bortz/Döring 1995, S. 200). Durch die Entfernung eines Indikators mit einer niedrigen Item-to-Total-Korrelation kann der Chronbach-alpha-Koeffizient erhöht werden.

Die konkrete **Überprüfung der Validität** eines Messinstrumentes gestaltet sich tendenziell schwieriger als die Überprüfung der Reliabilität, da die wahren Werte eines Konstruktes nicht bekannt sind (vgl. Hammann/Erichson 1994, S. 77).

- Sofern ausnahmslos Konstrukte zur Überprüfung der in den Hypothesen zum Ausdruck kommenden Beziehungen Anwendung finden, ist die so genannte **Konstruktvalidität (construct validity)** von Bedeutung (vgl. Peter 1981, S. 134 f.). Hierunter lässt sich das Ausmaß der Beziehungen zwischen einem theoretischen Konstrukt und dem Konzept seiner empirischen Messung verstehen, mithin zu dem eine Messung bestimmte Eigenschaften eines Konstrukts nach Richtung und Stärke abbildet (vgl. Hüttner 1988, S. 15; Heidenreich 1984, S. 368 ff.). Diese Beziehung kann einerseits als **Konvergenzvalidität (convergent validity)** durch den Grad erfasst werden, in dem die Messkonzeption in Richtung des Konstruktes „konvergiert", zum anderen umgekehrt als **Diskriminanzvalidität (discriminant validity)** durch den Grad, in dem andere Konstrukte bei der Messung ausgeschlossen sind (vgl. Hüttner 1988, S. 15). Die Überprüfung der Konvergenzvalidität kann an den Interkorrelationen zwischen den Items einer Variablen ansetzen, wobei hohe Korrelationen auf hohe Konvergenzvalidität hindeuten. Ein erster indirekter Indikator für die Konvergenzvalidität stellt die Reliabilität der Skala (gemessen durch den Chronbach-alpha-Koeffizienten) dar. Das Cronbach'sche alpha reflektiert den Grad der Verbundenheit der Items, so dass sowohl hohe alpha-Werte als auch relativ hohe Item-to-Total-Korrelationen als Hinweis auf Konvergenzvalidität gewertet werden können (vgl. Parasuraman/Berry/Zeithaml 1991, S. 439; Reimer 2004, S. 146). Die Überprüfung der Diskriminanzvalidität kann ansetzen an den Korrelationen zwischen den einzelnen Variablen, wobei geringe Korrelationen zwischen den Variablen auf hohe Diskriminanzvalidität hindeuten (vgl. Reimer 2004, S. 146 f.). Sofern sich die auf theoretischer Ebene abgeleiteten Beziehungen anhand der erhobenen Messergebnisse bestätigen und von der Gültigkeit der Operationalisierungen für zumindest einzelne beteiligte Konstrukte ausgegangen werden kann, so kann auf die Validität auch der übrigen Operationalisierungen geschlossen werden (vgl. Peter 1981, S. 134 f.; unterschiedliche Methoden zur Bestimmung der Konvergenz- und Diskriminanzvalidität beschreibt Bühner 2004, S. 32 f.).

- **Inhaltsvalidität (content validity)** liegt in dem Maße vor, in dem die Messergebnisse inhaltlich-semantisch das der Messung zugrunde liegende Konstrukt repräsentieren. Die Messung des Konstrukts sollte demnach die unterschiedlichen theoretischen Bedeutungsinhalte (Dimensionen) eines Konstruktes abbilden (vgl. Himme 2006, S. 390 f.). Die Überprüfung der Inhaltsvalidität beschränkt sich regelmäßig auf eine theoretische Begründung für die eine Variable konstituierenden Items, die bereits umfangreich in die Operationalisierungen der Variablen eingeflossen sein sollte. Besonderes Augenmerk

sollte dabei auf eine sehr präzise inhaltliche Definition der Konstrukte gelegt werden. Ein objektiver, quantitativer Validitätswert kann hier nicht angegeben werden.
- Zur Beurteilung der Güte von experimentell gewonnenen Daten sind zudem interne und externe Validität bedeutsam (vgl. Winer 1999, S. 349; Lynch 1999, S. 367 ff; Hammann/Erichson 1994, S. 158 ff.). **Interne Validität** liegt vor, wenn sich die Veränderung der abhängigen Variable eindeutig auf die Variation der unabhängigen Variablen (das Treatment) zurückführen lässt bzw. es keine alternativen Erklärungen gibt. Dies wiederum setzt voraus, dass während der Messung keine unkontrollierten Störeinflüsse auftreten. **Externe Validität** (Allgemeingültigkeit, Verallgemeinerungsfähigkeit, Generalisierbarkeit, ökologische Validität) ist gegeben, wenn die Ergebnisse in der Stichprobe auf reale Kontexte (Personen, Situationen, Zeitpunkte) übertragen werden können. Sie wird maßgeblich von der Repräsentativität der Stichprobe sowie der Repräsentativität der Untersuchungsbedingungen bestimmt (vgl. Hammann/Erichson 1994, S. 159).

6.2 Fehlerquellen

Für die Gütebeurteilung, etwa von einer in Auftrag gegebenen Marktforschungsstudie, ist es ebenfalls lohnend, sich der möglichen Fehlerquellen einer solchen Studie bewusst zu sein. Bei einer Abschlusspräsentation der Studie oder bereits im Vorfeld könnte gezielt nach etwaigen Fehlern sowie nach vorgesehenen Maßnahmen zur Begrenzung von Fehlerquellen gefragt werden. Freilich mögen sich gemachte Fehler in den oben bereits angesprochenen Gütekriterien reflektieren, dort allerdings auf einem vergleichsweise hohen Aggregationsniveau (in Form von Kennzahlen).

Folgende typische Fehlerquellen (Beispiele) mögen für die Beurteilung der Güte einer Marktforschung bedeutsam sein:

- **Fehler bei der Operationalisierung** (Operationalisierungsmängel): Definitionsunterschiede, Definitionsfehler (z. B. Nichtberücksichtigung wichtiger Aspekte einer Variablen, etwa Messung von Einstellungen eindimensional anstatt mehrdimensional), Probleme beim Aufbau des Fragebogens (z. B. Abfrage der Gesamtzufriedenheit vor Abfrage der Teilzufriedenheiten) und bei der Fragenformulierung (z. B. undeutliche Formulierungen, die zudem von verschiedenen Probanden unterschiedlich verstanden werden mögen)
- **Fehler bei der Erhebung**: Fehler bei der Stichprobenauswahl (z. B. die befragten Personen entsprechen offenkundig nicht der anvisierten Zielgruppe, über welche Aussagen getroffen werden sollen), Messunterschiede (verschiedene Messinstrumente wie Fragebögen bei verschiedenen Teilstichproben, die anschließend miteinander verglichen werden sollen), Messfehler (z. B. Interviewerverzerrungen, uneinheitliches Vorgehen bei Befragungen), Mängel am Erhebungsdesign (z. B. Verzicht auf eine Kontrollgruppe)
- **Fehler bei der Datenanalyse**: Methodische Fehler (z. B. Mittelwertbildung bei ordinal skalierten Variablen, fehlende Überprüfung oder Nichtbeachtung der Anwendungsvoraussetzungen statistischer Analyseverfahren), unterschiedliche Methoden (z. B. mittleres Einkommen als Median (50%-Wert) oder als arithmetisches Mittel), unpassende Methodenwahl, Nichtbeachtung von „Ausreißern"
- **Fehler bei der Ableitung von Folgerungen** (Interpretationsfehler): z. B. Interpretation von Korrelationen im Sinne einer kausalen (Wenn-Dann-) Beziehung, fehlende oder un-

klare Interpretation von Nicht-Antworten sowie des Mittelpunktes einer ungeraden bipolaren Ratingskala (z. B. sehr zufrieden ... sehr unzufrieden) im Sinne von Indifferenz („weder noch") oder Ambivalenz („sowohl als auch") oder Nichtwissen respektive als Fehlen einer eigenen Meinung

Verzerrungen können sich ferner ergeben, wenn Probanden die Befragungssituation bzw. den Befragungsgegenstand insgesamt als künstlich erleben, so dass der Schluss von hypothetischen Äußerungen auf reales Kauf- bzw. Wahlverhalten mit einem **systematischen Fehler** (sog. hypothetical bias) behaftet ist (vgl. Sattler 2006, S. 14). Eine weitere Fehlerquelle besteht darin, dass Probanden die Intention der Erhebung bemerken und daraufhin in bestimmter Weise motivierte (z. B. sozial erwünschte) Antworten geben, um zu verhindern, dass der Marktforscher auf die soziale Wirklichkeit des Befragten (z. B. seine Einkommenssituation oder den sozialen Status) zurück schließen kann. In diesem Zusammenhang wäre zu fragen, welche Maßnahmen (z. B. psychologische Befragungstechniken) der Marktforscher ergriffen hat, um das Problem **sozial erwünschter Antworten** zu reduzieren oder zu kontrollieren.

Speziell bei der **Abschätzung von Wirkungen** (z. B. von Marketinginstrumenten, etwa mit Hilfe der Regressions- oder Varianzanalyse) muss sich der Marktforscher die Frage stellen, ob die interessierenden Effekte (z. B. eine Werbewirkung) auch vollständig durch die Studie erfasst werden. Diese Vollständigkeit der Messung von Wirkungen lässt sich an unterschiedlichen Dimensionen festmachen: zu fragen ist, ob die relevanten Effekte in inhaltlicher (sachlicher), in zeitlicher und in räumlicher Hinsicht genau und umfassend eingefangen werden. In inhaltlicher Hinsicht sind die unterschiedlichen Arten von Auswirkungen (z. B. Veränderung von Markenwahrnehmung, Bekanntheit, Präferenzen), in zeitlicher Hinsicht deren Dauer und in räumlicher Hinsicht deren geographische Verteilung (z. B. über unterschiedliche Märkte hinweg) zu betrachten (vgl. zur Problematik der Festlegung eines geeigneten Analyserahmens Grunwald 2010[a], Grunwald 2010[b] sowie Standop/Grunwald 2009, S. 922):

- Die **inhaltliche Dimension** betrifft die Frage, was gemessen wird bzw. gemessen werden soll. Sie tangiert insofern die bereits oben erörterte Validität einer Messung.
- Die **zeitliche Dimension** sollte bei einer Wirkungsmessung so festgelegt werden, dass alle relevanten Effekte erfasst werden können. Wird das Zeitfenster der Analyse zu eng gewählt, so werden möglicherweise weiter entfernt in der Zukunft liegende Folgen (z. B. Depotwirkungen einer Werbemaßnahme) ausgeblendet, obwohl sie eigentlich entscheidungsrelevant sind. Wird umgekehrt das Zeitfenster zu weit gewählt, können allerdings auch praktisch unbedeutende Effekte in die Analyse mit einfließen, die kausal nicht mehr auf die betrachtete Ursache (z. B. die Schaltung eines Werbespots, die Neugestaltung einer Packung) zurückgeführt werden können. Um in diesem Fall dennoch aussagekräftige Ergebnisse zu erlangen, müssten unbedeutende Effekte im Nachhinein aus den Wirkungsabschätzungen herausgerechnet werden, was den Analyseaufwand unnötig erhöht. Insofern sollte bereits in der Phase der Datenerhebung ein realistischer Zeitrahmen sachlogisch festgelegt werden.
- Die **räumliche Dimension** bezieht sich auf die von der betrachteten Ursache potentiell ausgehenden Wirkungen auf Empfänger in einem zu definierenden Gebiet sowie auf die (relative) Verteilung dieser (potentiellen) Wirkung auf unterschiedliche Empfängertypen (z. B. Altersgruppen, bisherige Käufer und Nicht-Käufer einer Marke) bzw. auf Teile (z. B. Regionen) des festzulegenden Gesamtgebietes. Konkret mag hier an die anvisierte Zielgruppe (z. B. die Empfänger einer Werbemaßnahme) auf einem geografisch abgegrenzten Markt gedacht werden, welcher sich z. B. durch die Vertriebsstrukturen oder

die Reichweite eines Werbemediums ergibt. Bei der Festlegung der räumlichen Dimension sollten aber nicht nur die unmittelbaren Wirkungen, sondern auch die mittelbar von der Maßnahme ausgehenden Effekte berücksichtigt werden. Mittelbare Wirkungen auf nicht unmittelbar angesprochene Konsumenten oder Gebiete mögen sich z. B. im Wege der persönlichen Kommunikation (d. h. durch positive wie negative Mund-zu-Mund-Kommunikation) der direkten Empfänger einer Maßnahme ergeben.

Wirkungsabschätzungen lassen sich im Grundsatz sowohl auf individueller Betrachtungsebene vornehmen, bei der auf die spezifischen Befindlichkeiten einzelner Konsumenten abgestellt wird, bei der die Wirkung als abhängige Variable ausgedrückt wird bzw. sich niederschlägt in Größen wie der Sympathie für den Anbieter, dem Markenimage oder der dem Anbieter zugewiesenen Verantwortlichkeit für die Existenz von Produktproblemen (vgl. Standop 2006, S. 96). Die Alternative zu einer solchen **Mikro-Analyse** besteht darin, die abhängige Variable im Sinne einer **Makro-Analyse** von vornherein für den Markt insgesamt als Aggregate vorliegende Maßgrößen abzubilden, etwa durch Marktanteile oder Nachfragen nach der Marke. Die Wahlentscheidung zwischen Makro- und Mikroanalyse dürfte ebenfalls beträchtliche Auswirkungen auf die resultierende Güte der Wirkungsabschätzung haben. In einem konkreten Fall ist vom Marktforscher die folgende Frage zu beantworten: *Warum wurde für ein Forschungsproblem der Ansatz einer Mikro- anstelle einer Makro-Analyse oder umgekehrt gewählt?*

Einerseits mögen sich die von einer Maßnahme ausgehenden Wirkungen vergleichsweise unverfälschter in den im Rahmen einer Mikroanalyse einbezogenen abhängigen Variablen auf individueller Ebene (wie an Einstellungen von Konsumenten) zeigen, was für eine höhere interne Validität dieser Vorgehensweise spricht. Bei Mikroanalysen ergibt sich jedoch stets das Problem der Aggregation (Hochrechnung) der Analyseergebnisse auf die Gesamtheit der betrachteten Einheiten. Es fragt sich, welche Art der Aggregation (z. B. einfache Mittelwertbildung, Verwendung von Gewichtungsfaktoren, z. B. verschiedene für unterschiedliche Absatzgebiete etc.) zu unverfälschten Ergebnissen führt. In der Tendenz mag hierdurch die externe Validität der mit Mikro-Analysen gewonnenen Ergebnisse leiden. Zwar ergeben sich solche Aggregationsprobleme bei Makro-Analysen nicht, was im Grundsatz für eine höhere externe Validität sprechen mag. Doch fließen in die als abhängige Variable fungierenden hoch aggregierten Größen regelmäßig zahlreiche Faktoren ein, die die zu messende Wirkung mit beeinflussen mögen. Es kann also nicht ausgeschlossen werden, dass auch andere Einflüsse die zu untersuchende Wirkung maßgeblich mitbestimmen, welche diese überlagern und kaum von der interessierenden Ursache isoliert werden können.

6.3 Behandlung fehlender Werte

Eine besondere Herausforderung für die praktische Marktforschung ist der Umgang mit fehlenden Werten. Sie können sich als Teil des Forschungsprozesses ergeben, etwa dann wenn bestimmte Probanden nur einen Teil des Fragebogens beantworten sollen. So mag es z. B. sinnvoll sein, dass Probanden, die sich bislang nicht bei einem Unternehmen beschwert haben (etwa weil sie mit dessen Leistungen durchaus zufrieden sind), Fragen, die sich auf die Qualität des Beschwerdemanagements dieses Unternehmens beziehen, nicht beantworten müssen. Solche Probanden produzieren zwar fehlende Werte, diese sind aber ohnehin im Design der Datenerhebung angelegt und insoweit unproblematisch. Anders sieht es aus mit

6.3 Behandlung fehlender Werte

fehlenden Werten, die nicht von vornherein im Design der Datenerhebung angelegt sind. Für das Auftreten solcher fehlender Werte kann es eine Fülle von Gründen geben. Möglicherweise hat der betreffende Proband, Schwierigkeiten, einzelne Fragen zu verstehen, hat zu bestimmten abgefragten Thematiken keine Meinung oder es fehlt ihm an Wissen, um eine Antwort formulieren zu können. Ein weiterer Grund mag darin bestehen, dass der Proband bestimmte Fragen nicht beantworten möchte, etwa weil sie seine Intimsphäre berühren.

Relativ unproblematisch sind fehlende Werte bei nominalskalierten Daten. Verweigern Probanden z. B. sich in eine Altersgruppe einzuordnen, so kann der Marktforscher einfach eine neue Gruppe („ohne Altersangabe") definieren und diese neue Gruppe auf Unterschiede zu den eigentlich vorgesehenen Altersgruppen prüfen. Schwieriger gestaltet sich der Fall, wenn Probanden bei metrisch skalierten Daten keine Angaben machen. Ein möglicher Umgang mit solchen Probanden besteht darin, diese von der weiteren Analyse auszuschließen. Dies kann jedoch im Einzelfall zu einer erheblichen Reduzierung der Stichprobe führen, wie das folgende (Hair et al. 2006, S. 51 in modifizierter Form entnommene) **Beispiel** zeigt. Bei 20 Probanden wurden fünf Variablen (V_1 bis V_5) abgefragt. *Tabelle 6.1* gibt die Variablenwerte wieder und stellt die Anzahl der fehlenden Werte je Proband und Variable dar.

Tab. 6.1: Beispiel für fehlende Werte

Proband	V_1	V_2	V_3	V_4	V_5	Fehlende Werte je Proband	
						Anzahl	Prozent
1	1,3	9,9	6,7	3,0	2,6	0	0
2	4,1	5,7			2,9	2	40
3		9,9		3,0		3	60
4	0,9	8,6		2,1	1,8	1	20
5	0,4	8,3		1,2	1,7	1	20
6	1,5	6,7	4,8		2,5	1	20
7	0,2	8,8	4,5	3,0	2,4	0	0
8	2,1	8,0	3,0	3,8	1,4	0	0
9	1,8	7,6		3,2	2,5	1	20
10	4,5	8,0		3,3	2,2	1	20
11	2,5	9,2		3,3	3,9	1	20
12	4,5	6,4	5,3	3,0	2,5	0	0
13					2,7	4	80
14	2,8	6,1	6,4		3,8	1	20
15	3,7			3,0		3	60
16	1,6	6,4	5,0		2,1	1	20
17	0,5	9,2		3,3	2,8	1	20
18	2,8	5,2	5,0		2,7	1	20
19	2,2	6,7		2,6	2,9	1	20
20	1,8	9,0	5,0	2,2	3,0	0	0
Fehlende Werte je Variable						Fehlende Werte insgesamt	
Anzahl	2	2	11	6	2	23	
Prozent	10	10	55	30	10	23	

Werden nur Probanden mit Werten für alle 5 Variablen betrachtet, ergäbe sich eine Nettostichprobe im Umfang von 5, da die Stichprobe dann nur noch aus den Probanden 1, 7, 8, 12 und 20 bestehen würde. Wie *Tabelle 6.1* zeigt, konzentrieren sich jedoch die fehlenden Werte auf bestimmte Variablen bzw. Probanden. So weist die Variable V_3 mehr als 50 % fehlende Werte auf. Auch bei den Probanden 3, 13 und 15 sind mehr als 50 % fehlende Werte festzustellen. Wird daher diese Variable und die drei genannten Probanden ausgeklammert, erhält man die in *Tabelle 6.2* dargestellte Datenmatrix.

Tab. 6.2:   Bereinigte Datenmatrix

Proband	V_1	V_2	V_4	V_5	Fehlende Werte je Proband	
					Anzahl	Prozent
1	1,3	5,7	3,0	2,6	0	0
2	4,1	7,6		2,9	1	25
4	0,9	6,4	2,1	1,8	0	0
5	0,4	8,6	1,2	1,7	0	0
6	1,5	6,7		2,5	1	25
7	0,2	6,7	3,0	2,4	0	0
8	2,1	6,1	3,8	1,4	0	0
9	1,8	5,2	3,2	2,5	0	0
10	4,5	9,2	3,3	2,2	0	0
11	2,5	6,4	3,3	3,9	0	0
12	4,5	8,0	3,0	2,5	0	0
14	2,8	8,0		3,8	1	25
16	1,6	9,9		2,1	1	25
17	0,5	9,2	3,3	2,8	0	25
18	2,8	5,2		2,7	1	25
19	2,2	9,9	2,6	2,9	0	0
20	1,8	8,6	2,2	3,0	0	0
Fehlende Werte je Variable					Fehlende Werte insgesamt	
Anzahl	0	0	5	0	5	
Prozent	0	0	29,41	0	7,35	

Durch das Löschen von Variablen und Probanden mit einem hohen Anteil fehlender Werte konnte deren Anteil im betrachteten Beispiel von ursprünglichen 23% auf knapp über 7% reduziert werden. Natürlich bedeutet der damit verbundene Verzicht auf eine Variable immer auch einen Informationsverlust, der aber dann weniger schwer wiegt, wenn der Inhalt der betreffenden Variablen jedenfalls partiell auch von den verbleibenden Variablen abgedeckt wird. Während nach der erfolgten Bereinigung für die Variablen V_1, V_2 und V_5 nunmehr komplette Beobachtungswerte vorliegen, fehlen immer noch Werte der Variablen V_4. Soll diese Variable in weiteren Auswertungen und Analysen Verwendung finden, kann der Marktforscher die fehlenden Beobachtungswerte dadurch „heilen", dass er sie durch begründete Schätzwerte ersetzt. Man spricht in diesem Zusammenhang von der **Imputation** fehlender Werte. Hierfür bieten sich dem Marktforscher unterschiedliche Möglichkeiten, von denen einige nachfolgend dargestellt werden.

6.3 Behandlung fehlender Werte

Die einfachste Möglichkeit ist darin zu sehen, die fehlenden Werte für eine Variable durch den Durchschnitt aller Beobachtungswerte für diese Variable zu ersetzen. Im betrachteten Beispiel ergäbe sich dann die Datenmatrix in *Tabelle 6.3*.

Tab. 6.3: Datenmatrix nach Mittelwert-Imputation der fehlenden Werte

Proband	V_1	V_2	V_4	V_5
1	1,3	5,7	3,0	2,6
2	4,1	7,6	**8,3**	2,9
4	0,9	6,4	2,1	1,8
5	0,4	8,6	1,2	1,7
6	1,5	6,7	**8,3**	2,5
7	0,2	6,7	3,0	2,4
8	2,1	6,1	3,8	1,4
9	1,8	5,2	3,2	2,5
10	4,5	9,2	3,3	2,2
11	2,5	6,4	3,3	3,9
12	4,5	8,0	3,0	2,5
14	2,8	8,0	**8,3**	3,8
16	1,6	9,9	**8,3**	2,1
17	0,5	9,2	3,3	2,8
18	2,8	5,2	**8,3**	2,7
19	2,2	9,9	2,6	2,9
20	1,8	8,6	2,2	3,0

Dem Vorteil der einfachen Anwendung dieser Methode steht allerdings der Nachteil gegenüber, dass implizit unterstellt wird, die Gruppe der Nicht-Antwortenden sei im Hinblick auf das betrachtete Merkmal homogen und dass sie genau dem Durchschnitt der Gruppe der Antwortenden entspricht. Die Heterogenität, die real in der Grundgesamtheit vorhanden sein mag, wird also unterschätzt.

Eine andere Methode basiert auf der Analyse der bestehenden Korrelationen zwischen der Variablen, die fehlende Werte aufweist und den übrigen Variablen. Ergeben sich ausreichend stabile Beziehungen (im Sinne hoher Korrelationen) ließe sich eine Regressionsgleichung aufstellen, wobei die betrachtete Variable als abhängige Variable und die übrigen Variablen als unabhängige Variablen formuliert werden. Auf der Grundlage der geschätzten Regressionsgleichung ließen sich dann Schätzwerte für die fehlenden Werte errechnen. Diese Methode kommt allerdings im vorliegenden Fall weniger in Betracht, da V_4 nur wenig mit den anderen Variablen korreliert. So ist V4 mit V5 kaum korreliert ($r_{V4V5} = 0{,}193$) und auch mit V_1 bzw. V_2 bestehen nur schwache Korrelationen ($r_{V1V4} = 0{,}381$, $r_{V4V2} = -0{,}30$). Um eine Regressionsgleichung mit einigermaßen Erklärungskraft aufzustellen, reichen diese Korrelationen nicht aus.

Eine weitere Methode versucht nicht, Schätzwerte für die fehlenden Werte zu berechnen, sondern ersetzt die fehlenden Werte durch „passende" Beobachtungswerte. Um diese zu bestimmen, werden die Probanden eingeteilt in die Gruppe mit fehlenden Werten bzw. in die Gruppe mit Beobachtungswerten für die betrachtete Variable. Für jeden Probanden der ersten Gruppe wird dann ein Proband der zweiten Gruppe gesucht, der dem ersten Probanden (im

Hinblick auf die übrigen Variablen) möglichst ähnlich ist. Dieser Prozess wird **Matching** genannt und der gefundene Proband aus der zweiten Gruppe als Matching-Partner bezeichnet. Ist ein solcher Matching-Partner bestimmt, übernimmt der erste Proband den Beobachtungswert seines Partners. Die Anwendung dieser Methode setzt also voraus, dass die Ähnlichkeit zwischen den Probanden quantifiziert werden kann. Hierfür können die bereits an anderer Stelle dieses Buches angesprochenen Distanzkonzepte herangezogen werden. *Tabelle 6.4* zeigt bezogen auf das betrachtete Beispiel die paarweisen euklidischen Distanzen zwischen den Probanden der beiden Gruppen. Diese wurden jeweils anhand der Ausprägungen der Variablen V_1, V_2 und V_5 ermittelt.

Tab. 6.4: Matrix der paarweisen Distanzen zwischen den Probanden

Proband	1	4	5	7	8	9	10	11	12	17	19	20
2	3,40	3,59	4,02	4,03	2,92	3,35	1,79	2,24	**0,69**	3,94	2,98	2,51
6	1,02	**0,97**	2,34	1,30	1,39	1,53	3,92	1,75	3,27	2,71	3,30	1,99
14	3,00	3,19	3,24	3,23	3,14	3,24	2,62	1,63	2,14	2,78	2,19	**1,41**
16	4,24	3,58	1,81	3,51	3,90	4,72	2,98	4,04	3,49	1,48	**1,00**	1,59
18	3,00	2,83	2,62	3,07	2,65	3,26	1,99	2,27	1,74	2,47	1,72	**1,09**

Die jeweils fett markierten minimalen Distanzen verdeutlichen z. B., dass dem Probanden 2 der Proband 12 als Matching-Partner zugewiesen wird. Nach Übernahme der entsprechenden Beobachtungswerte ergibt sich die in *Tabelle 6.5* dargestellte „vervollständigte" Datenmatrix.

Tab. 6.5: Datenmatrix nach Imputation der fehlenden Werte auf Basis von Ähnlichkeiten

Proband	V_1	V_2	V_4	V_5
1	1,3	9,9	3,0	2,6
2	4,1	5,7	**3,0**	2,9
4	0,9	8,6	2,1	1,8
5	0,4	8,3	1,2	1,7
6	1,5	6,7	**2,6**	2,5
7	0,2	8,8	3,0	2,4
8	2,1	8,0	3,8	1,4
9	1,8	7,6	3,2	2,5
10	4,5	8,0	3,3	2,2
11	2,5	9,2	3,3	3,9
12	4,5	6,4	3,0	2,5
14	2,8	6,1	**2,6**	3,8
16	1,6	6,4	**2,6**	2,1
17	0,5	9,2	3,3	2,8
18	2,8	5,2	**2,6**	2,7
19	2,2	6,7	2,6	2,9
20	1,8	9,0	2,2	3,0

Neben den angesprochenen Methoden finden sich weitere Möglichkeiten des Umgangs mit fehlenden Daten, die von der Imputation durch Experteneinschätzung über eine Imputation durch Zufallswerte bis hin zu der (z. B. in SPSS gegebenen) Möglichkeit zur Spezifikation

6.3 Behandlung fehlender Werte

eines komplexen Modells reichen. Es gibt aber nicht die eine, für alle Fälle beste Methode. Der Ausschluss aller Probanden, die fehlende Werte aufweisen, ist dabei nur eine der denkbaren Optionen. Sie ist allerdings wie aufgezeigt keineswegs immer die sinnvollste Lösung, vielmehr geht sie vor allem mit dem Problem einher, die Zahl der auswertbaren Fälle unter Umständen zu stark zu reduzieren. Dem Marktforscher bieten sich dann verschiedene Alternativen. Ihm verbleibt daher die Aufgabe, die Vorschläge, die von den verschiedenen Methoden bereitgestellt werden, im Einzelfall auf ihre Tauglichkeit hin zu bewerten. Gegebenenfalls kann es auch zweckmäßig sein, verschiedene Methoden (etwa im Sinne einer Mittelwertbildung) miteinander zu kombinieren.

Die Beurteilung der Güte einer Marktforschung setzt an den Kriterien **Validität**, **Reliabilität** und **Objektivität** an. **Validität** (Gültigkeit) betrifft die Frage, ob die in einer Marktforschungsstudie verwendeten Indikatoren grundsätzlich zur Messung der relevanten Konstrukte geeignet sind. **Reliabilität** (Zuverlässigkeit) meint hingegen die Genauigkeit einer Messung und wird typischerweise anhand der Korrelation der Ergebnisse zweier Messungen festgemacht. Validität ist vergleichsweise schwierig zu quantifizieren, oft ist die Marktforschung hier auf Expertenurteile angewiesen. Allerdings sollten auch diese wie der gesamte übrige Prozess der Datenerhebung und -analyse intersubjektiv überprüfbar sein, um dem Anspruch der **Objektivität** zu genügen. Die genannten Gütekriterien werden durch typische **Fehlerquellen** gefährdet, wobei es zwischen Fehlern bei der Operationalisierung, der Datenerhebung bzw. -analyse sowie bei der Ableitung von Folgerungen zu unterscheiden gilt. Speziell wird die Güte einer Marktforschung auch von **fehlenden Werten** bei einzelnen (vor allem metrischen) Variablen bedroht. Hier bieten sich jedoch verschiedene Methoden zur Imputation der fehlenden Werte an.

Literatur

Aaker, David, V. Kumar and George Day, Marketing Research, 6. Aufl., New York 1998.

Asche, Thomas, Das Sicherheitsverhalten von Konsumenten, Heidelberg 1990.

Bacher, Johann, Andreas Pöge und Knut Wenzig, Clusteranalyse – Anwendungsorientierte Einführung in Klassifikationsverfahren, 3. Aufl., München 2010.

Backhaus, Klaus, Bernd Erichson, Wulff Plinke und Rolf Weiber, Multivariate Analysemethoden: Eine anwendungsorientierte Einführung, 8. Aufl., Berlin et al. 1996.

Backhaus, Klaus, Bernd Erichson, Wulff Plinke und Rolf Weiber, Multivariate Analysemethoden: Eine anwendungsorientierte Einführung, 10. Aufl., Berlin et al. 2003.

Backhaus, Klaus und Markus Voeth, Handbuch Industriegütermarketing, Wiesbaden 2004.

Balderjahn, Ingo, Doreen Hedergott und Mathias Peyer, Choice-Based Conjoint-Analyse, in: Daniel Baier und Michael Brusch (Hrsg.): Conjointanalyse – Methoden, Anwendungen, Praxisbeispiele, 1. Aufl., Berlin 2009, S. 129–146.

Bänsch, Axel, Käuferverhalten, 8. Aufl., München 1998.

Baumgarth, Carsten und Michael Bernecker, Marketingforschung, München 1999.

Bearden, William O., Richard G. Netemeyer und Kelly L. Haws, Handbook of Marketing Scales – Multi-Item Measures for Marketing and Consumer Behavior Research, 3. Aufl., Thousand Oaks 2010.

Beinke, Kai-Stefan und Guido Grunwald, Das Aufspüren von Kundenabwanderungstendenzen: Ein Anwendungsbeispiel der Content-Analyse für Weblogs, in: Beiträge des Fachbereichs Wirtschaftswissenschaften der Universität Osnabrück Nr. 2, 2008.

Berekoven, Ludwig, Werner Eckert und Peter Ellenrieder, Marktforschung, 12. Aufl., Wiesbaden 2009.

Berndt, Ralph, Marketing 1 – Käuferverhalten, Marktforschung und Marketing-Prognosen, Berlin 1990.

Bortz, Jürgen, Statistik für Sozialwissenschaftler, 5. Aufl., Berlin et al. 1999.

Bortz, Jürgen und Nicola Döring, Forschungsmethoden und Evaluation für Sozialwissenschaftler, 2. Aufl., Berlin 1995.

Broda, Stephan, Marktforschungs-Praxis: Konzepte, Methoden, Erfahrungen, Wiesbaden 2006.

Bruner, Gordon C. II, Paul J. Hensel und Karen E. James, Marketing Scales Handbook, Bd. 4, Carbondale 2005.

Bundesanstalt für Arbeitsschutz und Arbeitsmedizin, REACH-Info 1: Erste Schritte unter der neuen EU-Verordnung REACH, 3. Aufl., Dortmund 2008.

Bühl, Achim und Peter Zöfel, SPSS 12 – Einführung in die moderne Datenanalyse unter Windows, 9. Aufl., München 2005.

Bühner, Markus, Einführung in die Test- und Fragebogenkonstruktion, München 2004.

Dichtl, Erwin, Fallstudien zum Marketing, Teil 2, Lösungsskizzen, Berlin 1973.

Diller, Hermann, Kundenbindung als Marketingziel, in: Marketing ZFP, Heft 2, 1996, S. 81–94.

Eckey, Hans-Friedrich, Andreas Mann und Matthias Türck, Zur Bedeutung der Datenbasis für Stichprobenerhebungen, in: Planung & Analyse, 5 (2006), S. 66–69.

El-Menouar, Yasemin und Jörg Blasius, Abbrüche bei Online-Befragungen: Ergebnisse einer Befragung von Medizinern, in: ZA-Information, 56, Köln 2005, S. 70–92.

Fantapié Altobelli, Claudia, Marktforschung: Methoden – Anwendungen – Praxisbeispiele, Stuttgart 2007.

Fischer, Melanie, Möglichkeiten sozialwissenschaftlicher Surveys im Internet – Stand und Folgerungen für Online-Befragungen, Hefte zur Bildungs- und Hochschulforschung (46), Arbeitsgruppe Hochschulforschung, Universität Konstanz, November 2005.

Giering, Annette, Der Zusammenhang zwischen Kundenzufriedenheit und Kundenloyalität. Eine Untersuchung moderierender Effekte, Wiesbaden 2000.

Green, Paul E. und V. Srinivasan, Conjoint Analysis in Consumer Research: Issues and Outlook, in: Journal of Consumer Research, Vol. 5 (1978), S. 103–123.

Green, Paul E. und Donald S. Tull, Methoden und Techniken der Marketingforschung, 4. Aufl., Stuttgart 1982.

Grunwald, Guido [a], Die sozioökonomische Analyse in der Europäischen Chemikalienregulierung (REACH): Möglichkeiten und Grenzen der Bewertung nicht-marktfähiger Güter und Gütereigenschaften, in: ZfU – Zeitschrift für Umweltpolitik & Umweltrecht, Jg. 33, Nr. 3, 2010, S. 285–308.

Grunwald, Guido [b], Die sozioökonomische Analyse in Chemieunternehmen: Herausforderungen bei der Umsetzung der Europäischen Chemikalienverordnung, in: Ökologisches Wirtschaften, Heft 4, 2010, S. 30–34.

Hair, Joseph F. Jr., William C. Black, Barry, J. Babin, Rolph E. Anderson und Ronald L. Tatham, Multivariate Data Analysis, 6. Aufl., Upper Saddle River 2006.

Hammann, Peter und Bernd Erichson, Marktforschung, 4. Aufl., Stuttgart 2000.

Hammann, Peter und Bernd Erichson, Marktforschung, 3. Aufl., Stuttgart 1994.

Hartmann, Adriane and Henrik Sattler, Wie robust sind Methoden zur Präferenzmessung?, in: ZfbF, 56 (2004), S. 3–22.

Hauptmanns, Peter und Bettina Lander, Zur Problematik von Internet-Stichproben, in: Axel Theobald, Marcus Dreyer und Thomas Starsetzki (Hrsg.): Online-Marktforschung: Theoretische Grundlagen und praktische Erfahrungen, 2. Aufl., Wiesbaden 2003, S. 27–40.

Heidenreich, Klaus, Grundbegriffe der Mess- und Testtheorie, in: Erwin Roth und Klaus Heidenreich (Hrsg.): Sozialwissenschaftliche Methoden: Lehr- und Handbuch für Forschung und Praxis, München, Wien 1984, S. 352–416.

Hempelmann, Bernd und Guido Grunwald, Franchisee Satisfaction: Results of an Empirical Study, in: Yearbook of Marketing and Consumer Research, Vol. 3, 2005, S. 82–100.

Hempelmann, Bernd und Guido Grunwald, Der Mehrpreis von Markenprodukten: Erklärungsansätze und Messkonzepte, in: Wirtschaftswissenschaftliches Studium (WiSt), 37. Jahrgang 2008, Heft 6, S. 303–308.

Hempelmann, Bernd und Markus Lürwer, Humor in der Werbung – Der Stand der empirischen Wirkungsforschung, in: Planung & Analyse, 3 (2002), S. 28–31.

Herrmann, Andreas, Produktmanagement, München 1998.

Herrmann, Andreas und Christian Homburg (Hrsg.), Marktforschung, 2. Aufl., Wiesbaden 2000.

Herrmann, Andreas, Frank Huber und Stefanie Regier, Adaptive Conjointanalyse, in: Daniel Baier und Michael Brusch (Hrsg.): Conjointanalyse – Methoden, Anwendungen, Praxisbeispiele, 1. Aufl., Berlin 2009, S. 113–128.

Herrmann, Andreas und Christian Seilheimer, Varianz- und Kovarianzanalyse, in: Andreas Herrmann und Christian Homburg (Hrsg.): Marktforschung: Methoden, Anwendungen, Praxisbeispiele, Wiesbaden 1999, S. 265–294.

Himme, Alexander, Gütekriterien der Messung: Reliabilität, Validität und Generalisierbarkeit, in: Sönke Albers et al. (Hrsg.): Methodik der empirischen Forschung, Wiesbaden 2006, S. 383–400.

Homburg, Christian und Harald Werner, Kundenzufriedenheit und Kundenbindung, in: Andreas Herrmann und Christian Homburg (Hrsg.): Marktforschung, Wiesbaden 1999, S. 911–932.

Homburg, Christian und Harley Krohmer, Marketingmanagement, Wiesbaden 2003.

Hüttner, Manfred, Grundzüge der Marktforschung, 4. Aufl., Berlin 1988.

Hüttner, Manfred, Grundzüge der Marktforschung, 6. Aufl., München 1999.

Hüttner, Manfred und Ulf Schwarting, Grundzüge der Marktforschung, 7. Aufl., München 2002.

Kassarjian, Harold H., Content Analysis in Consumer Research, in: Journal of Consumer Research, Vol. 4, 1977, S. 8–18.

Kaya, Maria und Alexander Himme, Möglichkeiten der Stichprobenbildung, in: Sönke Albers et al. (Hrsg.): Methodik der empirischen Forschung, Wiesbaden, 2006, S. 89–98.

Kleine-Doepke, Rainer, Dirk Standop und Wolfgang Wirth, Management-Basiswissen – Konzepte und Methoden zur Unternehmenssteuerung, 2. Aufl., München 2001.

Kroeber-Riel, Werner und Peter Weinberg, Konsumentenverhalten, 6. Aufl., München 1996.

Kroeber-Riel, Werner, Peter Weinberg und Andrea Gröppel-Klein, Konsumentenverhalten, 9. Aufl., München 2009.

Kromrey, Helmut, Empirische Sozialforschung, 12. Aufl., Stuttgart 2009.

Lütters, Holger, Online-Marktforschung: Eine Positionsbestimmung im Methodenkanon der Marktforschung unter Einsatz eines webbasierten Analytic Hierarchy Process (webAHP), Wiesbaden 2004.

Lynch, Jr., John G., Theory and External Validity, in: Journal of the Academy of Marketing Science, Vol. 27, No. 3, 1999, S. 367–376.

Mayring, Philipp, Qualitative Inhaltsanalyse: Grundlagen und Techniken, 11. Aufl., Weinheim (u. a.) 2010.

Meffert, Heribert, Marketingforschung und Käuferverhalten, 2. Aufl., Wiesbaden 1992.

Merten, Klaus, Inhaltsanalyse, 2. Aufl., Bonn 1995.

Mieg, Harald A. und Matthias Näf, Experteninterviews, 2. Aufl., Institut für Mensch-Umwelt-Systeme (HES), ETH Zürich 2005.

Müller, Dirk, Moderatoren und Mediatoren in Regressionen, in: Sönke Albers et al. (Hrsg.): Methodik der empirischen Forschung, Wiesbaden 2006, S. 257–274.

Nunnally, Jum C., Psychometric Theory, New York 1967.

Parasuraman, A., Leonard L. Berry und Valarie A. Zeithaml, Refinement and Reassessment of the SERVQUAL Scale, in: Journal of Retailing, 67, 4, 1991, S. 420–450.

Peter, J. Paul, Reliability: A Review of Psychometric Basics and Recent Marketing Practices, in: Journal of Marketing Research, 16, 1979, S. 6–17.

Peter, J. Paul: Construct Validity: A Review of Basic Issues and Marketing Practices, in: Journal of Marketing Research, 18, 1981, S. 133–145.

Pospeschill, Markus, SPSS für Fortgeschrittene – Durchführung fortgeschrittener statistischer Analysen, 5. vollst. überarb. Aufl. (SPSS Version 12.0), Saarbrücken 2005.

Perdue, Barbara C. und John O. Summers, Checking the Success of Manipulations in Marketing Experiments, in: Journal of Marketing Research, Vol. XXIII, 1986, S. 317–326.

Raab, Andrea E., Andreas Poost und Simone Eichhorn, Marketingforschung, Stuttgart 2009.

Rack, Oliver und Timo Christophersen, Experimente, in: Sönke Albers et al. (Hrsg.): Methodik der empirischen Forschung, Wiesbaden 2006, S. 19–36.

Reimer, Anja, Die Bedeutung des Dienstleistungsdesign für den Markterfolg, Berner betriebswirtschaftliche Schriften, Band 33, Diss., Bern 2004.

Reinboth, Christian, Auswirkungen der Stichprobengröße auf die Repräsentativität von Online-Befragungen, in: Gabriele Beibst (Hrsg.): Tagungsband zur 8. Nachwuchswissenschaftlerkonferenz mitteldeutscher Fachhochschulen, Jena 2007, S. 239–240.

Sattler, Henrik, Herkunfts- und Gütezeichen im Kaufentscheidungsprozess: die Conjoint-Analyse als Instrument der Bedeutungsmessung (Diss. rer. pol. Univ. Kiel 1991), Stuttgart 1991.

Sattler, Henrik, Methoden zur Messung von Präferenzen für Innovationen, Research Papers on Marketing and Retailing, University of Hamburg No. 032, Februar 2006.

Scheffler, Hartmut, Stichprobenbildung und Datenerhebung, in: Andreas Herrmann und Christian Homburg (Hrsg.): Marktforschung: Methoden, Anwendungen, Praxisbeispiele, Wiesbaden 1999, S. 59–77.

Schlittgen, Rainer, Einführung in die Statistik, 11. Aufl., München 2008.

Schlittgen, Rainer, Multivariate Statistik, München 2009.

Standop, Dirk, Der Verlust von Konsumentenvertrauen gegenüber Anbietern: Der Fall von Produktrückrufen, in: Hans H. Bauer, Marcus, M. Neumann, und Anja Schüle (Hrsg.): Konsumentenvertrauen: Konzepte und Anwendungen für ein nachhaltiges Kundenbindungsmanagement, München, 2006, S. 95–104.

Standop, Dirk und Guido Grunwald, Die Bedeutung von Kaufgewährleistungsansprüchen für das Reklamationsverhalten von Konsumenten und die Reputation des Produzenten: Verhaltenspsychologische Erklärungsansätze und empirische Befunde, in: Beiträge des Fachbereichs Wirtschaftswissenschaften der Universität Osnabrück 2008/04.

Standop, Dirk und Guido Grunwald, How to solve Product-Harm Crises in Retailing? – Empirical Insights from Service Recovery and Negative Publicity Research, in: International Journal of Retail & Distribution Management (IJRDM), Vol. 37, 11, 2009, S. 915–932.

Statistisches Bundesamt, Fakten und Trends: Deutschland aktuell – Ausgabe 2006, Wiesbaden 2006.

Thomas, Lutz, Conjoint Measurement als Instrument der Absatzforschung, in: Marketing ZFP, 3 (1979), S. 199–211.

Trommsdorff, Volker, Multivariate Imageforschung und strategische Marketingplanung, in: Hermanns, Arnold und Volker Flegel (Hrsg.), Handbuch des Electronic Marketing, München 1992, S. 321–338.

Webster, Frederick E. und Yoram Wind, Organizational Buying Behavior, Englewood Cliffs 1972.

Winer, Russell S., Experimentation in the 21st Century: The Importance of External Validity, in: Journal of the Academy of Marketing Science, Vol. 27, No. 3, 1999, S. 349–358.

Zou, Bo, Multimedia in der Marktforschung, Wiesbaden 1998.

Index

A
Absatzmarktforschung 1
Ähnlichkeitsmaß 116
Anpassungstest 30, 71
Auswahlverfahren 10, 36, 37, 38, 41, 46

B
Befragung 11, 12, 20, 22, 25, 35, 37, 38, 40, 45, 46, 47, 48, 50, 54, 62, 65, 66, 67, 98, 100, 101, 102, 158
Bekanntheit 22, 149
Beobachtung 11, 19, 50, 51, 54
Beschaffungsmarktforschung 1
Bestimmtheitsmaß 78, 86, 135
Buying-Center 27, 28, 29

C
Chronbach-alpha-Koeffizient 72, 146
Clusteranalyse 15, 16, 106, 110, 111, 112, 114, 120, 125, 127, 157

D
Datenanalyse 12, 13, 16, 53, 56, 69, 70, 71, 122, 145, 148, 157
Datenmatrix 70
Dendrogramm 117
Denken 19, 20, 21
Dependenzanalyse 14, 31, 82, 83, 86, 127
Diskriminanzanalyse 14, 16, 82, 83, 93, 94, 95, 126, 127
Distanzmatrix 116, 117

E
Einstellung 5, 20, 23, 32, 59, 60, 61, 63, 125
Euklidische Distanz 113, 116, 120
Experiment 11, 44, 51, 71

F
Faktorenanalyse 15, 16, 61, 106, 107, 108, 109, 118, 126, 127, 130, 131, 134, 137
Faktorladung 108
Fragebogen 12, 13, 47, 57, 63, 65, 66, 69, 129, 130, 134

G
Grundgesamtheit 10, 13, 30, 35, 36, 37, 38, 39, 40, 41, 42, 43, 44, 45, 46, 49, 76, 110

H
Histogramm 74
Hypothesen 9, 14, 19, 29, 30, 31, 33, 90, 147

I
Image 3, 20, 22, 23, 59, 61, 125
Imputation 152, 153, 154
Interdependenzanalyse 15, 105, 106, 127
Involvement 20, 21, 31, 33, 71

K
Kaufentscheidung 20, 21, 27, 28, 98
Käuferverhalten 2, 6, 19, 27, 29, 157, 159
Kodierplan 13, 69, 70
Kommunalität 108
Konjunkte Analyse 14, 82, 98, 102, 104
Konstantsummenverfahren 58
Kontingenztabelle 111, 112
Korrelationsanalyse 14
Korrelationskoeffizient 77, 78, 85, 123
Kovarianz 77, 95
Kreuztabellierung 14
Kundenzufriedenheit 2, 5, 24, 39, 41, 55, 63, 159

L
Lernen 19, 20, 21, 22
Likert-Skalierung 59, 60, 61
Logit-Analyse 104

M
Marktanteil 3, 4, 51
Marktcharakteristika 1, 3
Marktsegmentierung 2, 3, 21, 25
Median 74, 75, 148
Messen 5, 28
Modus 74, 75
Motiv 20
Multidimensionale Skalierung 15, 106, 118

N
Normalverteilung 13, 30, 43, 71, 80, 90, 92

O
Objektivität 16, 145
Operationalisierung 5, 11, 12, 19, 23, 54, 55, 62, 128, 148

P
Paarvergleichsmethode 57, 58
Panel 11, 30, 48, 49
Polaritätenprofil 61
Präferenz 25, 58, 72, 98, 100, 103
Pretest 12, 66
Primärforschung 9, 10, 28

R
Rating-Skala 59, 107
Regressionsanalyse 12, 14, 52, 56, 82, 83, 84, 85, 86, 127, 134, 135, 136, 137
Reliabilität 16, 57, 63, 72, 73, 145, 146, 147, 159
Rücklaufquote 12, 45, 48, 70, 128

S
Sekundärforschung 9, 28
Skala 5, 13, 55, 56, 57, 59, 64, 65, 69, 72, 103, 107, 122, 146, 147
Spannweite 74, 75
Standardabweichung 36, 74, 76, 129
Stichprobe 1, 10, 12, 30, 35, 36, 37, 38, 39, 40, 41, 42, 43, 45, 49, 66, 67, 70, 71, 73, 75, 76, 79, 80, 129, 146, 148
Stichprobenplan 10, 37, 46, 67
Stichprobenumfang 10, 37, 41, 42, 43, 44, 53, 71, 79, 80
Stress 102, 103, 121, 122, 123
Streudiagramm 77, 84, 85, 94, 121, 123, 124

T
Teilerhebung 10, 36, 42

V
Validität 16, 52, 53, 57, 63, 71, 72, 73, 145, 147, 148, 149, 150, 159
Varianz 40, 41, 42, 43, 66, 74, 78, 81, 86, 88, 108, 109, 130, 131, 135, 159
Varianzanalyse 14, 56, 82, 83, 86, 87, 88, 90, 92, 95, 101, 126, 127, 149
VARIMAX-Rotation 109, 131
Vollerhebung 10, 35, 128

W
Wahrnehmung 3, 19, 20, 21, 30, 31, 51, 110

Z
Zahlungsbereitschaft 1, 5, 25, 30

Bei Fragen zur Produktsicherheit wenden Sie sich bitte an:
If you have any questions regarding product safety,
please contact:

Walter de Gruyter GmbH
Genthiner Straße 13
10785 Berlin
productsafety@degruyterbrill.com